建筑正面三维效果（一）

建筑正面三维效果（二）

建筑背面三维效果（一）

建筑背面三维效果（二）

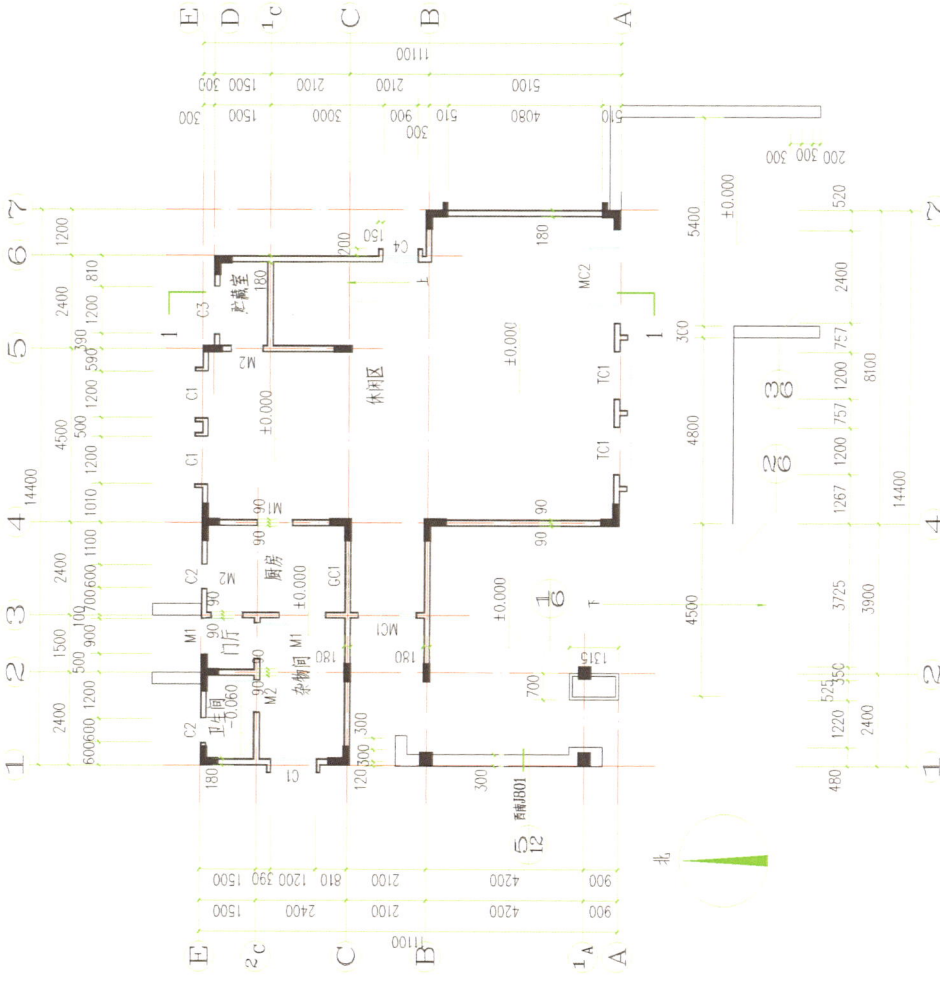

底层平面图

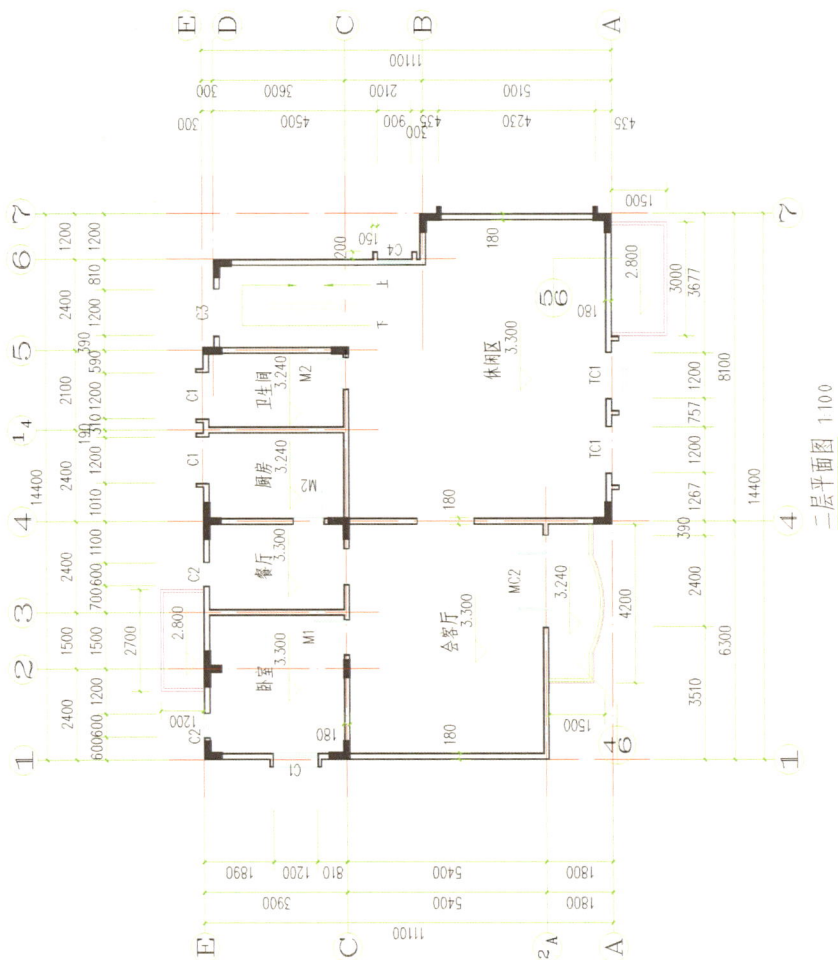

二层平面图 1:100

卫生间 3.240　厨房 3.240　餐厅 3.300　卧室 3.300　合客厅 3.300　休闲区 3.300

M1　M2　MC2　C1　C2　C3　C4　TC1

XXXX建筑设计研究院

审 定	XXX	校 对	XXX	工程名称	商工住宅楼	图纸名称		工程编号	0718	阶段	施工图
审 核	XXX	设计负责人	XXX	项目名称	XXXX公司			图号		日期	
项目负责人	XXX	设 计 人	XXX							比例	

二层平面图

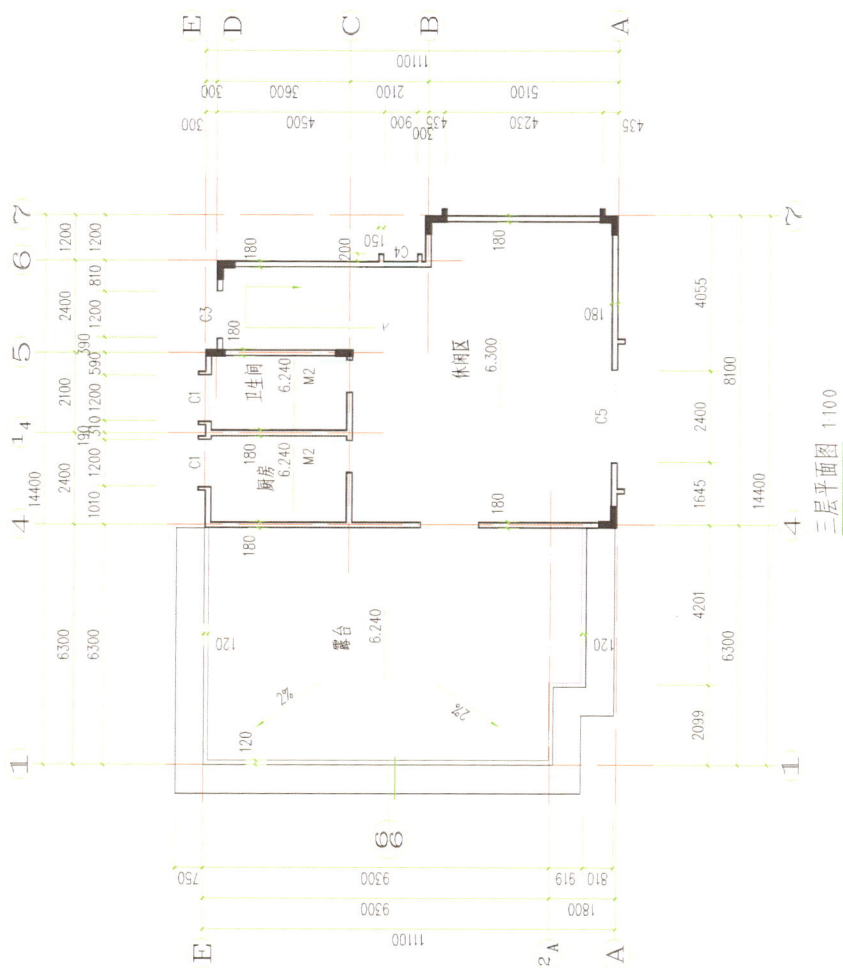

三层平面图

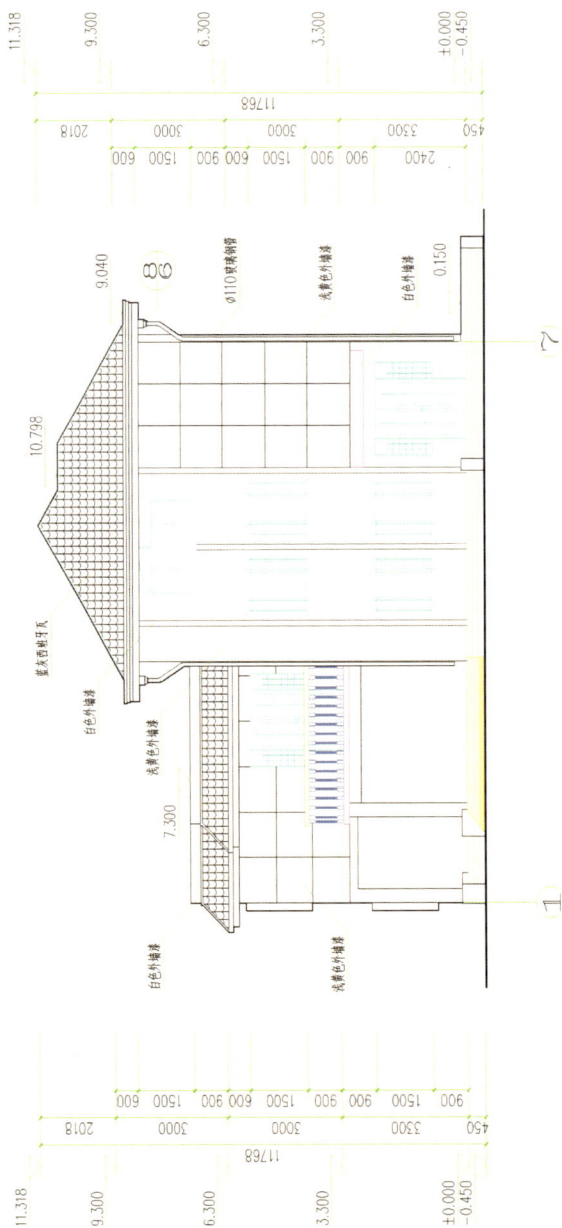

正立面图 1:100

建筑立面图

11.318

9.300

6.300

3.300

±0.000
-0.450

11768

2018

3000

3000

3300

450

600 1500 900 600 1500 900 900 900 2400

9.040

Ø110落水钢管

浅棕色外墙砖

白色外墙砖

0.150

10.798

蓝灰西班牙瓦

白色外墙砖

浅棕色外墙砖

7.300

白色外墙砖

浅棕色外墙砖

XXX建筑设计研究院	审 定	XXX	工程名称	高工住宅楼	图纸		工程编号	0718	阶 段	
	审 核	XXX							日 期	
	设计负责人	XXX	项目名称	XXXX公司	名称		图 号		比 例	
	项目负责人	XXX								
	校 对	XXX								
	设 计 人	XXX								

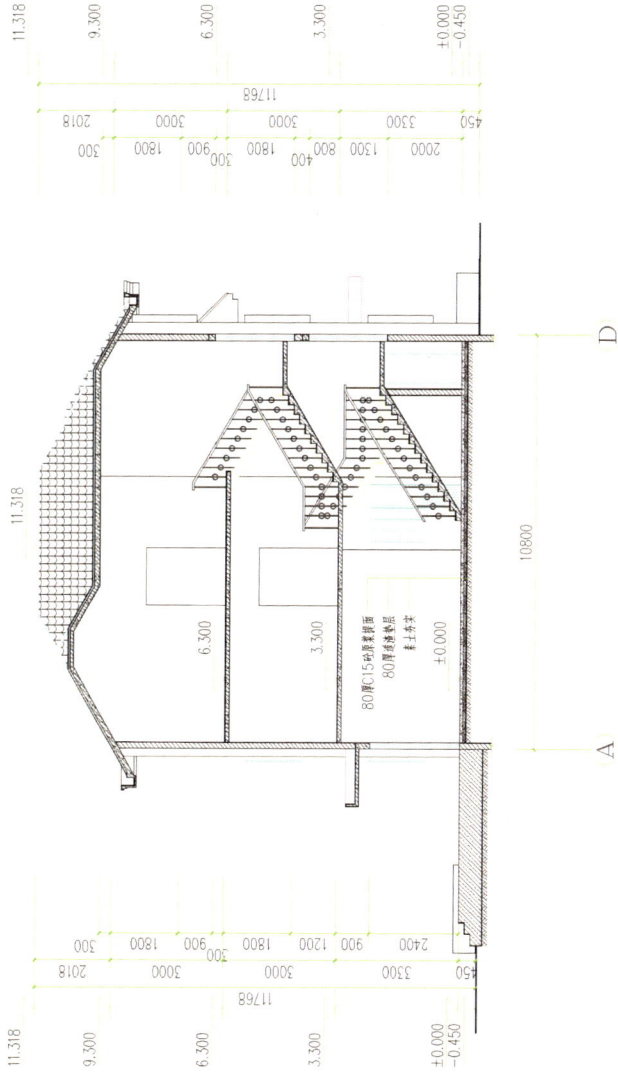

1-1剖面图 1:100

建筑剖面图

XXX建筑设计研究院	审 定	XXX	校 对	XXX	图纸		工程名称	高工住宅楼	工程编号 0718	阶 段	施工图
	审 核	XXX	设计负责人	XXX	名称				图 号	日 期	
	项目负责人 XXX		设 计 人	XXX			项目名称	XXXX公司		比 例	

80厚C15细石混凝土
80厚碎石垫层
素土夯实
±0.000

中文Auto CAD+ 天正TArch
建筑绘图标准教程

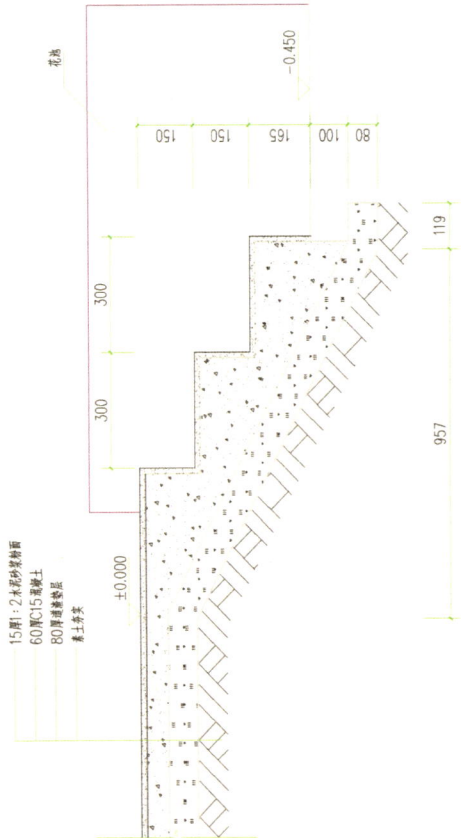

C—C剖面图 1:10

15厚: 2水泥砂浆粉面
60厚C15混凝土
80厚道渣垫层
素土夯实

花池

-0.450

±0.000

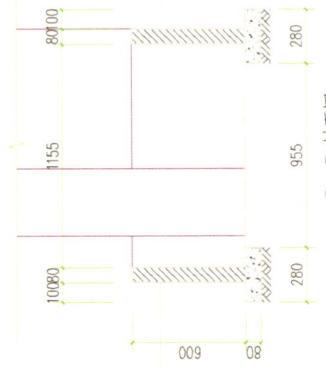

B—B剖面图 1:20

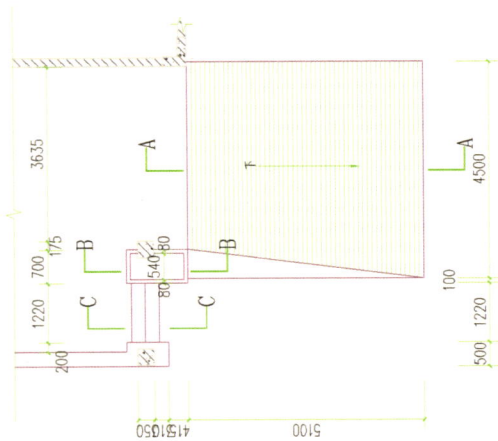

台阶、花池及坡道平面图 1:80

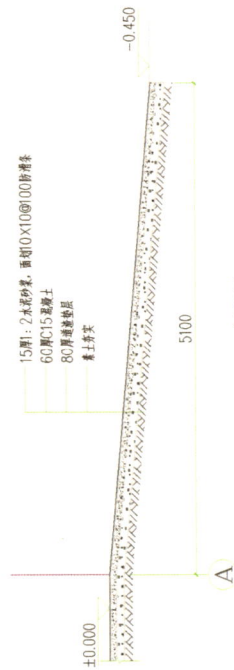

15厚: 2水泥砂浆, 面划10×10@100防滑条
60厚C15混凝土
80厚道渣垫层
素土夯实

A—A剖面图 1:40

-0.450

±0.000

XXX建筑设计研究院

审定 XXX	校对 XXX		阶段 施工图
审核 XXX	设计负责人 XXX	图纸 名称	日期
项目负责人 XXX	设计人 XXX	项目名称 XXXX公司	比例

工程名称 高层住宅楼

工程编号 0718
图号

建筑详图

中文 AutoCAD + 天正 TArch 建筑绘图标准教程

陈柄汗　编著

机械工业出版社

AutoCAD 是当今流行的计算机辅助设计软件,而天正建筑是国内目前使用较普遍的建筑设计绘图软件,二者联合应用,不但可以减轻工作强度,而且还可以提高出图效率和质量。本书结合完整建筑实例,详细介绍了用这两个软件联合绘图的步骤、方法和技巧。全书分为 7 章,内容包括 AutoCAD 与天正建筑联合绘图入门、AutoCAD 基本概念及操作、天正建筑环境设置及工程管理、绘制建筑平面图、绘制建筑立面图、绘制建筑剖面图、绘制建筑详图及多比例布图。

本书由多年从事建筑设计绘图的专业人员编写。全书紧扣标准、切合实际、图文并茂、通俗易懂,是学习建筑 CAD 绘图的好教材,适合建筑、土木工程技术人员、CAD 制图人员自学、培训,也可作为建筑、土木等专业院校教学教材。

图书在版编目(CIP)数据

中文 Auto CAD+天正 TArch 建筑绘图标准教程/陈柄汗编著. —北京:机械工业出版社,2008.1(2024.8 重印)
ISBN 978-7-111-23082-3

I. 中… II. 陈… III. 建筑制图—计算机辅助设计—应用软件,Auto CAD、TArch—教材 IV. TU204

中国版本图书馆 CIP 数据核字(2007)第 194741 号

机械工业出版社(北京市百万庄大街 22 号 邮政编码 100037)
责任编辑:宋晓磊 版式设计:霍永明 责任校对:陈立辉
封面设计:鞠 杨 责任印制:邓 博
北京盛通数码印刷有限公司印刷
2024 年 8 月第 1 版第 19 次印刷
184mm×260mm·13 印张·4 插页·321 千字
标准书号:ISBN 978-7-111-23082-3
定价:28.00 元

前言

近年来，随着我国房地产业及城市建设的持续快速发展，社会对建筑 CAD 绘图人才产生了旺盛的需求，相应地，对建筑 CAD 绘图书籍的需求也不断增长。正是在这样的背景下，我们决定编写一本易学、易懂，符合我国实际的建筑 CAD 教程。

AutoCAD 是当今最流行的计算机辅助设计软件，功能强大，用户众多，广泛应用于建筑、机械、电子、石油、化工、冶金、地质、农林、气象、纺织、轻工等领域。由于要同时面向多个领域的应用，所以，AutoCAD 的功能十分灵活，通用性较强，但这也带来针对性不强的问题。以绘制建筑施工图为例，虽然使用 AutoCAD 能绘制各种建筑及构配件图样，但是由于它并不是专门针对建筑设计行业的，所以，自动化程度不高，设计师常常将大量宝贵时间花在一些简单的重复性劳动上。由于建筑设计是一个专业性很强的行业，在图面表达上各国都有一套自己的习惯和标准，这更限制了 AutoCAD 的应用。

鉴于以上情况，各种基于 AutoCAD 平台的、用于建筑设计的二次开发软件应运而生，如与 AutoCAD 同属一家公司的 Autodesk Architectural Desktop 和 Autodesk Revit Building。在我国，功能较完善、应用较普通的有天正、理正、浩辰等。以前还出现过 HOUSE A91、ABD 等，不过，现在已鲜有人使用了。目前，国内建筑设计单位使用最普遍的是天正建筑（TArch），相对而言，它的功能更加完善、操作更为简便。过去在 AutoCAD 中需要执行若干个命令才能完成的操作，在天正建筑中只需一个或少量命令就能完成。以多比例布图为例，为了保证各视口中文字、符号大小一致，单纯使用 AutoCAD，需要进行较繁杂的操作和设置才能实现；而使用天正建筑，一个【定义视口】命令，最多再加上【改变比例】命令，就可以解决问题。另外，由于天正建筑是国产软件，按照我国现行建筑设计制图标准编写，所以，绘制的图形、输出的图样也更加标准、规范。当然，这个软件也还有较多不足，在绘制一套建筑施工图过程中，有时还需要大量使用 AutoCAD 的命令和功能才能完成，如绘制详图。所以，实际工作中，设计师往往将天正建筑与 AutoCAD 联合使用、各取所长，以高效、优质地进行建筑设计及绘图。

那么这两者如何结合、如何各取所长呢？这就是本书要详细介绍的内容。在讲解形式上，采取读者容易接受的循序渐进方式，并以实例介绍和动手操作为主。在内容安排上，以天正建筑为主，AutoCAD 为辅，即先用天正建筑快速绘制图样的主体部分，再用 AutoCAD 进行补充完善，这与实际工作中多数人的使用习惯一致。同时，这当中紧扣现行建筑制图标准，如《房屋建筑制图统一标准》GB/T 50001—2001、《建筑制图标准》GB/T 50104—2001 等。我们希望，读者通过本书的学习，能轻松地利用天正建筑及 AutoCAD 绘制专业的、标准的建筑施工图。

编　者

目录

第 1 章

AutoCAD 与天正建筑联合绘图入门

AutoCAD 是目前最流行的计算机辅助设计软件，单独使用它就可以绘制建筑施工图，为什么还要用天正建筑呢？要弄清这个问题，需要对 AutoCAD 和天正建筑各自功能及应用有基本的了解。此外，本章还将介绍用 AutoCAD 和天正建筑联合绘制建筑施工图的流程及规则。

本章主要内容：

- ◆ AutoCAD 应用简介
- ◆ 天正建筑应用简介
- ◆ AutoCAD 与天正建筑联合绘图简介

1.1 AutoCAD 应用简介

AutoCAD 是美国 Autodesk 公司的产品，第一个版本于 1982 年 12 月推出，至今先后发布了 AutoCAD 1.0、2.6、9、10、11、12、13、14、2000、2002、2004、2005、2006 等版本，其中 2000 和 2002 属于 R15 系列，2004～2006 属于 R16 系列，AutoCAD 2007 属于 R17 系列。与之前的版本相比，AutoCAD 2007 主要是增强了三维建模功能，另外，视图操作也更加方便了，本书就以 AutoCAD 2007 简体中文版为蓝本进行介绍。

AutoCAD 是当今世界最流行的计算机辅助设计软件，具有很强的通用性，在建筑、机械、电子、石油、化工、冶金、地质、农林、气象、纺织、轻工等领域，都得到广泛应用。

1.1.1 AutoCAD 2007 用户界面

AutoCAD 2007 有两种风格的界面，一种是"AutoCAD 经典"风格，如图 1-1 所示，主要用于绘制二维图形，当然，也可以进行三维建模；通过工作空间工具栏，可以切换到另一种界面风格，即"三维建模"风格，会弹出一些三维建模命令面板，更便于创建三维模型。

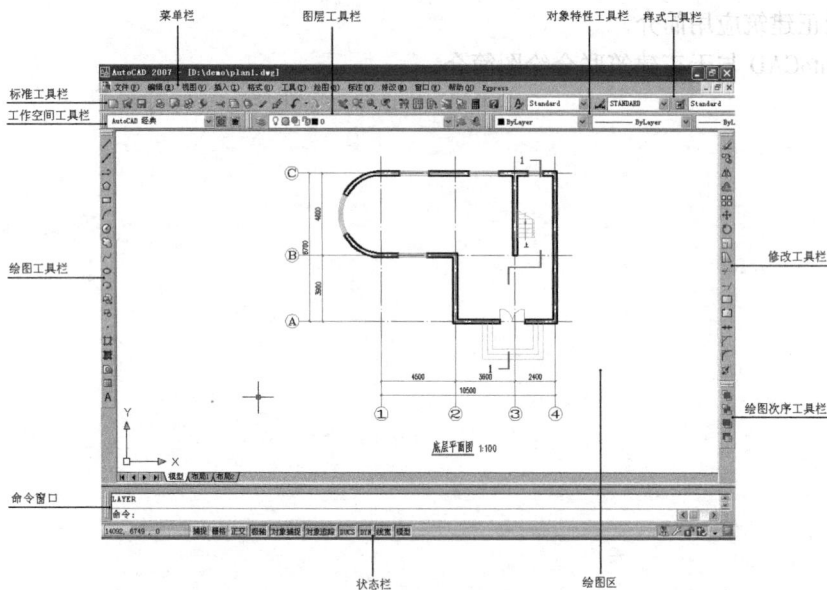

图 1-1

菜单栏中的 Express 代表 Express Tools（快捷工具）。只有在安装 Auto-CAD 过程中选择安装了 Express Tools，才会出现这项菜单。Express Tools 是 Autodesk 公司开发的、随 AutoCAD 附赠的、可以提高工作效率的工具包，里面提供了一些针对绘图、编辑、标注、图层、图块、布局、文字等的快捷操作命令。

提示与技巧

1.1.2 AutoCAD 命令执行方式

在 AutoCAD 中，要执行一条命令，有多种操作方式。以删除圆形为例，如图 1-2 所示。在单击选中它后，接下来，主要有以下几种方式。

1.1.2.1 选取菜单命令

选取菜单：【修改】→【删除】。

1.1.2.2 单击工具栏按钮

单击修改工具栏中的 （删除）按钮。

1.1.2.3 使用快捷菜单

在圆形上单击鼠标右键会弹出一个菜单，即快捷菜单，选择快捷菜单上的【删除】命令可删除圆形。

1.1.2.4 直接键入命令

在命令窗口中键入【Erase】（删除）命令并按〈Enter〉键，同样可删除已选中的圆形。

> 实际上，要执行【Erase】命令只要键入【E】并按〈Enter〉键即可，而不必完整键入【Erase】。这里的【E】称为【Erase】的命令代码（或称命令别名、缩写），它与【Erase】的作用完全相同。AutoCAD 常用命令都有代码，如【Line】的代码是【L】，【Layer】的代码是【LA】，【Move】的代码是【M】等，实际工作中建议多使用命令代码，可明显提高工作效率。要查看、定义或修改命令代码，可执行菜单命令：【工具】→【自定义】→【编辑程序参数 acad. pgp】，会打开"记事本"窗口，如图 1-3 所示，右边为 AutoCAD 命令，左边是对应的命令代码。

提示与技巧

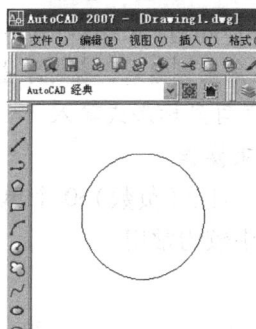

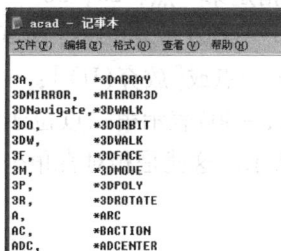

图 1-2   图 1-3

1.1.2.5 使用快捷键

直接按〈Del〉键也可删除圆形。

提示与技巧

> 在以上各操作方式中，除了使用快捷键外，使用其他方式时也可先执行命令后选择对象。关于对象，AutoCAD 中的对象包括点、直线、弧线、圆形、矩形、多边形、多段线、图块等。另外，执行命令，除了可以按〈Enter〉键外，还可以按〈空格〉键或单击鼠标右键，而且再次按这些键可重复执行上次的命令。

1.1.3　AutoCAD 数据输入方式

执行【Line】(直线)等 AutoCAD 命令时，命令窗口中会提示输入必要的数据，如坐标、角度、距离等。下面就介绍一下 AutoCAD 中常用的数据输入方式。

1.1.3.1　点的输入

AutoCAD 使用坐标系统来确定点的位置，具体分为直角坐标和极坐标两种形式。当命令窗口中提示确定点的位置时，有以下几种响应方式：

(1) 键入绝对直角坐标

格式为：X，Y

这种情况下是以屏幕左下角的坐标原点(0,0)为起点或者说参照点来确定新点的位置。X 为水平方向，且向右为正；Y 为竖直方向，且向上为正。例如，要在(20,30)位置绘一个点 P1，可以这样操作(左边为命令窗口内容，右边为操作注释)：

命令：po　　　　　　　键入【PO】，是命令【Point】(点)的代码

POINT

当前点模式：PDMODE = 0　　PDSIZE = 0.0000

指定点：20，30　　　　　输入点的绝对直角坐标

(20,30)表示点 P1 位于以坐标原点为起点向右 20 个单位、向上 30 个单位的地方，如图 1-4 所示。实际操作中，较少使用绝对直角坐标。

(2) 键入相对直角坐标

格式：@X，Y

相对直角坐标是以前一点为起点或者说参照点来确定新点的位置。例如，绘制一条线段，可以这样操作：

命令：L　　　　　　　　　键入【L】，代表【Line】(直线)命令

LINE 指定第一点：20，30　　第一点以绝对直角坐标输入，也可单击鼠标确定

指定下一点或[放弃(U)]：@20，-30　第二点以相对直角坐标形式输入

指定下一点或[放弃(U)]：　　按〈Enter〉键结束操作

(@20，-30)表示第二点位于第一点右侧 20 个单位、向下(负数)30 个单位的地方，如图 1-5 所示。这就是相对直角坐标的用法，在实际操作中较为常用。

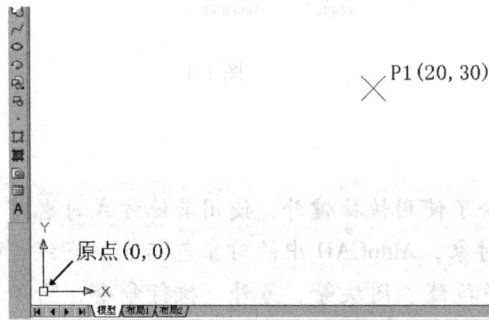
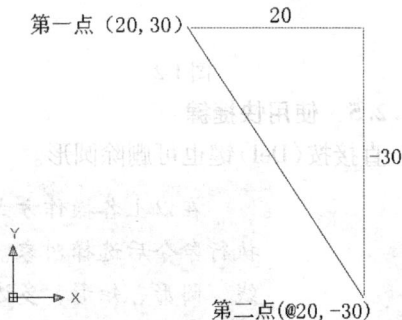

图 1-4　　　　　　　　　　　　　　　　　图 1-5

关于相对直角坐标值正负的确定，如果要确定的点在前一点右侧，则 X 为正，在左侧则 X 为负；在前一点上方，则 Y 为正，在下方则 Y 为负。

（3）键入绝对极坐标

格式：距离＜角度

这里的距离以坐标原点为起点或者说参照点，角度以 X 轴的正轴（原点以右部分）为起始边，以新点与坐标原点连线为结束边。如果起始边到结束边为逆时针方向，则角度为正，反之为负。例如，（500＜30）表示点的位置距坐标原点 500 个单位，且该点到原点的连线与 X 正轴夹角为 30°，如图 1-6 所示。实际操作中，这种方式也用得很少。

（4）键入相对极坐标

格式：@距离＜角度

相对极坐标与绝对极坐标类似，只是参照点不同而已。绝对极坐标的参照点是坐标原点，而相对极坐标的参照点是已绘制的那个点。例如，要绘制一条线段，其起点在 P1 点，而终点的相对极坐标为（@300＜60），以图表示出来就是如图 1-7 所示。相对极坐标也是一种常用的定点方式。

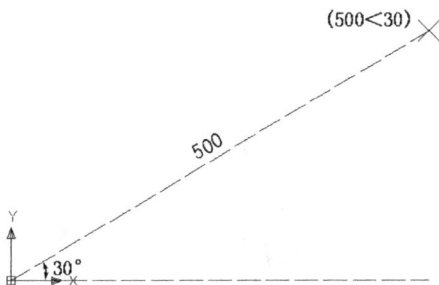

图 1-6

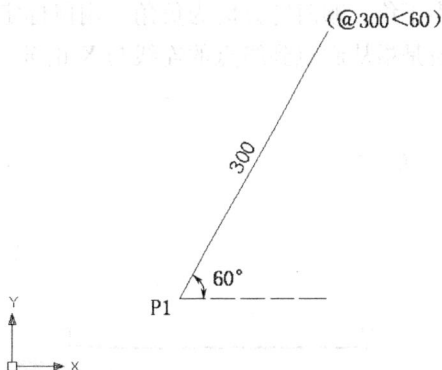

图 1-7

（5）单击鼠标定点

将光标移到屏幕上所需位置，然后单击左键确定点位。这常用于确定一些特殊点的位置，如端点、中点、圆心等。为此，一般需要先打开对象捕捉功能。操作方法是：单击按下状态栏中的 对象捕捉 按钮或直接按〈F3〉键。用鼠标右键单击 对象捕捉 按钮，选择【设置】命令打开"对象捕捉"面板，可选择要捕捉的对象类型，可同时选择多种，如图 1-8 所示。

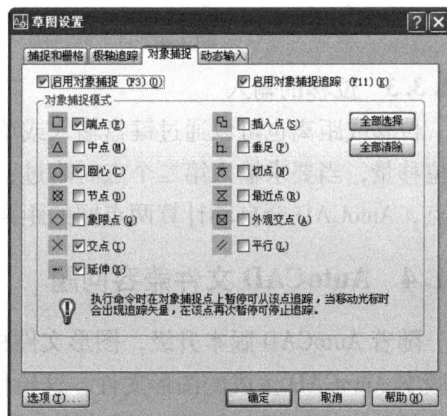

图 1-8

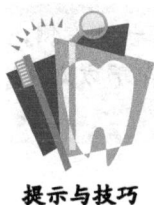

> 　　在执行一个命令过程中，按住〈Shift〉键右击鼠标，也可临时指定捕捉对象；还有，键入【M2p】，可捕捉两点之间的中点；键入【From】，可捕捉偏离某点指定距离的点。打开捕捉功能后，在绘图或编辑过程中，捕捉到选定的对象时会显示相应的图形符号，例如端点为方形、圆心为圆形、中点为三角形等。要查询某种对象以什么符号显示，可查看"对象捕捉"面板，对象名称前面就是它的捕捉符号。

　　（6）键盘输入@

　　这与其说是一种定点方法，还不如说是一种定点技巧。当 AutoCAD 提示确定一个点的位置时，如果键入【@】并按〈Enter〉键或者直接按〈Enter〉键，表示定位于前一个点。例如，先用【L】命令绘制一条折线 ABCD，其终点为 D。接着，键入【PL】（多段线）命令，当命令窗口中提示"指定起点："时键入【@】并按〈Enter〉键，多段线的起点就定在 D 点位置，继续操作得到一条多段线 DE，如图 1-9 所示。这种方式可在需要时使用，既简便又高效。

1.1.3.2　角度的输入

　　当命令窗口提示输入角度时，可以从键盘输入角度值，也可以用鼠标单击确定。角度的默认单位为"度（°）"，0°与 X 正轴（即原点以右部分）重合，以此为起始边，逆时针方向为正角，顺时针方向为负角。用鼠标定角时，单击的第一点为起点，第二点为终点，角度值是指从起点到终点的连线与 X 正轴之间的夹角，如图 1-10 所示。

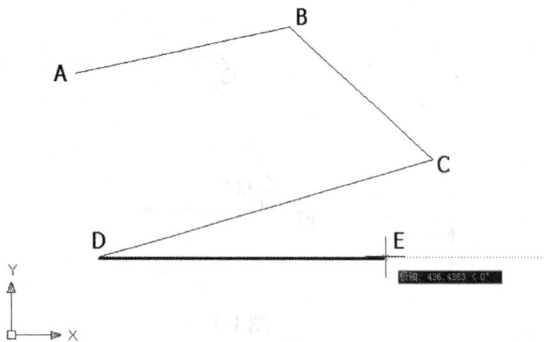

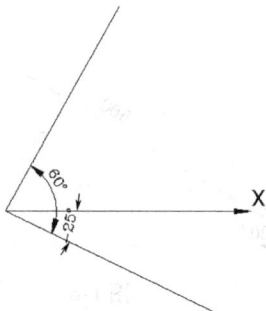

图 1-9　　　　　　　　　　　　　　　　　　图 1-10

1.1.3.3　位移的输入

　　位移或距离也可以通过键盘输入或单击鼠标确定。通过键盘输入时，可以直接键入点的位移量，当要求输入第二个点时略过；通过鼠标指定位移或距离，其实是在屏幕上指定两点，AutoCAD 会自动计算两点间的距离，并将其作为位移或距离。

1.1.4　AutoCAD 文件兼容问题

　　随着 AutoCAD 版本升级，图形文件格式也随之改变，低版本 AutoCAD 通常无法读取高版本 AutoCAD 生成的图形文件，这给使用不同版本的 AutoCAD 用户之间共享文件带来了麻烦。当然，但也有个别版本例外，如 AutoCAD 2000 就可以读取 2002 生成的图形文件（都属于 R15 系列），R12 也可以读取 R13 的图形文件。

使用 AutoCAD 时，为了便于别人打开自己绘制的图形文件，可以通过【文件】菜单下的【另存为】命令，将图形保存为较低级的文件格式。例如，可保存为目前较通用的 R14 系列 . dwg 文件。AutoCAD 2002 和 2007 都提供了这样的功能。

> 如果需要经常将图形保存某种较低级的文件格式，可以在 AutoCAD 中调整一下设置。具体操作是：选择菜单【工具】→【选项】或键入【OP】命令，打开"选项"对话框，进入"打开和保存"面板，在"另存为"下面选择要保存的文件格式，如 "AutoCAD R14/LT98/LT97 图形 (∗. dwg)"，如图 1-11 所示。这样，以后只要存盘就会保存为 R14 格式。

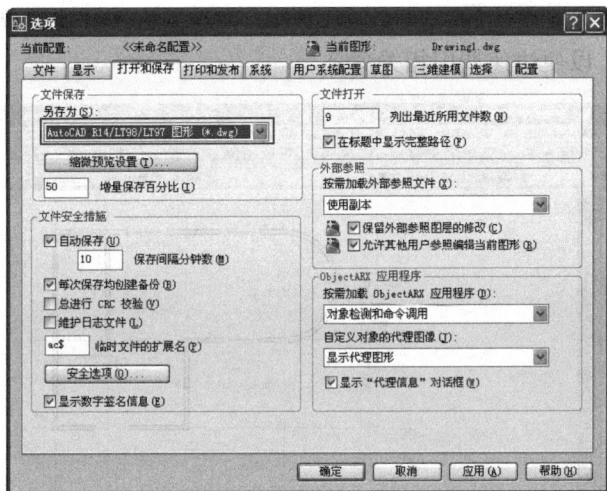

提示与技巧

图 1-11

不幸的是，由于商业策略的需要，AutoCAD 2004～2006 不能保存为 R14 格式，只能保存为更高版本的，如 2000(属于 R15)。假如自己使用的是 AutoCAD 2004～2006 中某一版本，而且又经常需要将图形保存为 R14 格式，可以使用专门的 CAD 文件转换工具，如 Autodesk 公司推出的免费转换程序 Autodesk Batch Drawing Converter，可以将成批的 . dwg 文件在 R14～R16 格式之间双向转换。这个程序可以从互联网上搜索下载。

1.2　天正建筑应用简介

AutoCAD 具有很强的通用性，适合多种领域的工程设计、出图。不过，伴随通用性而来的是，弱化了针对性和专业性，从而降低了在特定领域的工作效率。于是，基于 AutoCAD 平台的、适用于各种专业领域的二次开发软件应运而生。天正建筑(即 TArch)，就是目前国内建筑设计行业应用较普遍的、基于 AutoCAD 的二次开发软件。它除了具有一般的建筑绘图功能，还具有日照分析和节能分析等功能。

天正建筑最初于 1994 年推出，当时国内建筑 CAD 市场上还有几个与之势均力敌的对手，如 House A91、ABD、建筑之星等。最终，天正建筑凭借其灵活、规范与高效等特性在竞争中胜出，成为今天国内建筑 CAD 市场的领军者，在各建筑科研、设计单位得到普遍应用。

　　随着 AutoCAD 的不断更新，天正建筑也进行了多次升级换代，目前最新的正式版本是可运行于 AutoCAD 2000 ~ 2007 的天正建筑 7.0，可运行于 AutoCAD 2008 的天正建筑7.5 也已经在测试之中。本书以能稳定运行的天正建筑 7.0 为蓝本进行介绍。

1.2.1　天正建筑 7.0 用户界面

　　天正建筑 7.0 用户界面如图 1-12 所示。它保留了 AutoCAD 的所有菜单和工具栏，同时，也做了一些必要的扩充。最明显的是，窗口左边增加了屏幕菜单，通过左击或右击某个菜单，可以找到并执行与之相关的命令。此外，在状态栏中还增加了一些新部件，例如左边的比例选择例表以及右边的一些按钮。另外，在绘图区不同位置单击鼠标右键，会弹出不同的右键菜单，以便快速调用相关命令。

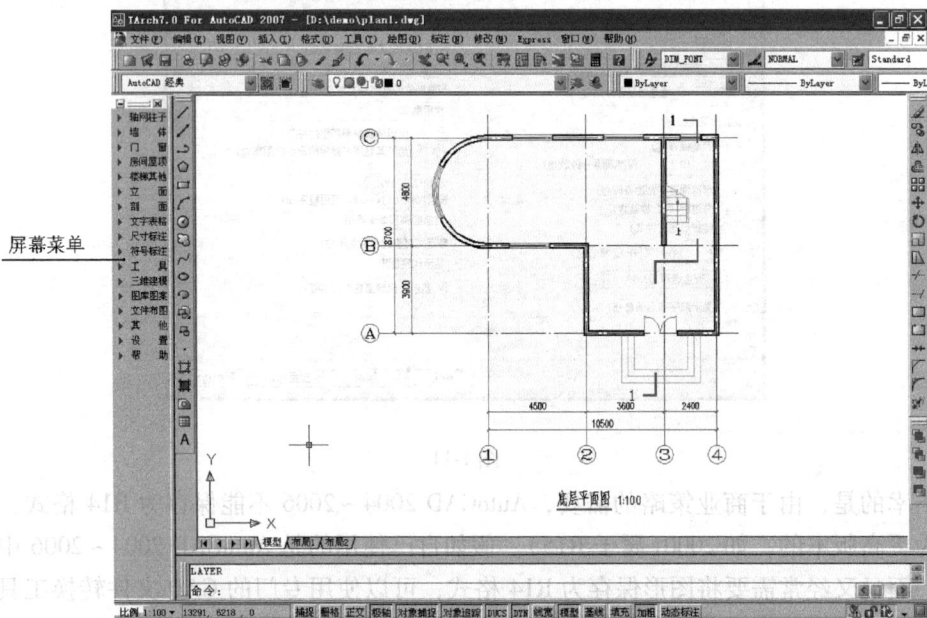

图 1-12

　　天正建筑大部分功能都可以在命令行(即命令窗口)键入命令执行。屏幕菜单、右键菜单和键盘命令，三种形式调用命令的效果是相同的。键盘命令多为菜单命令的拼音缩写，例如屏幕菜单中【绘制墙体】命令，对应的键盘命令是【HZQT】。天正建筑少数功能只能点取菜单执行，不能从命令行键入，如状态开关或者保留的 Lisp 命令。另外，按〈Ctrl〉+〈+〉键可关闭或打开屏幕菜单。

1.2.2　天正建筑文件兼容问题

　　天正建筑从它的开发历史上分为截然不同的两个阶段。在 3.x 及以前的阶段，天正建筑的对象完全是 AutoCAD 的基本对象，所生成的图形完全由 AutoCAD 的直线、圆弧、多段线等基本对象组成，所以能被 AutoCAD 完全识别。换句话说，AutoCAD 能正确、完整地打开天正建筑 3.x 及以前版本保存的图形文件。

从天正建筑 5.0 开始就有了自己的自定义对象，包括墙柱等构件、天正的文字和标注共 50余种。自定义对象包含多种便于应用的特性，如墙不再是简单的两条平行线，而是充满几何及物理信息的载体，键入【DXCX】（对象查询）命令后，将光标移到墙上方，可以看到墙对象包含的数据及信息，如图 1-13 所示。利用这些数据和信息，以及自定义对象上的夹点，可以更方便地控制对象，从而加快图形的绘制和修改速度。但这同时也带来图形文件的兼容性问题。无论用天正建筑 3.x，还是 AutoCAD 打开天正建筑 5.0 或以上版本绘制的图形时，都会出现图形显示不全的问题，窗口中只出现轴线和少量 AutoCAD 线条，其他东西都不见了。这些不见了的"东西"，就是天正建筑的自定义对象。

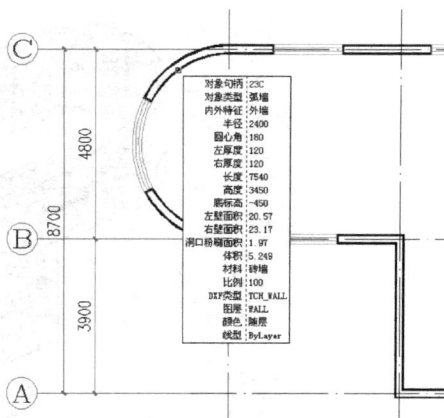

图 1-13

解决以上问题最简单的办法，就是在使用天正建筑 5.0 或以上版本时利用【另存旧版】或【图形导出】命令，将图形保存为 TArch 3 格式，从而使图形文件中只包含 AutoCAD基本对象。这样，再用 AutoCAD 或天正建筑 3.x 打开就不会有什么问题。假如需要转换的文件较多，可以使用【批量转旧】命令来完成。

1.3　AutoCAD 与天正建筑联合绘图简介

就建筑领域而言，天正建筑比 AutoCAD 有更强的针对性和专业性。所以，当提到用这二者联合绘图时，实际上是以天正建筑为主，AutoCAD 为辅。

1.3.1　AutoCAD 与天正建筑联合绘图流程

建筑施工图主要由总平面图、平面图、立面图、剖面图和详图组成。用天正建筑绘制建筑施工图，与手工绘制施工图的流程大致相同，一般也是从绘制建筑平面图开始，可以先绘制底层或标准层平面图，然后复制、修改得到其他楼层的平面图（包括屋顶平面）。较高版本的天正建筑具有二维、三维全程同步特性，也就是说，用户在绘制平面的同时即已获得同步的三维模型。为了验证这一点，可以用天正建筑的墙体、门窗等命令，在平面上随便画几道墙并插入门窗等构件，然后一手按住〈Shift〉键，另一手按住鼠标滚轮并拖动，就可以看到三维模型的效果，如图 1-14 所示，这里视觉样式选择的是"概念"。

具有代表性的几个平面图绘制完毕后，组合起来就得到全楼的三维模型。利用全楼三维模型，就可以自动生成指定方位的立面图，以及指定剖切位置的剖面图。当然，多数情况下，立面图和剖面图还需要手工进行补充和完善，才能成为合格的施工图纸。

平、立、剖这三种主要的图纸完成后，接下来，就是绘制总平面图、详图、编写设计说明、图纸目录、门窗统计表等。

在整个施工图的绘制过程中，主要工作集中在平面图的绘制上，它是产生立面图和剖面图的基础。所以，有必要提一下平面图的绘制流程。主要过程为：首先，绘制并标注轴

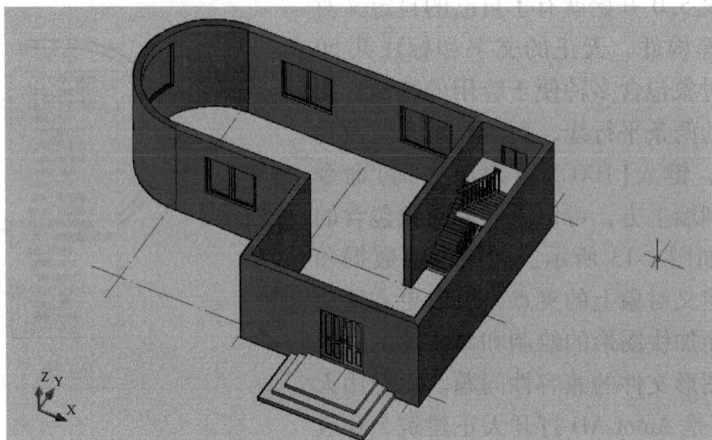

图 1-14

网；然后，布置柱子、绘制墙体，也可由轴线直接生成墙体；接着，在墙中插入门窗，在楼梯间插入楼梯；最后，绘制台阶、阳台等附属设施。

1.3.2　AutoCAD 与天正建筑联合绘图规则

由于天正建筑是运行于 AutoCAD 平台上的二次开发软件，启动天正建筑实际上同时启动了 AutoCAD，所以，在天正建筑窗口中仍然可以调用 AutoCAD 命令。这就带来一个问题，当一个对象既可以用天正建筑命令绘制又可以用 AutoCAD 绘制时，使用哪个命令呢？

如果用户使用的是天正建筑 3.x，那么使用天正建筑命令和 AutoCAD 命令并无本质区别，建立的都是 AutoCAD 基本对象，这时主要以哪个命令方便、习惯作为选用标准。如果用户使用的是天正建筑 5.0 或以上版本，为了充分发挥天正自定义对象的优越性，应优先考虑使用天正建筑命令，这样建立的对象就是天正自定义对象，对编辑修改、构件统计等都会有好处。不过，建筑造型千变万化，构件形式多种多样，也有一些构件无法利用天正建筑现有的自定义对象来描述，只能用 AutoCAD 命令绘制。因此，在强调天正建筑专业、高效的同时，也别忘了 AutoCAD 是根本、是基础、是必要的补充。那种只要学会用天正建筑、不学 AutoCAD 也能绘制建筑施工图的想法是错误的，它们二者必须联合应用，才能快速、完整地绘制出全套建筑施工图。关于这二者的联合应用有以下一些规则或建议：

（1）绘制平面图时，应尽量使用天正建筑命令，这样，就以自定义对象为主构建整幢建筑物，为后面生成详细、优质的立面图、剖面图创造了条件。

（2）生成立面图、剖面图后，应以 AutoCAD 命令为主完善图样。立面图和剖面图中的墙体宜以 AutoCAD 多段线和直线来表达，立面门窗则依然使用天正图块为最佳选择。

（3）关于详图，由于样式众多，规律性不强，无法自动生成，只能以 AutoCAD 命令为主手工绘制，但天正建筑仍可发挥一定的辅助作用，如图形的局部切割、构件的剖面生成。另外，在布图及标注方面也有长处，充分应用可提高绘图效率。

1.4　本章小结

　　本章分别对 AutoCAD 和天正建筑的界面、应用、联合绘图流程等进行了简单介绍，这部分内容是后面操作的基础。可能有的读者会觉得部分内容、操作无法理解，这是正常的，因为这些内容后面才具体讲解，本章只是概略介绍。

第2章

AutoCAD 基本概念及操作

　　用 AutoCAD 和天正建筑联合绘制建筑施工图，天正建筑是主角，AutoCAD 是配角，但是这个配角担任的却是攻坚的角色，天正建筑不便或无法绘制的图样(如详图等)，常常使用 AutoCAD 命令来绘制。另外，在用天正建筑绘图过程中，也要用到一些 AutoCAD 命令作为辅助，如视图控制命令。所以，熟悉 AutoCAD 基本概念及操作，是十分必要的。本章将介绍 AutoCAD 的常用绘图、编辑及视图控制命令，以及图层、图块概念及相关操作。

本章主要内容：

◆ 常用绘图命令及应用
◆ 图形编辑操作
◆ 视图控制方法
◆ 图层及应用
◆ 图块及应用

2.1 常用绘图命令及应用

AutoCAD 的绘图命令大致可分为二维和三维两类，建筑绘图用到的主要是二维绘图命令。实际工作中，建议多用命令代码，以提高工作效率，所以，下面都给出了常用命令的代码。

2.1.1 【Line】（直线）命令

命令代码：【L】

执行过程：

命令：l

LINE 指定第一点：

指定下一点或［放弃（U）］：

指定下一点或［放弃（U）］：

指定下一点或［闭合（C）/放弃（U）］：

【Line】命令的作用，是通过两点确定一条直线（准确说是线段）；如果连续操作，则可绘制折线；键入【C】，则可绘制闭合图形，如图 2-1 所示。

直线   折线   闭合图形

图 2-1

提示与技巧

使用【Line】及后面将要介绍的【Pline】（多段线）、【Mline】（多线）等画线命令，关键在于定点，可通过输入坐标或单击鼠标确定。由于建筑图纸中经常出现的是正交线（相互垂直的线），所以，更快捷、常用的定点方法是，按〈F8〉键进入正交模式，移动光标指定线段方向，然后输入线段长度。如图 2-2 所示，线段 AB，处于水平方向，长度为 1800，就可用这种方法绘制。

在执行【Line】命令期间键入【U】，可放弃前一条线段。用【Line】命令绘制的图形，其中每一条线段都是一个单独的对象，而后面用【Pline】（多段线）命令绘制的图形，整体是一个对象，而且多段线可以设定线的宽度，这是两者的主要区别。

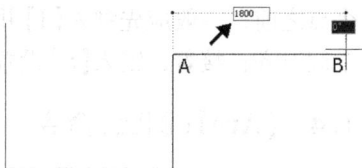

图 2-2

2.1.2 【Pline】（多段线）命令

命令代码：【PL】

执行过程：

命令：pl

PLINE

指定起点：

当前线宽为 0.0000

　指定下一个点或[圆弧(A)/半宽(H)/长度(L)/放弃(U)/宽度(W)]：

　【Pline】命令与【Line】命令作用相似，不
过，它绘制的图形中不但可以有直线段，而
且可以有弧线段(键入【A】)。另外，可为各
段线设置不同的宽度(键入【W】)，如图 2-3
所示。在设置宽度过程中，还可以为一段线
起止位置设定不同宽度，图中箭头就是这样
得到的。注意，键入【A】绘制弧线段后，要
想绘制直线段，应键入【L】。

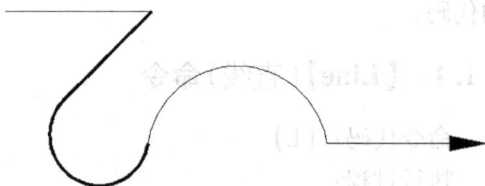

图 2-3

2.1.3　【Mline】(多线)命令

　命令代码：【ML】

　执行过程：

　命令：ml

MLINE

当前设置：对正 = 上，比例 = 20.00，样式 = STANDARD

指定起点或[对正(J)/比例(S)/样式(ST)]：

指定下一点：

指定下一点或[放弃(U)]：

指定下一点或[闭合(C)/放弃(U)]：

　【Mline】命令与【Line】命令作用也相
似，只不过画的是双线或三线、四线等，
需要事先用【Mlstyle】命令建立样式并在此
键入【ST】调用。另外，【Mline】绘制的多
个连续线段是一个整体对象。【Mline】命令
常用于绘制墙体，如图 2-4 所示。指定第
一个点之前，一般应先键入【J】并选【Z】设

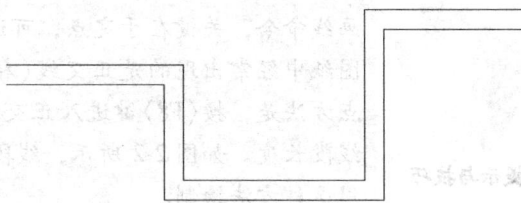

图 2-4

为中间对齐；接着，键入【S】设置墙宽，如 240，然后，才开始定点绘墙。

2.1.4　【Arc】(圆弧)命令

　命令代码：【A】

　执行过程：

　命令：a

ARC 指定圆弧的起点或[圆心(C)]：

指定圆弧的第二个点或[圆心(C)/端点(E)]：

指定圆弧的端点：

【Arc】命令用于绘制一段圆弧，默认是通过圆弧上的 3 点确定圆弧，如图 2-5 所示。在提示指定圆弧起点时，如果键入【C】并按提示继续操作，还可以选择按"起点、圆心、端点"、"起点、圆心、角度"、"起点、圆心、长度"、"起点、端点、半径"等方式确定圆弧。

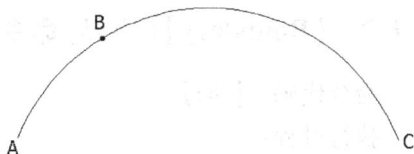

图 2-5

2.1.5　【Rectang】（矩形）命令

命令代码：【REC】

执行过程：

命令：rec

RECTANG

指定第一个角点或[倒角(C)/标高(E)/圆角(F)/厚度(T)/宽度(W)]：

指定另一个角点或[面积(A)/尺寸(D)/旋转(R)]：

【REC】命令用于绘制矩形，它在整体上是一个对象。默认通过两个对角点确定矩形，在确定第一点前，如果键入【C】并输入倒角值，就可以绘制倒角矩形；如果键入【F】并输入圆角半径，就可以绘制圆角矩形；如果键入【W】并输入宽度值，就可以绘制四边为指定宽度的矩形，如图 2-6 所示。

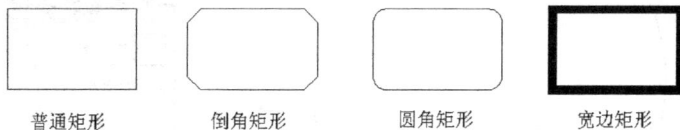

普通矩形　　　　倒角矩形　　　　圆角矩形　　　　宽边矩形

图 2-6

默认状态下，【REC】命令通过两个对角点来确定矩形。当屏幕提示指定另一个点时，如果键入【A】，就可通过面积来确定矩形；如果键入【D】，就可通过长、宽尺寸来确定矩形。

2.1.6　【Circle】（圆）命令

命令代码：【C】

执行过程：

命令：c

CIRCLE 指定圆的圆心或[三点(3P)/两点(2P)/相切、相切、半径(T)]：

指定圆的半径或[直径(D)]：

【Circle】命令用于绘制圆形，默认是通过圆心、半径或直径确定一个圆，如图 2-7 所示。如果键入【3P】，可以通过圆上的 3 点来确定；如果键入【2P】，可以通过直径的两个端点来确定；如果键入【T】，可以通过与两个已有图形的切点及

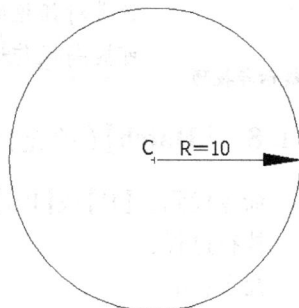

图 2-7

半径来确定。

2.1.7 【Boundary】(边界)命令

命令代码:【BO】

执行过程:

命令: bo

BOUNDARY

拾取内部点:

【Boundary】命令作用是,分析由几个二维对象围成的区域并创建区域边界或按区域创建面域。这样,就便于用【List】命令查询该区域的周长、面积等信息,也便于用其他命令对闭合区域做进一步处理。

以如图 2-8 所示图形为例,假如要为 ABC 区域创建边界,可以键入【BO】并按〈Enter〉键,会弹出如图 2-9 所示"边界创建"对话框,确认"对象类型"为多段线,单击 (拾取内部点)按钮,在 ABC 区域内单击一下并按〈Enter〉键,该区域边界就创建好了,其实是创建了一条闭合的多段线。接下来,要进行查询、填充等操作就方便了。

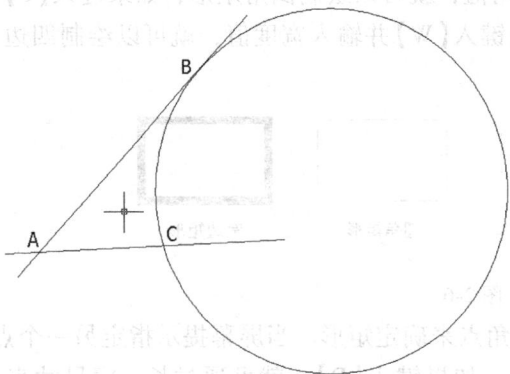

图 2-8

图 2-9

如果键入【BO】,将不再弹出对话框,取而代之的是,在命令窗口中出现相应的提示及选项,而且选项与对话框中的大致相同。AutoCAD 多数带对话框的命令,如【Layer】、【Hatch】,都具有这样的特点,熟悉后可提高操作速度。

提示与技巧

2.1.8 【Hatch】(填充)命令

命令代码:【H】或【BH】

执行过程:

命令: h

HATCH

拾取内部点或〔选择对象(S)/删除边界(B)〕：

【Hatch】命令用于在指定区域内填充图案或渐变色，常用于表示建筑材料等。键入【H】后会弹出一个对话框，如图 2-10 所示。

单击对话框中的 （拾取内部点）按钮，在填充区域内单击并按〈Enter〉键确定填充范围；在对话框中选择需要的"样例"（即填充图案）、输入适当的"比例"。然后，单击 [预览] 按钮，预览填充效果，如图 2-11 所示。

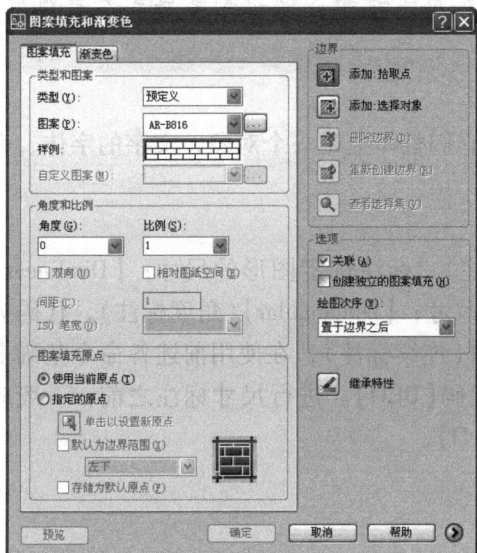

图 2-10

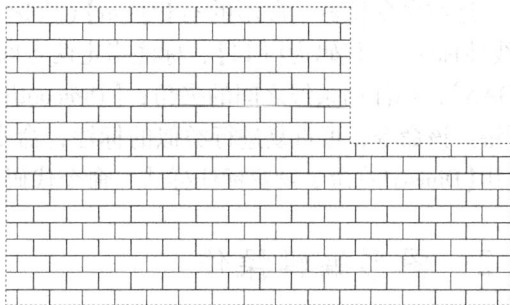

图 2-11

如果对填充效果满意，可以直接按〈Enter〉键确认。否则，按〈Esc〉键返回对话框，调整相关设置，再预览，直到满意按〈Enter〉键结束。

提示与技巧　有时需要准确确定填充图案的大小，即填充"比例"，可以这样操作：先以任意比例填充；然后用【Dist】(距离)命令测量图案尺寸，键入【CAL】(计算器)命令调出计算器，计算"需要的尺寸÷测得的尺寸"，其商乘以之前的填充比例即为最终比例；最后，双击填充图案打开对话框，修改"比例"值为最终比例。

2.1.9　其他绘制命令

除了前面介绍的，还有一些常用的绘制命令。

(1)【Text】(单行文字)

命令代码【DT】，可书写若干行文字，且每一行为一个单独的对象。使用这个命令之前，可先使用【Style】(样式)命令设定文字样式，命令代码为【ST】。

提示与技巧

　　AutoCAD 可以利用的字库有两类，一类是存放在 AutoCAD 目录下 Fonts 中的 .shx 文件，是 CAD 专有字库，英文字母和汉字分属于不同的字库；第二类是存放在 Windows 目录下 Fonts 中的 .ttf 文件，属于 Windows 系统的通用字库。除了 CAD 以外，其他如 Word、Excel 等软件也都是采用此字库，其中，汉字字库都已包含了英文字母。.shx 字库最大的特点在于占用系统资源少，一般情况下，推荐使用。.ttf 字库主要用于两种情况：一是图纸文件要与其他公司交流，可以让别人顺利打开。二是用于封面、标题等需要艺术美观效果的字样。

　　(2)【Mtext】(多行文字)

　　命令代码【T】，可书写若干行或段文字，且它们整体上是一个对象，文字的字体、大小、间距、对齐方式等的设置类似于 Word 界面。

　　(3) 尺寸标注命令

　　这类命令较多，常用的有【Qdim】(快速标注)，标注选定图形的尺寸；【Dimlinear】(线性标注)，代码为【DLI】，标注指定两点间的尺寸；【Dimangular】(角度标注)，代码为【DAN】，标注两条线之间的夹角；【Dimcontinue】(连续标注)，在使用前述各命令基础上再键入该命令，可重复进行类似的标注，命令代码【DCO】。进行尺寸标注之前，一般应先用【Dimstyle】命令设置标注样式，命令代码为【D】。

2.2　图形编辑操作

　　使用 AutoCAD 时，虽然我们常常说 CAD 绘图，但实际上很多时候是在编辑图。因为用编辑命令可以减少绘图不准确的几率，并且可以在一定程度上提高效率。下面介绍建筑绘图中常用到的编辑命令及操作。

2.2.1　【Copy】(复制)命令

　　命令代码：【CO】

　　执行过程：

　　命令：co

　　COPY

　　选择对象：

　　指定基点或[位移(D)]<位移>：

　　指定第二个点或[退出(E)/放弃(U)]<退出>：

　　【Copy】命令可将一个对象复制为两个或多个。默认是通过指定两点位置来确定复制对象的位置，如图 2-12 所示，A 为原始对象上的基点(也可指定于其他位置)，B 为复制对象上与 A 点对应的点。

在进行复制等编辑操作时，往往都需要选择对象。在 AutoCAD 中选择对象有以下几种常用方法：①鼠标单击点选；②鼠标从左到右框选，仅全部位于框内的对象被选中；③鼠标从右到左交叉选，框内及框边缘穿过的对象均被选中；④鼠标栏选，即提示选择对象时键入【F】，然后单击鼠标画线，线穿过的对象被选中。另外，在选择对象过程中，键入【A】可以加选对象，键入【R】可以减选对象。

提示与技巧

如果选【D】选项，就可通过位移确定复制对象的位置。如果复制对象与原始对象在位置上呈正交关系，那么可打开正交模式，用光标定向并输入位移值，复制操作就更方便快捷了。注意，位移是复制对象与原始对象上对应点间的距离（如图 2-12 中的 A、B），而不是两对象之间的净距。

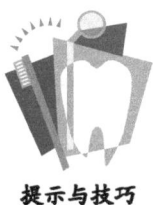

还有一种较为快捷的复制方法，就是使用夹点。当用鼠标单击或框选对象后，对象会以虚线显示，表明被选中，同时对象上出现一些蓝色的点，称为对象的"夹点"，如图 2-13 所示。单击某夹点，它会变成红色，此时拖动鼠标，就可基于该夹点拉伸对象。如果按〈空格〉键，还可以切换为其他操作，如移动、旋转、缩放或镜像，如果再键入【C】，就可以在进行这些操作的同时复制对象，如旋转并复制等。

提示与技巧

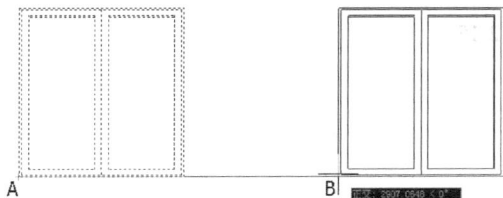

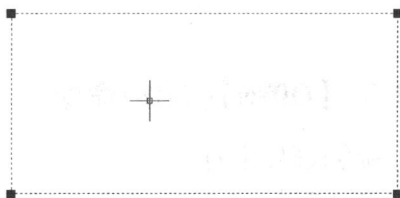

图 2-12　　　　　　　　　　　　　　　　　图 2-13

2.2.2　【Array】（阵列）命令

命令代码：【AR】

执行过程：

命令：ar

ARRAY

选择对象：

【Array】命令也可将一个对象复制为多个，同时将对象按规则的行列形式（即矩形阵列）或者环形形式（即环形阵列）排列，如图 2-14 所示。

在执行【Array】命令过程中会弹出"阵列"对话框，用于选择阵列形式，设定阵列数量（如行、列）、偏移距离（即位移），如图 2-15 所示。

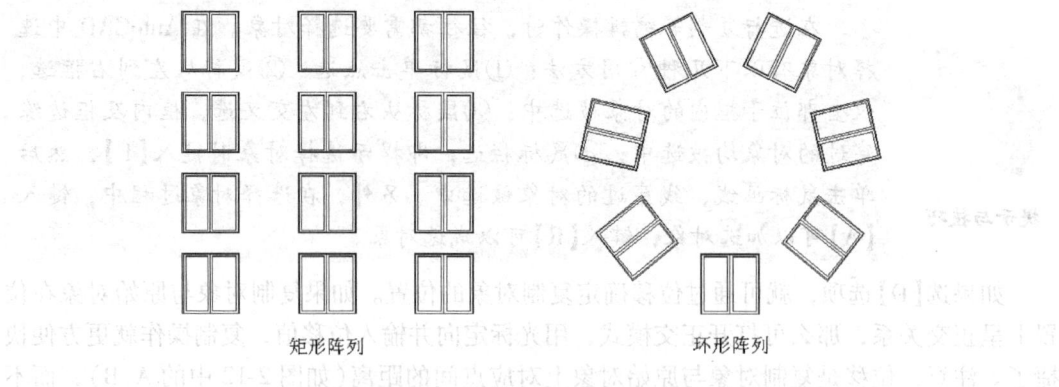

矩形阵列   环形阵列

图 2-14

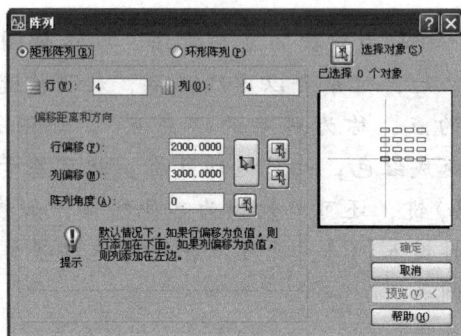

图 2-15

2.2.3 【Offset】(偏移)命令

命令代码:【O】

执行过程:

命令: o

OFFSET

当前设置: 删除源 = 否   图层 = 源   OFFSETGAPTYPE = 0

指定偏移距离或[通过(T)/删除(E)/图层(L)] <通过 >:

选择要偏移的对象, 或[退出(E)/放弃(U)] <退出 >:

指定要偏移的那一侧上的点, 或[退出(E)/多个(M)/放弃(U)] <退出 >:

选择要偏移的对象, 或[退出(E)/放弃(U)] <退出 >:

【Offset】命令的作用在于, 对圆、直线或样条曲线等进行平行复制, 从而分别形成一组同心圆、平行线或平行曲线等, 如图 2-16 所示。默认偏移方式是, 通过指定偏移的距

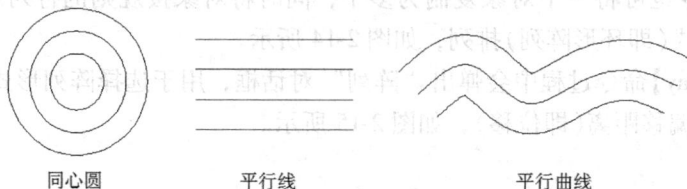

同心圆   平行线   平行曲线

图 2-16

离或两点。如果选择【T】选项，可指定偏移复制出的对象经过某点，尤其适宜于经过特殊点的情况(可打开对象捕捉功能)。另外，选择【M】选项可连续进行多次偏移复制。

2.2.4　【Mirror】(镜像)命令

命令代码：【MI】

执行过程：

命令：mi

MIRROR

选择对象：

指定镜像线的第一点：

指定镜像线的第二点：

要删除源对象吗？[是(Y)/否(N)]＜N＞：

【Mirror】及前面介绍的几个命令，都属于对象复制命令。【Mirror】的不同在于，是沿某一对称轴进行复制，如图 2-17 所示，三角形 A 沿对称轴 CD 镜像复制出 B 三角形。操作过程中，C 就是镜像线的第一点，D 就是镜像线的第二点。

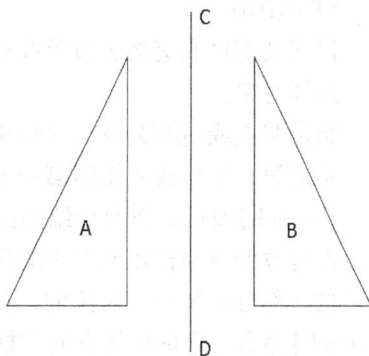

图 2-17

2.2.5　【Matchprop】(特性匹配)命令

命令代码：【MA】

执行过程：

命令：ma

MATCHPROP

选择源对象：

当前活动设置：颜色、图层、线型、线型比例、线宽、厚度、打印样式、标注、文字、填充图案、多段线、视口、表格材质、阴影显示。

选择目标对象或[设置(S)]：

【Matchprop】命令也可以看作是一个复制命令，只不过它复制的不是对象，而是对象所包含的特性，包括颜色、图层、线型、线宽等，在这一点上与微软 Word 中的"格式刷"很相似。实际上，【Matchprop】不仅作用、操作与 Word 的"格式刷"相似，就连在视图中符号也与它相似，也是一把刷子，如图 2-18 所示。

这里，假设要将上图中右边圆形的特性复制给左边的矩形，操作时圆形就作为源对象而先单击，矩形作为目标对象后单击，结果如图 2-19 所示。

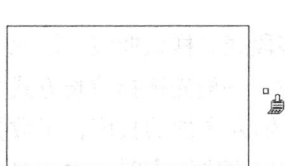

图 2-18

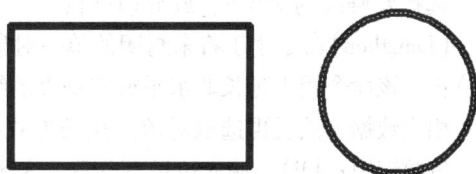

图 2-19

2.2.6 【Stretch】(拉伸)命令

命令代码:【S】

执行过程:

命令:s

STRETCH

以交叉窗口或交叉多边形选择要拉伸的对象…

选择对象:

指定基点或[位移(D)]<位移>:

指定第二个点或<使用第一个点作为位移>:

　　【Stretch】及后面将要介绍的【Scale】(缩放)、【Lengthen】(拉长)、【Extend】(延伸)命令,都有改变对象长短或大小的作用,但具体应用上也有一些区别。【Stretch】主要用于将图形的一部分沿某一方向拉伸,如图 2-20 所示图形。为了将其右半部分向右拉伸,执行【Stretch】命令后用鼠标从右向左框选该部分,按〈Enter〉键确认。

　　接下来,单击鼠标确定基点,向右移动一段距离并单击确定第二点。结果,框选部分图形被向右拉伸,如图 2-21 所示。

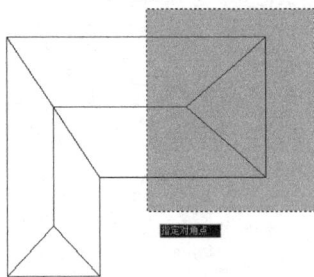
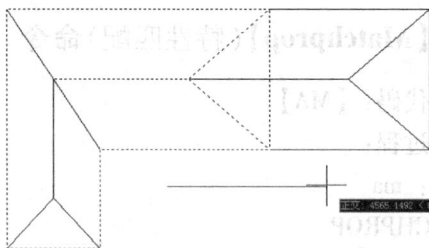

　　　　图 2-20　　　　　　　　　　　　　　　　　图 2-21

2.2.7 【Lengthen】(拉长)命令

命令代码:【LEN】

执行过程:

命令:len

LENGTHEN

选择对象或[增量(DE)/百分数(P)/全部(T)/动态(DY)]:p

输入长度百分数<100.0000>:150

选择要修改的对象或[放弃(U)]:

　　【Lengthen】命令用于将未封闭的单一对象,如线段、弧线、多段线、样条曲线,沿原方向拉长。该命令用于延长非水平或非垂直的线段时很方便。操作时,一般先选择拉长方式并输入相应数据,然后再选取对象。拉长方式有四种可选:【DE】,输入增加的长度,正数拉长,负数缩短;【P】,输入拉长百分数,大于100%拉长,小于100%缩短;【T】,输入对象新的长度,必须为正数;【DY】,移动对象的一个端点进行拉长,与通过夹点拉伸相似。

提示与技巧

【Lengthen】命令还有测量功能，键入该命令后直接选择线段、多段线或样条曲线，可以测知其长度；选择弧线，可以测知其弧长及对应的包含角。在 AutoCAD 中，还有一些命令具有测量或查询功能，可显示对象的相关信息，如【List】（代码【LI】），可以列出多种几何信息；【Dist】（代码【DI】），可测两点距离；【Id】，可查询点的坐标；【AREA】（代码【AA】），可测区域面积及周长；【Properties】（代码【MO】），可列出对象的详细信息。

2.2.8　【Extend】（延伸）命令

命令代码：【EX】

执行过程：

命令：ex

EXTEND

当前设置：投影 = UCS，边 = 无

选择边界的边

选择对象或 < 全部选择 >：

选择要延伸的对象，或按住 Shift 键选择要修剪的对象，或［栏选（F）/窗交（C）/投影（P）/边（E）/放弃（U）］：

【Extend】命令用于将一个对象延伸到另一个对象上，如图 2-22 所示，将线段 AB 延伸到线段 CD 上。

使用【Extend】命令主要操作过程为：提示"选择对象或 < 全部选择 >"时选中作为延伸边界的对象，如这里的线段 CD；接着，选择要延伸的对象，如这里的线段 AB。延伸结果如图 2-23 所示。

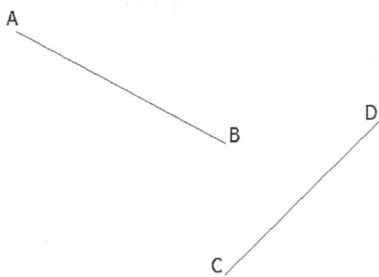

图 2-22

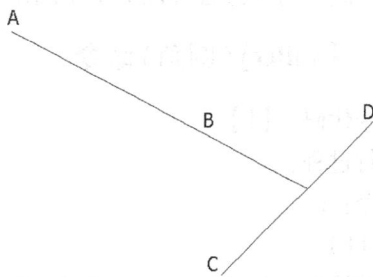

图 2-23

提示与技巧

实际操作中，一种简便快捷的操作是，键入命令代码【EX】，然后连续按两次〈Enter〉键，直接单击要延伸的对象，如这里的线段 AB。另外，AutoCAD 还有一个与【Extend】操作相似的命令，即【Trim】（修剪）命令（代码【TR】），作用是将一个对象超出某对象的部分剪掉。这两个命令在操作过程中可以互换，只要在选择要延伸（或修剪）的对象时按住〈Shift〉键，就可以切换为对方的功能。

2.2.9 【Scale】(缩放)命令

命令代码：【SC】

执行过程：

命令：sc

SCALE

选择对象：

指定基点：

指定比例因子或[复制(C)/参照(R)] <1.0000>：

【Scale】命令用于将对象放大或缩小。默认是按输入的比例因子决定缩放，比如输入 2 就放大到原来的两倍，输入 0.3 就缩小到原来的 30%。如果操作过程中键入【R】，可以通过先后指定的两段距离来决定缩放比例。

2.2.10 【Break】(打断)命令

命令代码：【BR】

执行过程：

命令：br

BREAK 选择对象：

指定第二个打断点或[第一点(F)]：

本命令用于将对象上两个指定点之间的部分删除。默认将选取对象时单击的位置作为第一点，提示指定第二点时，再单击一下就确定了第二点，如果此时键入【F】，则需要重新指定第一点，然后再指定第二点。打断过程如图 2-24 所示。

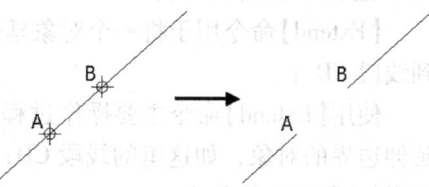

图 2-24

2.2.11 【Fillet】(圆角)命令

命令代码：【F】

执行过程：

命令：f

FILLET

当前设置：模式 = 修剪，半径 = 0.0000

选择第一个对象或[放弃(U)/多段线(P)/半径(R)/修剪(T)/多个(M)]：r

指定圆角半径 <0.0000>：150

选择第一个对象或[放弃(U)/多段线(P)/半径(R)/修剪(T)/多个(M)]：

图 2-25

选择第二个对象，或按住 Shift 键选择要应用角点的对象：

本命令用与两对象相切、指定半径的圆弧连接两个对象。使用该命令时一般应先键入【R】指定圆弧半径，然后再依次选中两对象。圆角过程如图 2-25 所示。

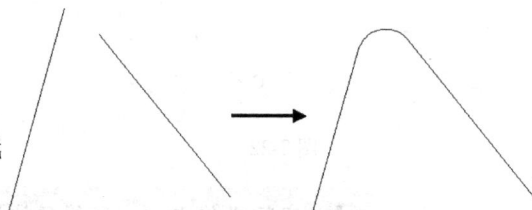

提示与技巧

　　还有一个叫【Chamfer】(倒角)的命令，命令代码为【CHA】，其执行过程、结果与【Fillet】命令相似，只不过【Chamfer】命令产生的不是圆角，而是倒角。同样是上面的两条线段，倒角处理过程及结果如图 2-26 所示。

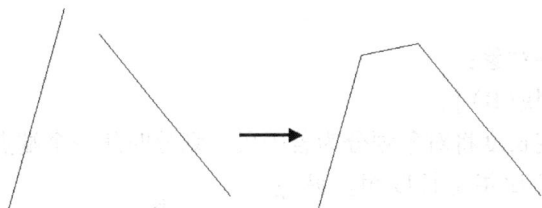

图 2-26

2.2.12　【Align】(对齐)命令

命令代码：【AL】

执行过程：

命令：al

ALIGN

选择对象：

指定第一个源点：

指定第一个目标点：

指定第二个源点：

指定第二个目标点：

指定第三个源点或 <继续 >：

是否基于对齐点缩放对象？［是(Y)/否(N)］<否 >：N

　　本命令用于将一个对象与另一个对象对齐，如图 2-27 所示。要让三角形 AB 边与矩形 CD 边重合，就可以使用【Align】命令。

　　键入代码【AL】后，先选取三角形，按〈Enter〉键后根据提示依次捕捉 A、C、B、D 四点，接着，按〈Enter〉键，问是否缩放，默认选否(N)，AB 长短及整个三角形大小不变，仅仅是对齐。如果选是(Y)，AB 会变得跟 CD 一样长，同时整个三角形相应缩放，如图 2-28 所示。【Align】命令不是很常用，但在画一些倾斜的图形时很有用，可以先按正放位置画，然后将它与倾斜的另一对象对齐。

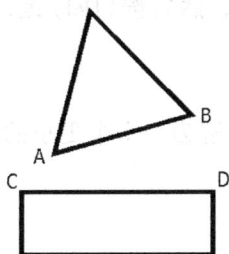

图 2-27

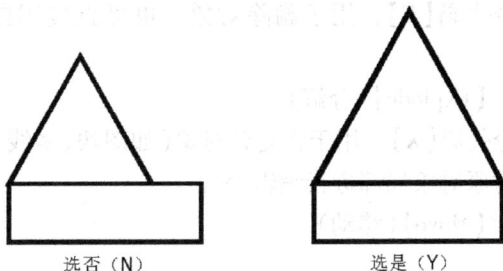

选否（N）　　　　选是（Y）

图 2-28

2.2.13 【Measure】(定距等分)命令

命令代码:【ME】

执行过程:

命令: me

MEASURE

选择要定距等分的对象:

指定线段长度或[块(B)]:

本命令可以按指定长度将对象划分为若干段。划分时从一个端点开始向另一端依次划分,最后一段有可能要比指定长度短。另外,各等分点可以使用点对象或指定图块标记出来,如图 2-29 所示,是用指定长度 ab 将线段 AB 等分后的结果。默认是以点标记等分点,使用【Ddptype】(点样式)命令选择一种较明显的点样式,才能看到点的效果。

图 2-29

提示与技巧

还有一个与【Measure】相似的命令,即【Divide】(定数等分),是按用户输入的段数等分对象,可保证各段长度完全相等,如图 2-30 所示。在建筑绘图中,等分命令可用于栏杆、行道树等的布置。这当中要使用到图块,将在后面介绍。

图 2-30

2.2.14 其他编辑命令

除了以上介绍的,还有一些常用的编辑命令。

(1)【Pedit】(编辑多段线)

命令代码【PE】,可以将直线、圆弧转换为多段线,或改变现有多段线的宽度等特性。

(2)【Hatchedit】(编辑填充对象)

命令代码【HE】,可以改变填充对象及填充设定。用鼠标双击填充对象,可实现同样操作。

(3)【Erase】(删除)

命令代码【E】,用于删除对象。也可直接用鼠标选中对象,然后按〈Del〉键,结果一样。

(4)【Explode】(分解)

命令代码【X】,用于将复合对象(如图块、多线、多段线等)分解为一个个更小的对象,以便于对原对象局部进行编辑处理。

(5)【Move】(移动)

命令代码【M】，用于移动对象，操作过程与【Copy】命令相似，也可拖动夹点移动。

（6）【Rotate】（旋转）

命令代码【RO】，用于旋转对象，操作过程与【Copy】命令相似，也可拖动夹点旋转。

2.3　视图控制方法

在用 AutoCAD 绘图过程中，用户经常需要放大观察图样局部、查看全图等，这些都属于视图控制操作。它不是 AutoCAD 中最重要的操作，却是最常用的操作，对绘图速度和质量有很大影响。控制视图主要有两种方式，一种以键盘操作为主；另一种以鼠标操作为主。从提高效率考虑，绘图、编辑建议以键盘操作为主，而视图控制则刚好相反，最好以鼠标操作为主。以键盘方式控制视图，主要使用【Zoom】、【Pan】、【3Dorbit】等命令。

2.3.1　【Zoom】（缩放）命令

命令代码：【Z】

执行过程：

命令：z

ZOOM

指定窗口的角点，输入比例因子（nX 或 nXP），或者

［全部（A）/中心（C）/动态（D）/范围（E）/上一个（P）/比例（S）/窗口（W）/对象（O）］

<实时>：

【Zoom】命令默认为窗口缩放或比例缩放方式，具体为哪种方式，取决于接下来的操作。如果用鼠标拖出一个方框，就是窗口缩放方式；如果输入类似 .5X 或 .5XP 的参数，就是比例缩放方式，其中前者针对当前视图，而后者针对图纸空间；如果键入【Z】后连续按两次〈Enter〉键，按住鼠标左键拖动可实时缩放视图。此外，还可以选择其他方式，【A】显示整个图形；【C】以指定点为中心并根据指定比例（或高度）缩放视图；【D】显示视图框中的部分图形；【E】按图形范围使所有对象最大化显示；【P】回到上一个视图状态；【O】将选中对象最大化显示。

2.3.2　【Pan】（平移）命令

命令代码：【P】

执行过程：

命令：p

PAN

按 Esc 或 Enter 键退出，或单击右键显示快捷菜单。

本命令用于平移视图。键入代码【P】后，按住鼠标左键在视图中拖动即可。

> **提示与技巧**
>
> 在执行一个绘图或编辑命令过程中，有时需要调整视图。这时，同样可以使用【Zoom】或【Pan】命令，但键入命令时要注意，一定要在命令前加"'"号。这里，假设要在执行【Line】命令绘制线段过程中调整视图，执行过程如下。像【Zoom】、【Pan】这样前面加"'"号就可以在其他命令中插入执行的命令，称为"透明命令"。执行透明命令时，命令行中会以双尖括号">>"提示。

执行过程：

命令：l

LINE 指定第一点：'z

>>指定窗口的角点，输入比例因子(nX 或 nXP)，或者[全部(A)/中心(C)/动态(D)/范围(E)/上一个(P)/比例(S)/窗口(W)/对象(O)]<实时>：

>>按 Esc 或 Enter 键退出，或单击右键显示快捷菜单。

正在恢复执行 LINE 命令。

指定第一点：

指定下一点或[放弃(U)]：

2.3.3 【3Dorbit】(动态观察)命令

命令代码：【3DO】

执行过程：

命令：3do

3DORBIT 按 ESC 或 ENTER 键退出，或者单击鼠标右键显示快捷菜单。

本命令用于旋转视图，在三维建模过程中很有用。键入代码【3DO】后，按住鼠标左键在视图中拖动即可，如图 2-31 所示。如果要重新回到平面状态，可以键入【Plan】命令。

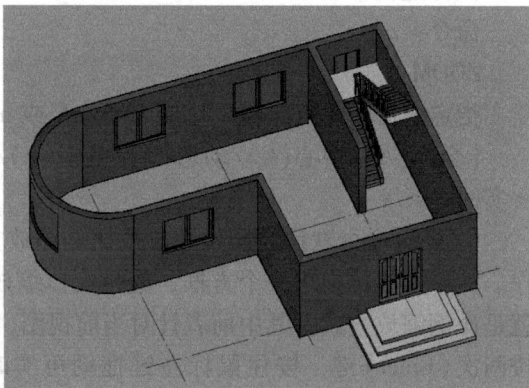

图 2-31

2.3.4 鼠标控制视图

用鼠标尤其是三键鼠标控制视图，既方便又快捷，建议在建筑绘图中优先采用。按住中键(滚轮)拖动，可以平移视图；滚动滚轮可以缩放视图；按住〈Shift〉键，再按住滚轮拖动，可以旋转视图。另外，按〈Ctrl〉+〈0〉键可切换视图区大小。

2.4   图层及应用

图层，是 AutoCAD 中组织、管理对象的重要工具。什么是图层呢？可以想象为一张张叠放在一起的透明纸。如果在第一张透明纸上画墙体，第二张上画门窗，第三张上标注尺寸、文字，第四张上画图框，最后把它们叠放在一起，就形成了一张建筑平面图。现在，假如不希望在这张图上看到尺寸和文字，只要将尺寸、文字所在图层关闭即可，而不用一一删除各处尺寸、文字。而且，这样还有一个好处，当需要显示尺寸和文字时，重新打开尺寸、文字图层即可。

图层具有颜色、线型、线宽等特性，换句话说，可以为一个图层设定颜色、线型、线宽等。这些特性可决定该图层中各图形对象的特性，前提是将对象相应特性设定为"By-Layer"，即由图层决定对象特性，这是默认设置，一般不必更改。

键入【Layer】（图层）命令可打开"图层特性管理器"，如图 2-32 所示。在此可查看、设定图层特性；可关闭、冻结、锁定图层；单击鼠标右键，还可新建、删除图层，或将一个图层置为当前图层，即要在上面绘图的图层。【Layer】命令的代码为【LA】。

图 2-32

图层的六种状态：①开启，可显示、打印和重生成图层上的对象，使用【Hide】（消隐）命令时会隐藏其他（尺寸、文字等）对象；②关闭，不显示和打印图层上的对象，使用【Hide】命令时会隐藏其他对象；打开图层时，不会重生成图形；③解冻，可显示和打印图层上的对象，使用【Hide】命令时隐藏其他对象；④冻结，不显示和打印图层上的对象，使用【Hide】命令时会隐藏其他对象；解冻图层时，将重生成图形；⑤锁定，锁定图层上的对象不能修改，但可以捕捉，还可以执行不修改这些对象的其他操作；⑥解锁，可以修改图层上的对象。

提示与技巧

2.4.1　图层应用要点

（1）图层数量够用就行

初学 AutoCAD 的朋友，不知道创建多少图层好。一般认为，在够用的基础上越少越好。例如，建筑施工图中的平面图，可以分为墙、柱、门窗、家具、轴线、尺寸标注、文字标注等图层。绘图的时候，属于哪个图层的对象，就要到相应图层中去绘制。当然，绘制好对象再移到相应图层中去也是可以的，但容易乱，不提倡这样做。

（2）善用 0 图层

0 图层，是 AutoCAD 自动为每一个项目创建的图层，在 AutoCAD 中新建一个图形文件，至少会包含一个 0 图层。有些人喜欢在 0 层上绘图，其实，这是很不可取的。0 层主要不是用于绘图的，而是用来定义块的。定义块时，先将组成块的所有对象移到 0 层（特殊情况除外），然后再定义块。这样，在插入块时，当前图层是哪个层，块就插入哪个层。

> 除了 0 层，还有一个特殊图层，即 Defpoints（定义点）层，是系统放置标注点的图层。只要图中或插入的块中有尺寸标注，就会有这一图层。此图层无法更名，而且画在此图层中的对象只能显示，不能打印。所以，一般不要在 0 层和 Defpoints 层绘图。

提示与技巧

（3）合理设置图层颜色

首先，注意一点，0 层和 Defpoints 层的默认颜色为白色，所以，用户创建的图层一般不要设定为白色。设置图层颜色还要注意两点，一是不同的图层一般要设置不同的颜色，这样，便于用户区分对象在哪个图层，如果两个层同一种颜色，那么就很难区分了；二是图层颜色宜与图层线宽匹配，线越宽的图层，颜色宜越鲜艳，即纯度（或称彩度、饱和度）越高，这样，不仅打印出来有明显的线宽区别，就是在屏幕上显示出来也层次分明，便于识别。

2.4.2　常用图层命令

在 AutoCAD 绘图中，针对图层的操作是较频繁的，所以，有必要记住下面这些与图层有关的键盘命令。有一点要说明，如果使用较低版本的 AutoCAD，需要安装 Express Tools，否则，以下某些命令无效。

（1）【Laymcur】命令

选取一个对象并使其所在图层成为当前图层。

（2）【Laycur】命令

选择对象并移到当前图层上。

（3）【Layoff】命令

选择一个对象并关闭它所在的图层。

（4）【Layiso】命令

选择对象，结果将只显示它所在图层上的对象。

（5）【Layon】命令

打开所有图层。

（6）【Laylck】命令

选择一个对象并锁定它所在的图层。

（7）【Layulk】命令

选择一个对象并解除对它所在图层的锁定。

（8）【Layerp】命令

恢复到上一个图层状态。

（9）【Laymch】命令

选择对象并将其移到另一对象所在图层上。

2.5　图块及应用

在绘图过程中，如果需要在图中不同位置上，以不同比例和旋转角度绘制相同形状的图形，最有效的方法，就是将需要重复绘制的图形定义为图块（简称块）。一组对象一旦被定义为图块，它们就成了一个对象，可以整体操作，便于用其他命令插入到需要的位置上。使用图块不但可以提高绘图速度，而且比起直接复制来，可以明显减小文件体积。所以，实际工作中常将经常用到的部件定义成块，放到一起形成图块库，以后绘图时调用就很方便了。

2.5.1　使用【Block】命令定义图块

【Block】（图块）命令的代码为【B】，能将当前图形中的部分或全部定义为块，如图 2-33 所示。要将图中的桌椅定义为一个图块，可以这样操作：

命令：b　　键入【B】，弹出如图 2-34 所示对话框，输入图块名称"ZY"（即桌椅）

BLOCK 指定插入基点：指定插入基点：单击对话框中 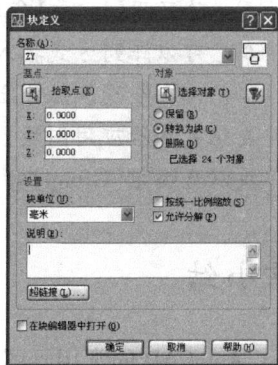（拾取点）按钮，捕捉 A 点

选择对象：指定对角点：找到 24 个　单击对话框中 （选择对象）按钮，框选整个桌椅图形

选择对象：按〈Enter〉键结束选择

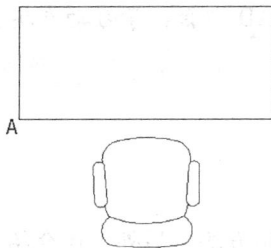

图 2-33

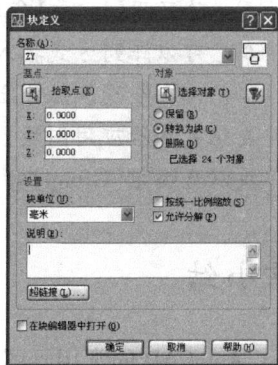

图 2-34

单击 确定 按钮，ZY 图块被定义。

> 除了用【Block】命令外，还可以用【Wblock】命令（代码【W】）定义图块。两者操作基本相同，不同的是，【Block】命令定义的图块保存于当前图形文件之中，不便于其他图形文件调用。而【Wblock】命令定义的图块单独保存为一个文件，可在其他图形文件中调用。

提示与技巧

2.5.2　用【Insert】命令插入图块

使用【Insert】（插入）命令，可以调用已经定义的图块，其命令代码为【I】。以调用以

上定义的 ZY 图块为例，操作过程如下：

命令：i　键入【I】，弹出如图 2-35 所示对话框，输入图块名称 ZY，单击 确定 按钮

INSERT

指定插入点或［基点(B)/比例(S)/X/Y/Z/旋转(R)］：s　键入【S】以设定图块比例

指定 XYZ 轴的比例因子 <1>：2　　将图块扩大 2 倍

指定插入点或［基点(B)/比例(S)/X/Y/Z/旋转(R)］：r　　　键入【R】以设定图块旋转角度

指定旋转角度 <0>：90　　　　　　　　　　　　让图块逆时针旋转 90°

指定插入点或［基点(B)/比例(S)/X/Y/Z/旋转(R)］：　　单击确定插入点

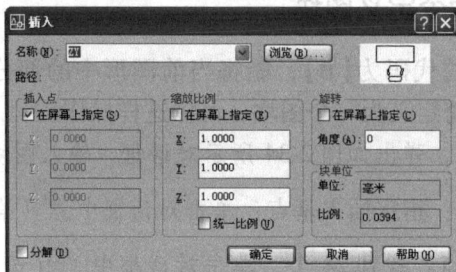

图 2-35

提示与技巧

除了用【Insert】命令外，还有一些命令也可插入图块，如【Minsert】命令，可以阵列方式插入按若干行列布置的图块；【Measure】或【Divide】命令，可在线段或弧线上等距插入图块。以上介绍的是图块的基本应用，要想更灵活应用图块，可参照专门的 AutoCAD 书籍，学习动态块、属性块以及编组(Group)的应用。

2.6　本章小结

本章介绍了 AutoCAD 的常用绘图及编辑命令、视图控制方法。另外，还介绍了图层、图块概念，以及它们的相关应用和操作。

第3章

天正建筑环境设置及工程管理

从本章开始，将具体介绍用天正建筑和 AutoCAD 联合绘制建筑施工图的方法和操作，这将结合一个低层住宅实例以数章篇幅详细讲述。本章先介绍绘图的第一步，即天正建筑环境设置及工程管理。

本章主要内容：

◆ 环境设置

◆ 工程管理

3.1　环境设置

　　针对不同的工程项目，绘图前一般应先对天正建筑的环境进行相应设置。天正建筑环境参数主要集成于 AutoCAD 的"选项"对话框中，键入命令代码【OP】即可打开，包括"天正基本设定"和"天正加粗填充"两个面板，如图 3-1 所示。其中包含了天正建筑的全局相关参数，而且前面带 图标的参数只影响当前图形文件，没有带图标的参数对以后打开或新建的图形文件都有影响。下面结合实例介绍主要的参数及设置，首先介绍"天正基本设定"面板中的参数。

3.1.1　图形参数

　　 当前比例：设定此后新创建对象的出图比例，该比例会同时显示在状态栏的最左边，而且可以在此直接更改，如图 3-2 所示。

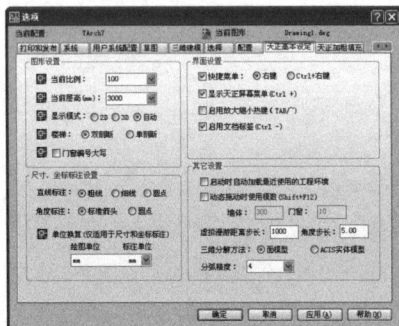

图 3-1

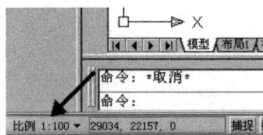

图 3-2

　　天正默认的初始比例为 1∶100，本例中不做更改。本比例对已存在的图形对象没有影响，只影响新创建的天正对象（即天正自定义对象）。除天正图块外的所有天正对象，都具有一个"出图比例"参数，选中对象并键入【MO】就可以看到，用于控制对象在显示、打印时的线宽及填充效果。另外，还控制标注类和文本与符号类对象中的文字字高与符号尺寸，选择的比例越大，文字、符号就越小。分别以 1∶200、1∶100、1∶50 比例绘制同一个房间的平面，按下 填充 加粗 按钮后分别效果如图 3-3 所示。当前比例对图形线宽、填

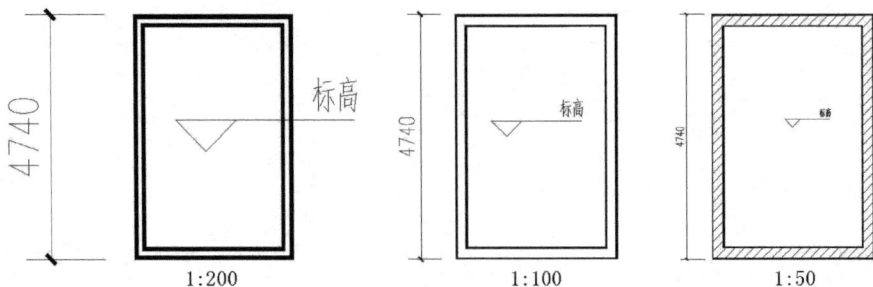

图 3-3

充效果的影响，可在"天正加粗填充"面板中设置，后面将具体介绍。

🏛当前层高：设定本图的默认层高，单位 mm。本设定不影响已经绘制的墙、柱子和楼梯的高度，只是作为以后生成的墙和柱子的默认高度。此参数的默认设置为 3000mm，本例中改为 3300mm。

> 要分清当前层高、楼层表中的层高、构件高度三个概念。当前层高，仅仅作为新产生的墙、柱和楼梯的高度；楼层表高度，仅仅用在把标准层转换为自然层，并进行叠加时的 Z 向定位用；构件高度，墙柱构件创建后，其高度参数就与其他全局的设置无关，一个楼层中的各构件可以拥有各自独立的不同高度，以适应梯间门窗、错层、跃层等特殊情况需要。

提示与技巧

🏛显示模式：控制天正对象以二维或三维效果显示。2D：以二维显示；3D：以三维显示；自动：按视图方向自动判断以二维或三维显示，是天正默认的显示模式，这里不做更改。

🏛楼梯：控制梯间平面图中梯段剖断线为单线还是双线，按制图标准选单线。

🏛门窗编号大写：选中后，图上门窗编号统一以大写字母标注，不管原始输入是否包含小写字母，本实例中选中大写字母。

3.1.2　尺寸、坐标标注参数

直线标注：直线尺寸标注的箭头形式，有粗线、细线和圆点三种方式，默认为粗线，这里不做更改。

角度标注：角度标注的箭头形式，有标准箭头和圆点两种方式，默认为标准箭头，本例中不做更改。

🏛单位换算：提供了在"m"单位图形（如总平面图）中进行尺寸标注和坐标标注时的单位换算方式。本例中打算首先绘制建筑底层平面图，所以这里采用默认的"mm-mm"方式，绘制总平面图时可调整为"mm-m"方式。

3.1.3　其他参数

除了上面介绍的，"天正基本设定"面板中还有其他一些参数。默认状态下，"快捷菜单"和"右键"选项被选中，这意味着 AutoCAD 默认的右键功能被屏蔽，而使用天正的右键菜单，要想使用 AutoCAD 的右键功能，可以关闭"快捷菜单"选项。完成以上设置后，"天正基本设定"面板如图3-4所示。

3.1.4　线宽及填充参数

天正的线宽及填充参数位于"天正加粗填充"面板内，主要用于控制墙柱的线宽及填充效果，一般使用默认设置即可，如图 3-5 所示。

每种材料的墙或柱，其线宽和填充效果都分为"标准"和"详图"两个级别，面板中会显示两种级别的预览效果。可在此设置一个比例界限（默认为1∶100），当绘图时所选用的"当前比例"大于此比例时（如1∶20），自动采用详图设置，反之会采

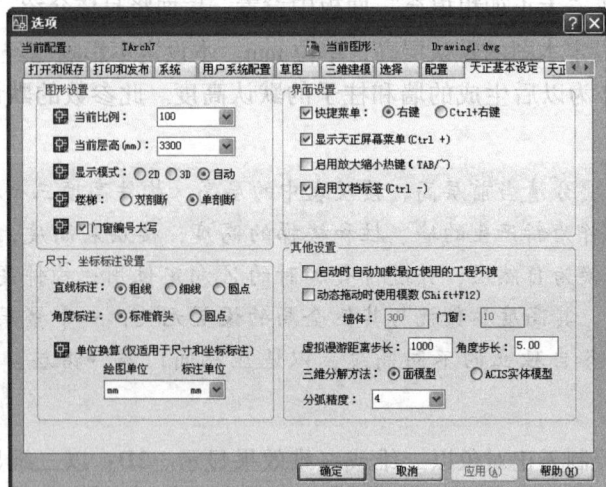

图 3-4

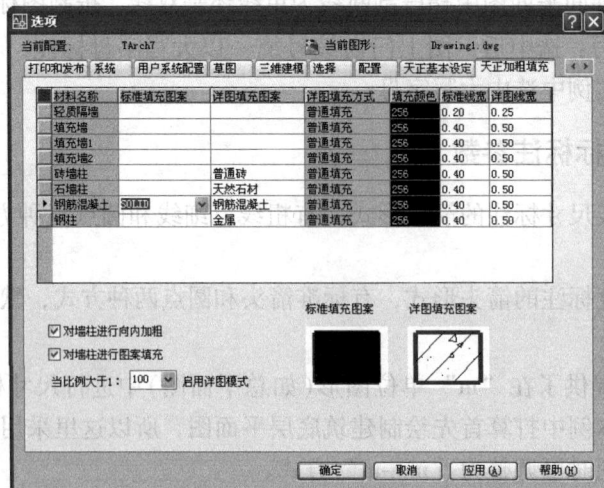

图 3-5

用标准设置。

以上所有设置完成后，单击 确定 按钮结束。此外，利用天正建筑"设置"菜单中的命令，还可以对图层、文字格式、尺寸样式等进行设置。不过，一般采用默认设置就可以了。

完成环境设置后，接下来，为便于后续操作，在硬盘上新建一个"住宅楼"文件夹作为工程目录，然后，单击天正窗口中的 （保存）按钮或按〈Ctrl〉+〈S〉键保存文件，命名为"底层平面图.dwg"，保存于"住宅楼"目录内，如图3-6所示。目前，此文件为空文件，仅保存了这里所做的设置。

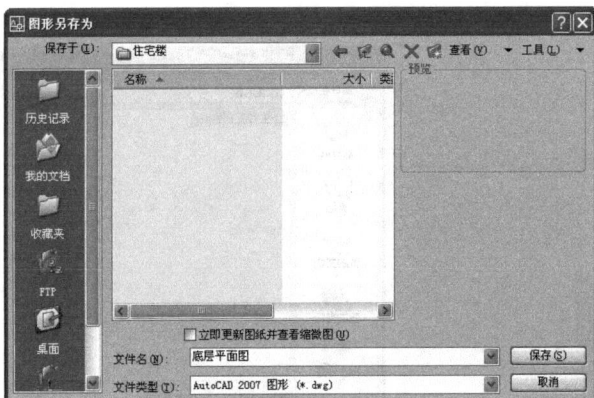

图 3-6

3.2 工程管理

天正建筑的工程管理，功能类似于 AutoCAD 的图纸集，主要用于工程图纸的集中管理。AutoCAD 的图纸集必须基于 AutoCAD 2005 及以上版本，而且还要求基于图纸空间的命名视图。而我国目前还有很多设计单位、人员在使用 AutoCAD 2005 以下版本，也不一定都愿意使用图纸空间，所以，AutoCAD 的图纸集在实际中并未得到普遍应用。天正建筑的工程管理，支持 AutoCAD 2000 以上的任何版本，且适用于模型空间和图纸空间，符合国内用户的使用习惯和平台状况。另外，利用天正建筑的工程管理功能，还可以形成全楼的三维模型，从而生成立面图、剖面图等。

工程管理贯穿于整个绘图过程中。广义上说，前面在硬盘上创建一个专门的工程目录——"住宅楼"，也算是工程管理工作的一部分。接下来，将要做的是新建工程及添加图纸。

3.2.1 新建工程

菜单命令：文件布图→工程管理

键盘命令：【GCGL】

用户可以根据个人习惯选择使用菜单命令或键盘命令，但对于长期用软件绘图的人来说，记住并使用常用的键盘命令，对提高绘图效率会有较大帮助。使用菜单命令时，可用左键单击，也可用右键单击。执行以上命令后，会弹出工程管理界面，单击右侧的 ⌄ 按钮会弹出下拉菜单，如图 3-7 所示。

选择"新建工程"命令，将本工程命名为"住宅楼工程"，相应的工程文件为"住宅楼工程.tpr"，指定此文件存放于之前创建的"住宅楼"目录中，单击 保存(S) 按钮保存工程文件，新建工程完成，如图 3-8 所示。

3.2.2 添加图纸

新建工程后，在绘制建筑图过程中，可随时将图纸文件添加到相应的类别中。这里，

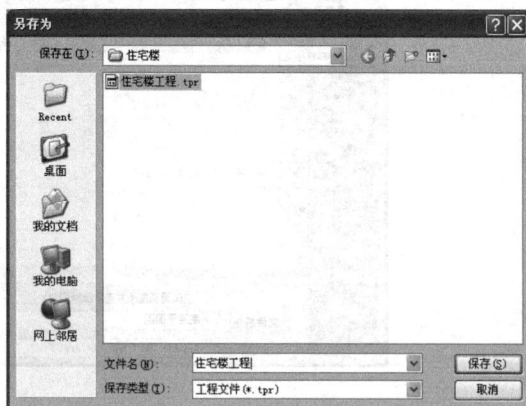

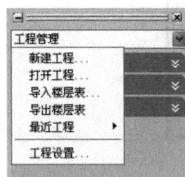

图 3-7   图 3-8

先将底层平面图添加到"平面图"类别。操作方法为：单击工程管理界面中的"图纸"面板，打开图纸窗口，如图 3-9 所示，天正建筑为每个工程自动生成了"平面图"、"立面图"、"剖面图"等图纸类别；在窗口中右击鼠标，会弹出添加类别或删除类别的命令，可以根据需要增减图纸类别。

　　本例使用默认的图纸类别，而且底层平面图应属于平面图类别，所以，在"平面图"类别上右击鼠标，执行"添加图纸"命令，指定"底层平面图 . dwg"为平面图，结果如图 3-10 所示。这样，底层平面图就被添加到了正确的类别下，以后，绘制的新图纸也添加到相应类别下，以便于图纸的管理及三维模型的生成。

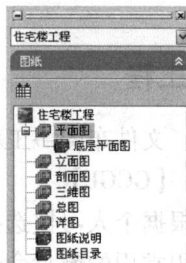

图 3-9   图 3-10

提示与技巧

　　使用旧版天正建筑的工程管理功能，总是要求每一个楼层平面分别保存为一个 . dwg 文件，天正建筑 7.0 比旧版本要求宽松，其工程管理功能允许在一个 . dwg 文件中保存多个楼层平面。

3.3　本章小结

用天正建筑绘制一套建筑施工图，一般应先针对工程情况进行环境设置；其次是工程管理，更具体说，主要是指新建工程和添加图纸。本章结合实例对这两方面的操作进行了介绍，为后面继续绘图打下了基础。

第4章

绘制建筑平面图

建筑设计及绘图，一般都从平面图着手。本章介绍建筑平面图的绘制思路、步骤和方法，软件应用以天正建筑为主、AutoCAD 为辅，先绘制底层平面图，再绘制二层平面图、三层平面图，最后绘制屋顶平面图。这当中涉及到的操作包括绘制轴（柱）网、创建墙体、插入门窗、楼梯、绘制阳台、露台、台阶、坡道、散水、屋顶、标注尺寸、文字、符号、插入图框、将图纸添加到工程等。

本章主要内容：

- ◆ 绘制底层平面图
- ◆ 绘制二层平面图
- ◆ 绘制三层平面图
- ◆ 绘制屋顶平面图

4.1　绘制底层平面图

绘制建筑底层平面图的主要步骤是：绘制轴线、绘制墙柱、插入门窗、绘制附属设施、标注尺寸及文字、插入图框等。完成后的底层平面图如图 4-1 所示。

4.1.1　轴网的绘制与编辑

轴网由定位轴线组成，用于确定建筑构件的位置，是建筑设计和施工的重要依据。因此，绘制建筑施工图，首先要绘制轴网。天正建筑提供了专门的轴网绘制、编辑及标注命令。

4.1.1.1　轴网的绘制

为了使用前面所作的设置，首先单击 （打开）按钮或按〈Ctrl〉+〈O〉键打开前面保存的空文件"底层平面图 . dwg"，然后开始绘制轴网。

菜单命令：轴网柱子→绘制轴网

键盘命令：【HZZW】

执行"绘制轴网"命令后弹出"绘制轴网"对话框，如图 4-2 所示。默认处于"直线轴网"面板，可确定直线轴网上、下开间及左、右进深方向的主要轴网尺寸。如果切换到"圆弧轴网"面板，可通过夹角、进深、半径等数据确定弧形轴网。在对话框左边可预览轴网结果。

本例中，底层轴网数据如下（附加轴线可暂不考虑）：

上开间/mm　2400 1500 2400 4500 2400 1200

下开间/mm　2400 3900 8100

左进深/mm　5100 2100 3900

右进深/mm　5100 2100 3600 300

以上数据可通过键盘输入或鼠标选择。通过键盘输入时，每输入一个数据要按一下〈空格〉或〈Enter〉键。输入完所有数据后单击 确定 按钮，命令行出现提示：

点取位置或［转 90 度（A）/左右翻（S）/上下翻（D）/对齐（F）/改转角（R）/改基点（T）］〈退出〉：

在绘图区单击一下确定轴网左下角基点位置，结果如图 4-3 所示。注意，天正轴网是由 AutoCAD 的 Line 直线组成的，而并非天正建筑的自定义对象。

4.1.1.2　轴线的标注

主要是指标注轴号及轴线尺寸，一般可用天正的"两点轴标"命令快速、规范地完成。

菜单命令：轴网柱子→两点轴标

键盘命令：【LDZB】

执行此命令后，命令行交互过程如下：

请选择起始轴线 <退出 >：　　　　单击左侧竖向第一条轴线的下端

请选择终止轴线 <退出 >：　　　　单击右侧竖向最后一条轴线的下端

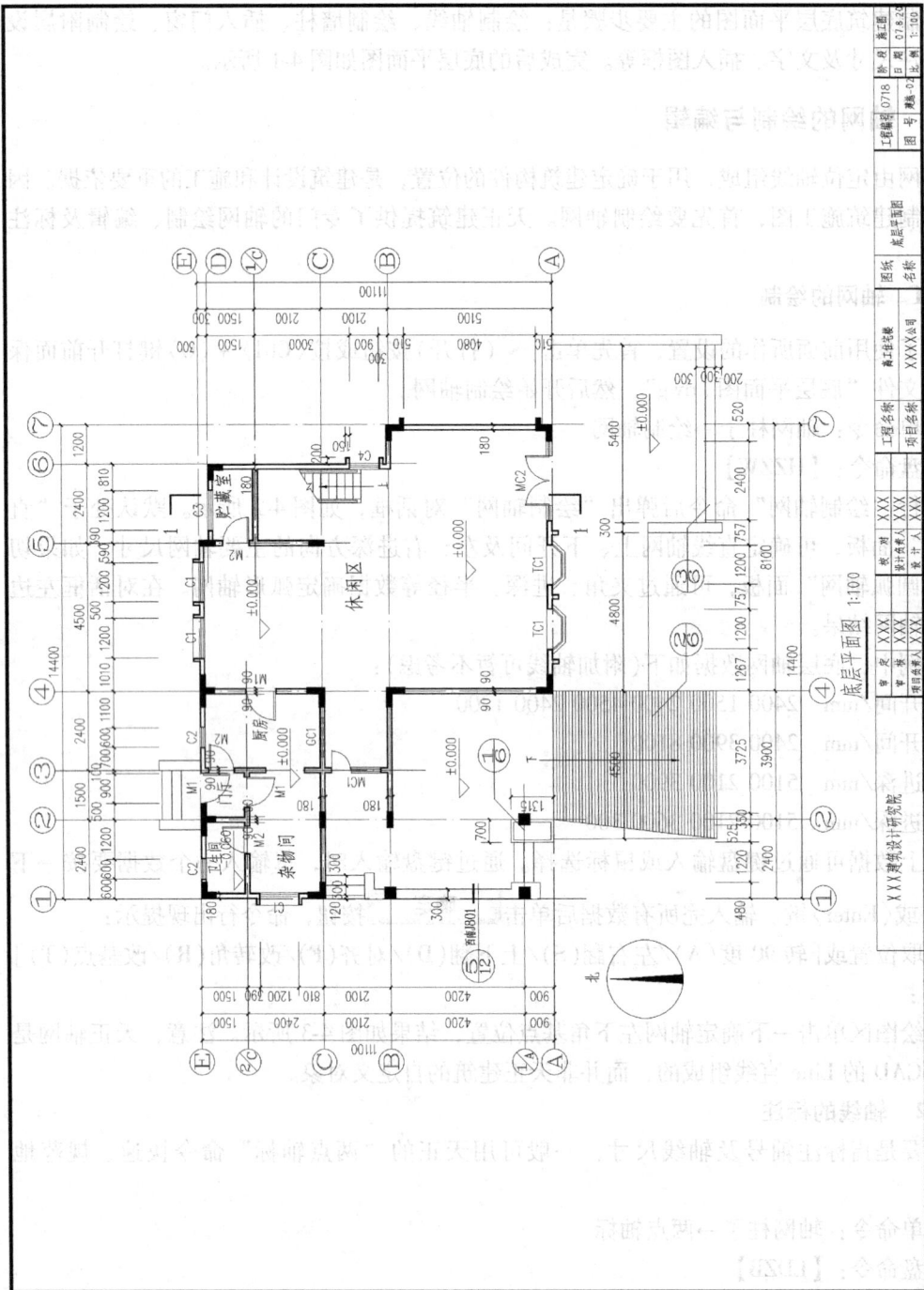

图 4-1

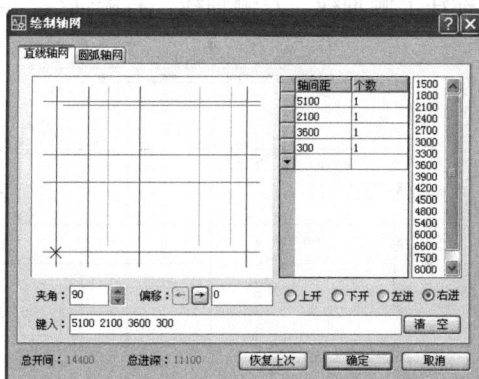

图 4-2

至此，会弹出如图 4-4 所示对话框，选择只标注当前单击的一侧。

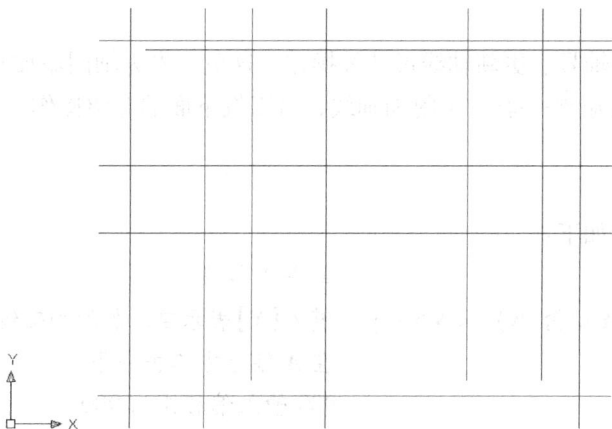

图 4-3

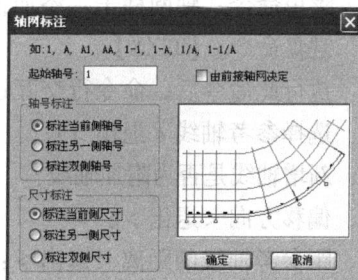

图 4-4

设置完成后单击 确定 按钮，标注结果如图 4-5 所示。可见，在自动标注轴号的同时还标注了第一、二道尺寸。第一道为总尺寸，第二道为轴线尺寸。

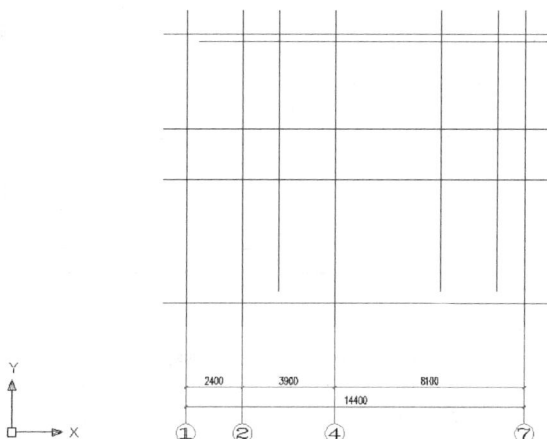

图 4-5

重复以上操作，分别标注上侧轴线、左侧轴线、右侧轴线，最终结果如图 4-6 所示。

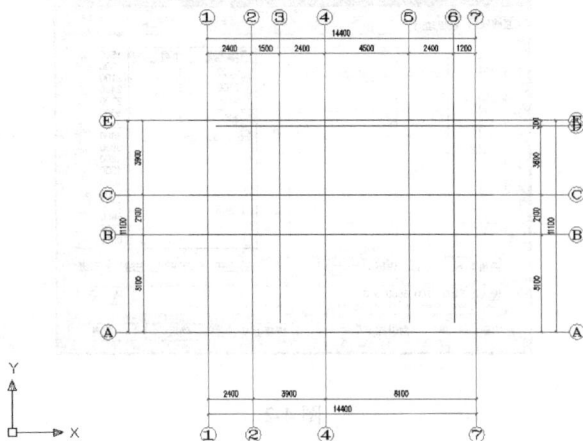

图 4-6

4.1.1.3   轴线的编辑

轴线的编辑包括添加轴线、编辑轴号、更新轴线尺寸等操作。这里，先为轴网添加几条附加轴线。要想在 A 轴上方 900 处添加一条 1/A 附加轴线，可以按下面的介绍操作。

菜单命令：轴网柱子→添加轴线

键盘命令：【TJZX】

执行此命令后，命令行交互过程如下：

选择参考轴线＜退出＞：   单击 A 轴线

新增轴线是否为附加轴线？［是(Y)/否(N)］＜N＞：y   键入【Y】表示要添加附加轴线

偏移方向＜退出＞：   在 A 轴上方单击一下

距参考轴线的距离＜退出＞：   900 输入偏移距离 900

经过以上操作，就在 A 轴上方 900 处添加了一条 1/A 附加轴线，同时，自动标注了轴号和轴线尺寸，如图 4-7 所示。

参照以上操作，在 E 轴下方 1500 处添加 1/C 附加轴线，在 D 轴下方 1500 处添加 2/C 附加轴线，结果如图 4-8 所示。

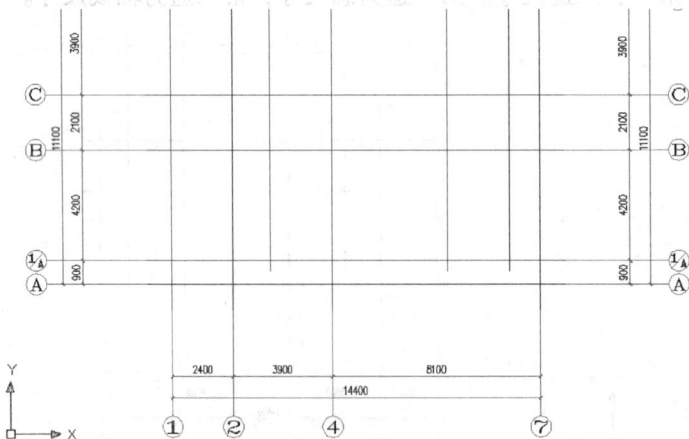

图 4-7

如果要想修改轴号，只要双击轴号并输入新的轴号即可，此操作称为"在位编辑"。如将 1/C 改为 2/C 就可以这样操作，如图 4-9 所示。用同样方法，将原来的 2/C 改为 1/C。

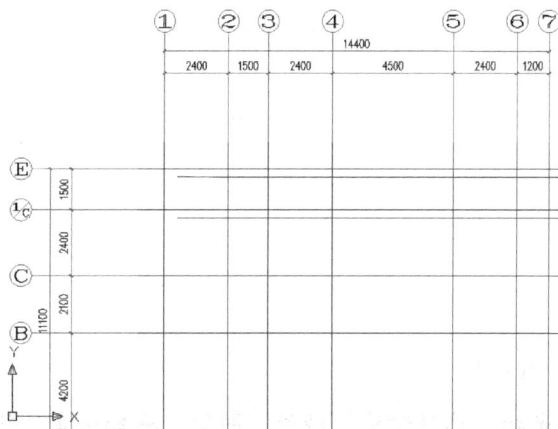
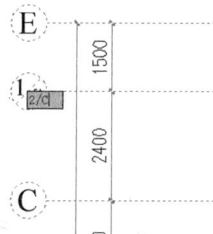

图 4-8　　　　　　　　　　　　　　　　　　　　图 4-9

有时，并不希望某些轴号在图形两侧同时显示，如这里的 1/A 和 2/C 轴号，只希望显示在图形左侧。要去掉图形右侧的 1/A 轴号，可以双击图形右侧 1/A 轴号的绿色圆圈或尺寸界线，然后，根据命令行提示操作：

选择［变标注侧（M）/单轴变标注侧（S）/添补轴号（A）/删除轴号（D）/单轴变号（N）/重排轴号（R）/轴圈半径（Z）］<退出>：s　　　　　　键入【S】进行单轴变标注侧操作

在需要改变标注侧的轴号附近取一点：　　　　在 1/A 轴号的尺寸界线上单击，右侧轴号消失，如图 4-10 所示。如果再次单击，右侧轴号又会重新显示出来。

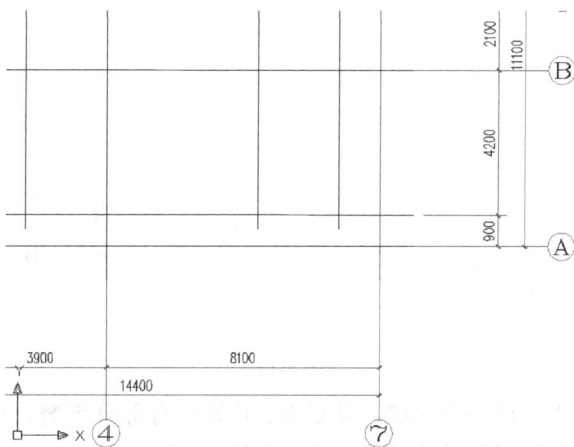

图 4-10

右侧的 1/A 轴号去掉了，但对应的尺寸界线还保留着，为了去掉它，可以将原来的两个尺寸区间合并为一个。操作方法是：在该尺寸界线上单击鼠标右键，选择"合并区间"命令，然后，单击该尺寸界线，被它分割成的两个尺寸区间就合并成了一个，同时轴线尺寸自动合并，如图 4-11 所示。

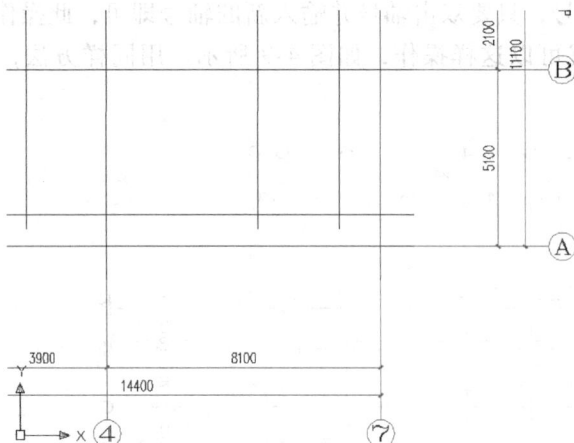

图 4-11

提示与技巧

　　　天正建筑 7.0 新增了光标"选择预览"特性，即智能感知功能。当光标移动到对象上方时对象即可亮显，此时如果单击鼠标，可选中该对象；如果右击鼠标，可激活与之相应的对象编辑菜单，使对象编辑更加快捷方便，当图形太大、"选择预览"影响效率时会自动关闭此功能。上面在尺寸界线上右击鼠标，就是运用了"选择预览"特性。

　　用同样方法去掉图形右侧的 2/C 轴号并合并尺寸区间，结果如图 4-12 所示。

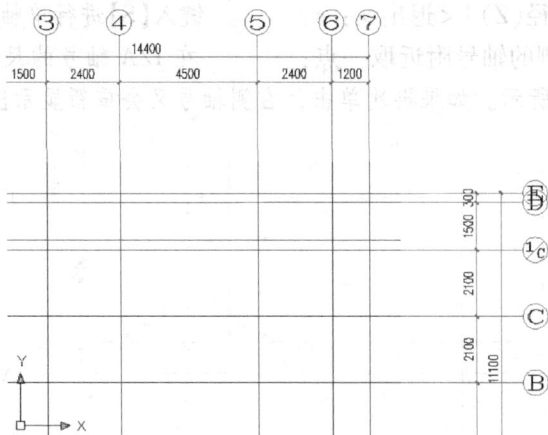

图 4-12

　　现在，图中轴号还存在一个问题，就是 D、E 轴号有部分重叠，可以单击轴号移动圆圈内的夹点，从而达到移到轴号的目的，结果如图 4-13 所示。

　　至此，轴网绘制并编辑完毕，通过菜单命令"轴网柱子→轴改线型"，可将轴线线型由实线改为点划线，如图 4-14 所示。如果重复此操作，可再次改为实线。

4.1.2　墙体的绘制与修改

　　轴网绘制好后，要完成接下来的墙体绘制、柱子布置、门窗插入等工作就很方便了。

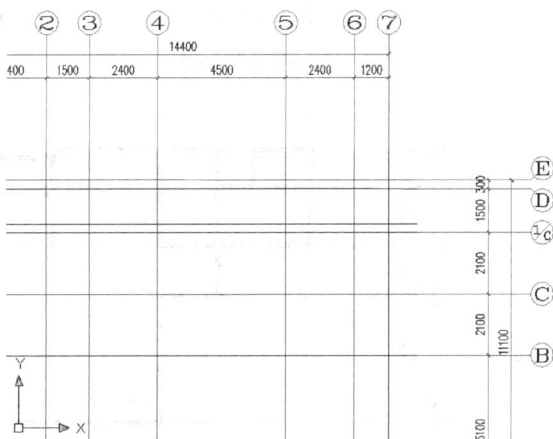

图 4-13

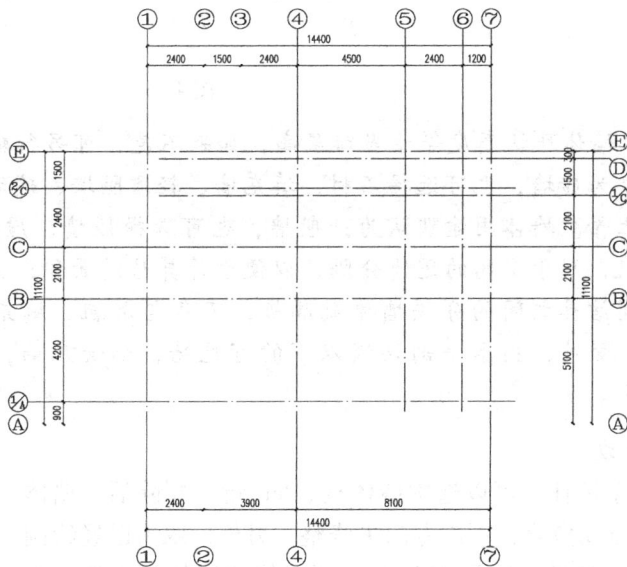

图 4-14

下面先来绘制墙体。

4.1.2.1 墙体的绘制

主要有两种方式，一种是使用【单线变墙】命令，让所有轴线一下都变成双线墙体，然后再删除多余墙体；另一种是使用【绘制墙体】命令沿轴线绘制需要的墙体，当然，偶尔也可能产生一些多余的墙体，可以在随后删除。本例中轴线多、墙体少，所以选用后一种方式。反之，可选用前一种。

菜单命令：墙体→绘制墙体

键盘命令：【HZQT】

执行此命令后，会弹出"绘制墙体"对话框，如图 4-15 所示，设置好墙体的厚度、材料、用途等参数。这里，内外墙均为 180 厚的砖墙。让对话框开着，捕捉轴线交点逐一绘制各段墙体，完成后按〈Enter〉键关闭对话框，结果如图 4-16 所示。

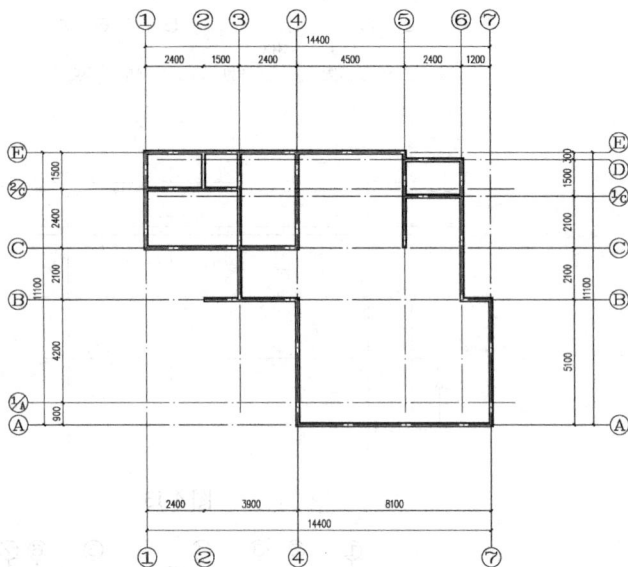

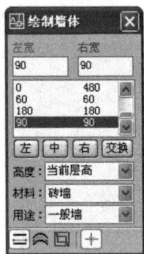

图 4-15

图 4-16

提示与技巧

　　墙体默认高度等于当前层高，如果不是，可另行输入。材料默认类型为砖墙，也可选择石材、填充墙、轻质隔墙、玻璃幕墙、钢筋混凝土等。墙体用途默认为一般墙，也可选择矮墙、虚墙或卫生隔断。虚墙，用于空间的逻辑分隔，以便于计算房间面积；卫生隔断，指卫生间洁具之间的分隔墙体或隔板，不参与加粗、填充与房间面积计算；矮墙，指水平剖切线以下的可见墙，如女儿墙，不参与加粗和填充。

4.1.2.2　墙体的修改

　　如果要删除多余墙体，可以选中墙体按〈Del〉键。删除后，墙体两端原来的接头会自动愈合，不用专门去修整。另外，双击已经绘制好的墙体，会弹出"墙体编辑"对话框，可以修改墙体的左宽、右宽、高度、底高、材料和用途等参数，如图 4-17 所示。此操作同样适用天正建筑的其他某些对象。

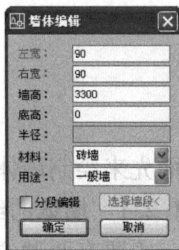

图 4-17

　　此外，还可以使用【边线对齐】命令让墙体边缘与轴线对齐。本例中，就要让外墙外皮与轴线对齐。首先，让 1 号轴线上的外墙外皮与轴线对齐。

　　菜单命令：墙体→边线对齐

　　键盘命令：【BXDQ】

　　执行该命令后，根据命令行提示进行交互操作：

请点取墙边应通过的点或[参考点（R）]＜退出＞：　　　　在 1 号轴线上单击一下

请点取一段墙＜退出＞：　　　　　　　　　　　　　　　单击 1 号轴线上的外墙

完成以上操作后，1 号轴线上的全部外墙右移，其外皮与 1 号轴线对齐，如图 4-18 所示。

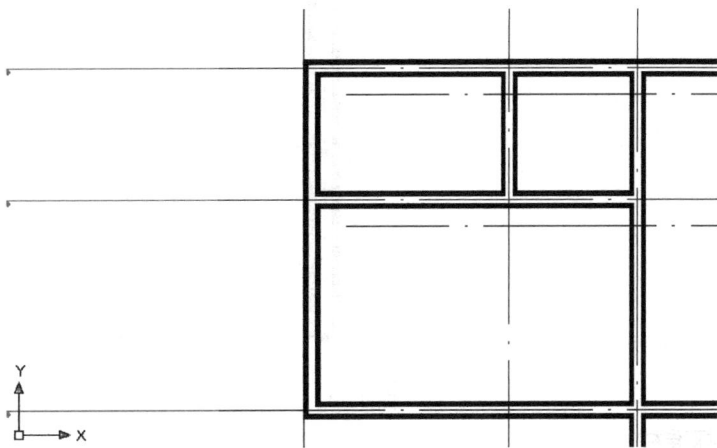

图 4-18

以同样操作调整其他外墙，结果如图 4-19 所示。

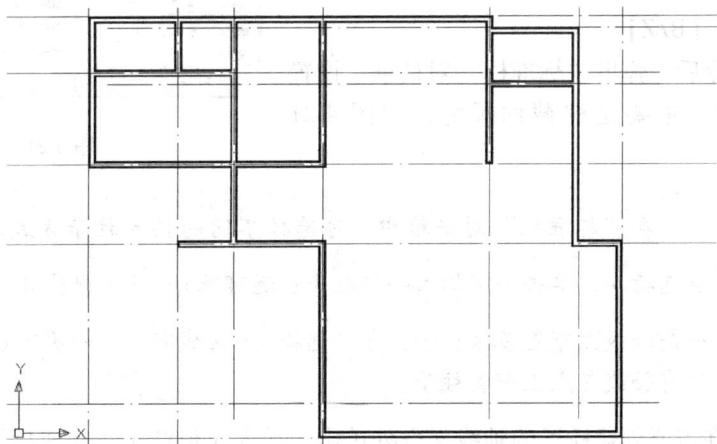

图 4-19

如果要移动或旋转一段墙体，可以拖动它上面的夹点，操作既方便又快捷。选中一段墙体，可以看到它上面有 3 个夹点，如图 4-20 所示，中间夹点用于移动墙体，两端夹点用于改变两端端点的位置。

提示与技巧

4.1.3 柱子的创建与修改

在本例中，将使用【角柱】和【标准柱】命令创建柱子，形成较规则的框架轴网，然后，再使用【柱齐墙边】等命令调整柱子的位置。当然，实际中这样的工程也可能不采用框架结构。这里主要是为了讲解天正建筑的柱网布置功能才采用框架。

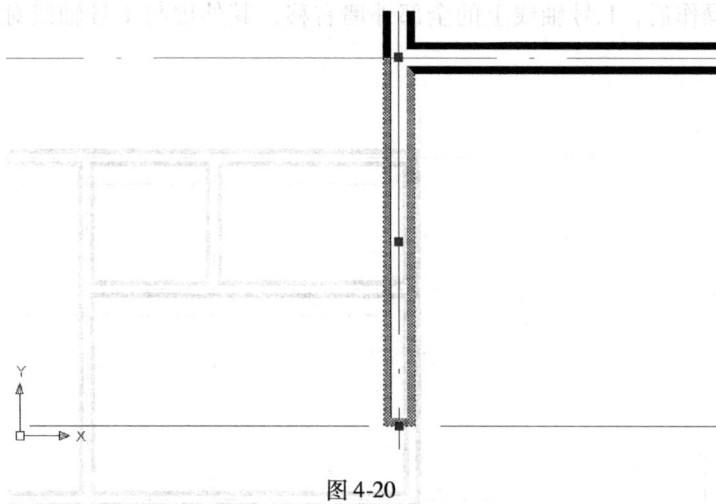

图 4-20

4.1.3.1　插入标准柱

使用【标准柱】命令，可在轴线的交点或任何位置插入矩形柱、圆柱或正多边形柱。这里，将创建 3 根矩形柱。

菜单命令：轴网柱子→标准柱

键盘命令：【BZZ】

执行该命令后，弹出"标准柱"对话框，设置柱的相关参数，主要是柱截面尺寸，如图 4-21所示。

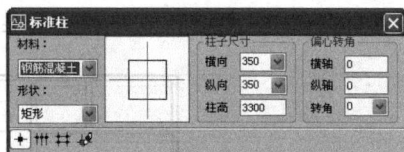

图 4-21

提示与技巧

在"标准柱"对话框中，可选择不同的插入柱子方式。默认是 ⊞ 点选插入，单击一下插入一根柱子；还可选择 ⫴ 沿轴线插入，一次可在一条轴线上布置多根柱子；也可选择 ⊞ 区域布置，一次可在画定区域内所有轴线交点上布置柱子。

接下来，在需要创建柱子的轴线交点处单击，插入 3 根柱子，完成后按〈Enter〉键关闭对话框，结果如图 4-22 所示。

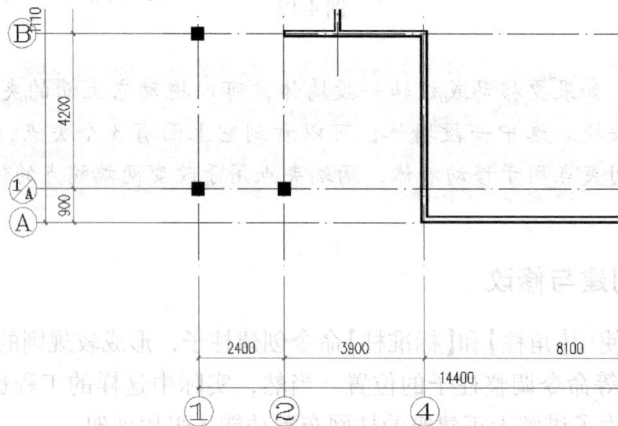

图 4-22

4.1.3.2 插入角柱

【角柱】命令可根据墙角形状自动判断插入 L 形或 T 形角柱，用户可更改各分肢的长度及宽度，宽度默认居中，高度为当前层高。

菜单命令：轴网柱子→角柱

键盘命令：【JZ】

执行该命令后，在 A、7 轴线交点墙角处单击一下，弹出"角柱"对话框，设置柱的相关参数，主要是柱分肢长度和宽度，如图 4-23 所示。

参数设置完成后，单击 确定 按钮关闭对话框，一根 L 形角柱被插入，如图 4-24 所示。

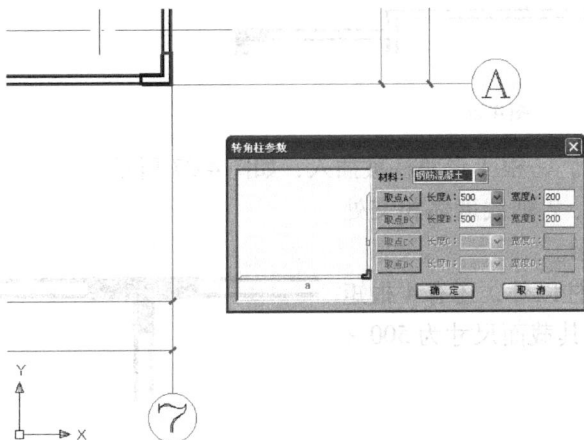

图 4-23

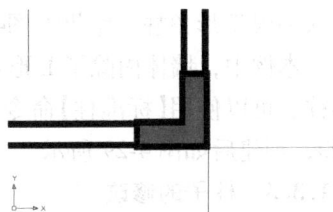

图 4-24

重复以上操作，以相同参数在其他 L 形墙角插入 L 形角柱，结果如图 4-25 所示。

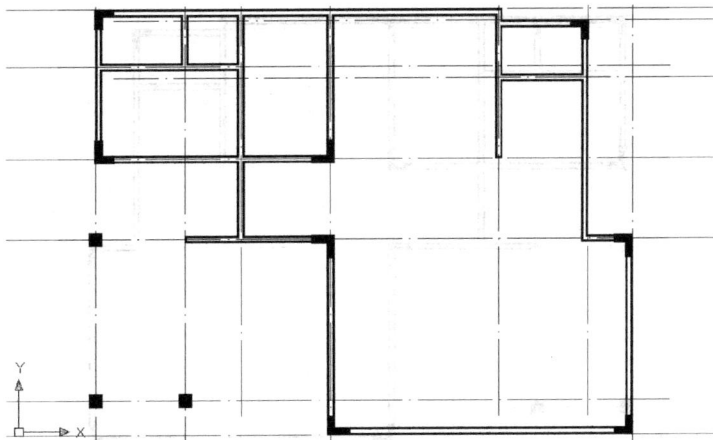

图 4-25

接下来，在 E、4 轴线墙体相交处插入角柱，此时弹出的"角柱"对话框会有些不同，角柱是 T 形的，有 3 个分肢，如图 4-26 所示，设置好相关参数。

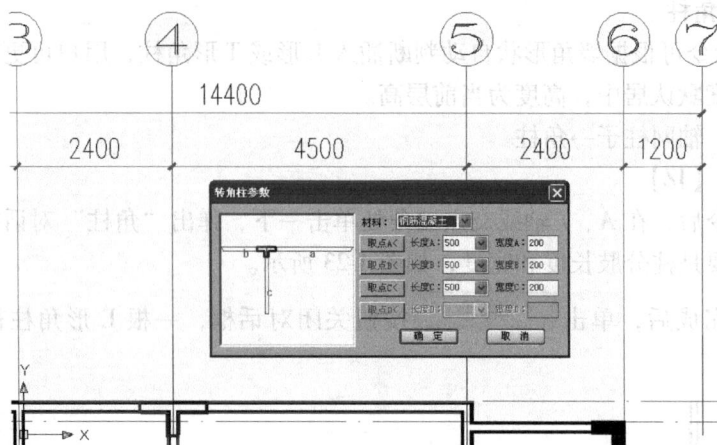

图 4-26

单击 ⬚确定⬚ 按钮关闭对话框，一根 T 形角柱被插入，如图 4-27 所示。

重复以上操作，以相同参数在 E、2 轴线墙体相交处
插入一根 T 形角柱，结果如图4-28所示。

本例中，墙体内除了 L 形和 T 形柱以外，还有 4 根矩
形柱，可以使用【标准柱】命令创建，其截面尺寸为 500 ×
200，创建后如图 4-29 所示。

4.1.3.3　柱子的修改

角柱上有较多夹点，将光标移到夹点上，可以了解各
夹点的不同功能，如图 4-30 所示。通过拖动夹点，可以旋转柱子、调整柱子截面尺寸。
其实，标准柱也是这样，大家可以自己试试。

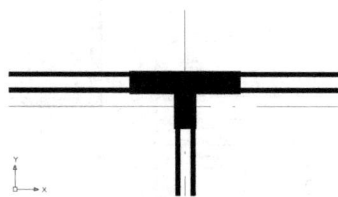

图 4-27

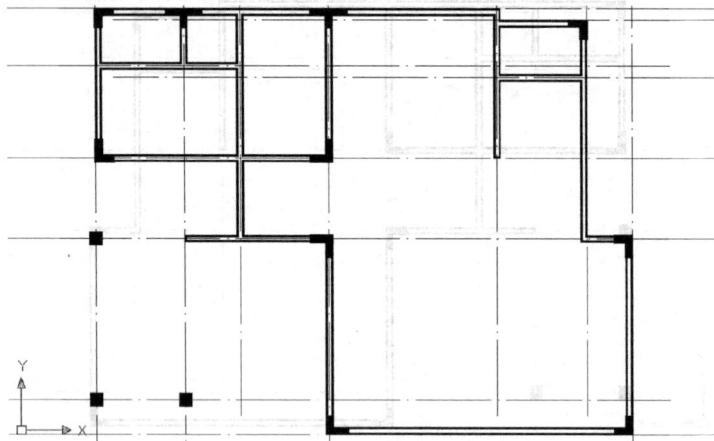

图 4-28

默认状态下，柱子是沿墙体对中插入的，如果要求对齐墙边，可使用【柱齐墙边】命
令或【Move】命令进行移动。当然，也可以直接拖动夹点。以使用【柱齐墙边】命令移动 A、
7 轴线交点 L 形角柱为例，操作如下：

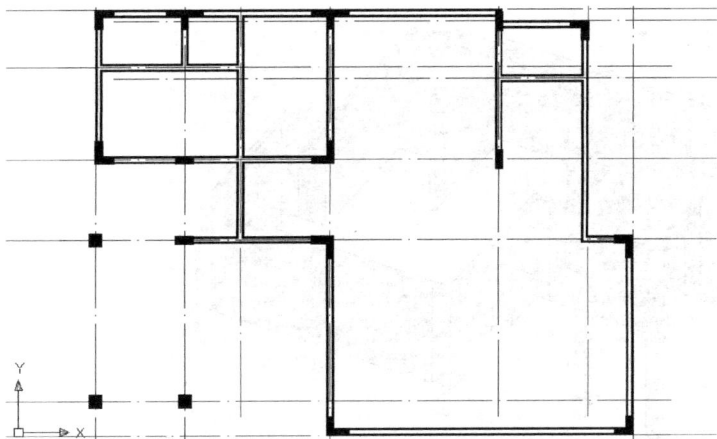

图 4-29

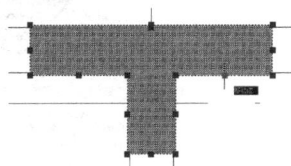

图 4-30

菜单命令：轴网柱子→柱齐墙边

键盘命令：【ZQQB】

执行该命令后，按命令行提示交互操作：

请点取墙边＜退出＞：　　　　　　　　单击 7 轴线墙体外皮

选择对齐方式相同的多个柱子＜退出＞：　点选或框选柱子

选择对齐方式相同的多个柱子＜退出＞：　按〈Enter〉键

请点取柱边＜退出＞：　　　　　　　　单击柱子右边缘

这样，柱子右边缘就与外墙外皮对齐。以同样操作，使柱子下边缘与外墙外皮对齐，结果如图 4-31 所示。

对齐其余柱子，结果如图 4-32 所示。

由于天正建筑二维、三维是同步进行的，所以，此时一手按住〈Shift〉键、另一手按住鼠标滚轮拖动，可观察到建筑的三维效果。为便于观察，这里还右击鼠标在"视觉样式"内选择了"概念"模式，效果如图 4-33 所示。右击鼠标在"视图设置"内选择"平面图"，可回到之前的平面图状态。

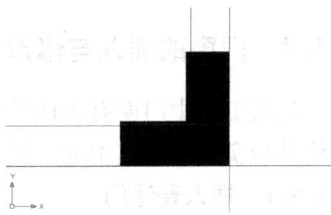

图 4-31

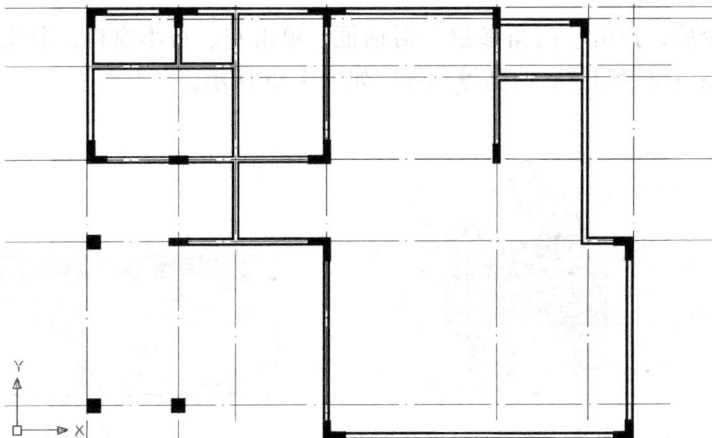

图 4-32

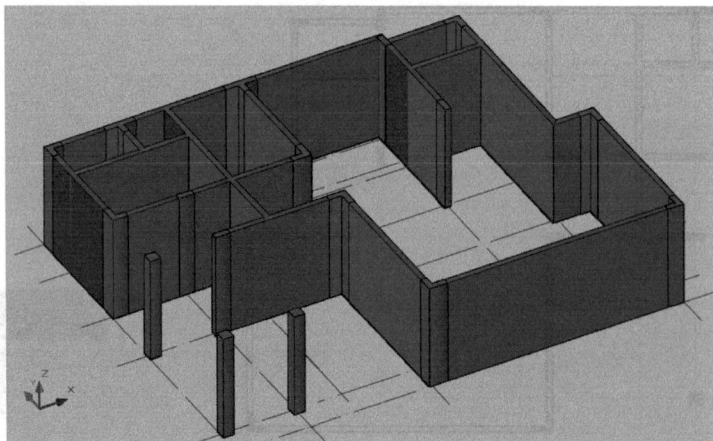

图 4-33

单击或右击菜单"轴网柱子"，可以看到，天正建筑不仅可创建标准柱和角柱，而且还可创建构造柱和异形柱。构造柱用于砖混结构，可插入墙角或墙体内，它针对的是施工图，只有截面形状而没有三维数据描述。当柱子截面形状奇特、无法当作标准柱或角柱创建时，就可当异形柱创建，先用【Pline】命令绘制柱子截面形状，要求是闭合图形，再执行【异形柱】命令并拾取截面图形即可，如图 4-34 所示，柱子的默认高度为"天正基本设定"中的"当前层高"，右击柱子选择"改高度"命令可改变其高度。

提示与技巧

4.1.4　门窗的插入与修改

建筑工程中门窗有多种类别，在天正建筑中都可以创建，而且创建方式也有多种，下面将结合实例介绍其中的一部分类别和插入方式，其余的将在后面介绍。

4.1.4.1　插入普通门

首先，在 E 轴线上 2、3 轴线之间插入一个 0921（即宽 900、高 2100）的单扇门。

菜单命令：门窗→门窗

键盘命令：【MC】

执行该命令后，弹出"门窗参数"对话框，单击左、右小窗口，分别选择门的平面和立面样式，然后设置门宽、门高等参数，如图 4-35 所示。

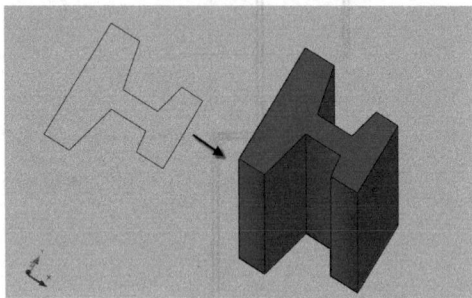

图 4-34

图 4-35

在"门窗参数"对话框中，选择 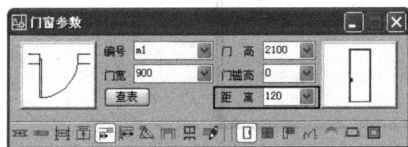 表示将采用沿着直墙顺序插入方式插入门；选择 ▯ 表示要插入的是门（而不是窗或门洞等）。另外，由于在"天正基本设定"中选择了"门窗编号大写"选项，所以，这里的"编号"无论输入大写还是小写，最终标注到图上都是大写。

设置好参数后，接下来，按命令行提示交互操作：

点取墙体＜退出＞：　　　　　　　　　　　在墙上P点附近单击，如图4-36所示

输入从基点到门窗侧边的距离＜退出＞：10　输入从P点右边的墙角到门边的距离

输入从基点到门窗侧边的距离或［左右翻转(S)/内外翻转(D)］＜退出＞：D

门内外翻转

输入从基点到门窗侧边的距离或［左右翻转(S)/内外翻转(D)］＜退出＞：

按〈Enter〉键

这样，一扇门就被插入了，如图4-37所示。

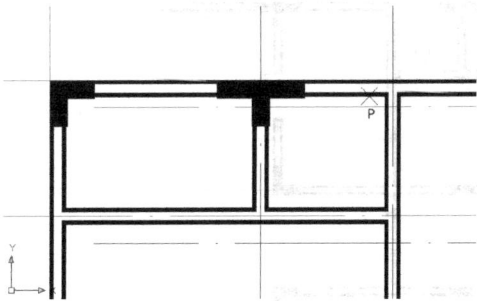

图4-36

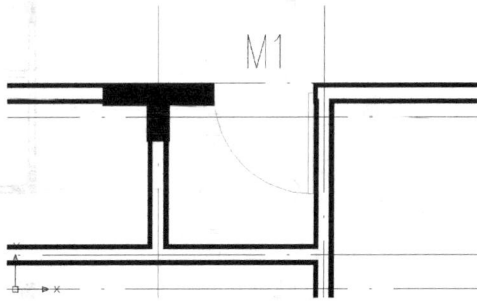

图4-37

重复以上命令插入同样规格的门，但这次选择 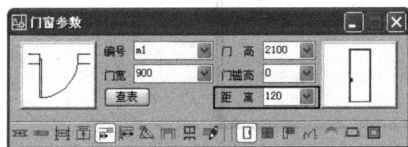 垛宽定距方式插入，"门窗参数"对话框中会增加一项"距离"参数，实际就是门垛的宽度，这里设定为120，如图4-38所示。

在2/C轴上2、3轴之间的墙体上移动光标，会出现门的图形，而且光标处于墙的上侧门就向外开，处于下侧就向内开。如果按一下〈Shift〉键再移动光标，可以改变门的左右开向，如图4-39所示插入门。

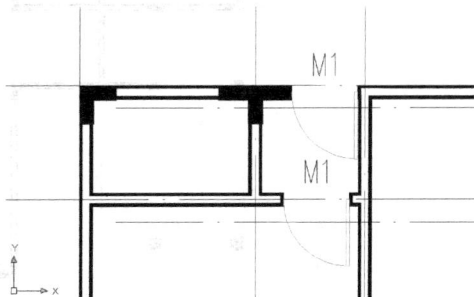

图4-38

图4-39

　　说明一下，也可以在插入门窗之后改变其开启方向。选中门窗，出现夹点，将光标移到其中一个夹点上，会提示"改变开启方向"，拖动这个夹点就可以改变窗的内外方向；如果是门，则不但可以改变内外方向，还可以改变左右方向。

　　重复以上命令插入同样规格的门，但这次希望在 4 轴上 C、E 轴之间墙体的中部插入，所以选择 在墙段上等分插入，接着按命令行提示操作：

点取门窗大致的位置和开向(Shift—左右开) <退出 >：　　　在墙体上单击
门窗个数(1～3) <1>：　　　　　　　　　　　　　　　按〈Enter〉键插入 1 扇门
点取门窗大致的位置和开向(Shift—左右开) <退出 >：　　按〈Enter〉键结束

　　命令执行完后，结果如图 4-40 所示。使用这种方式可在一段墙体上等间距地插入多扇门或窗。

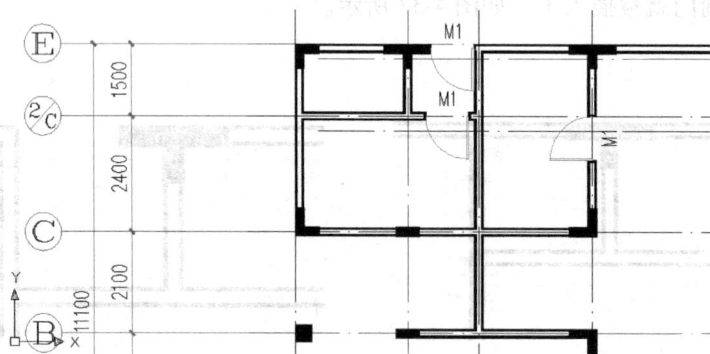

图 4-40

　　采用前面介绍的命令和方式，插入另外 3 个相同的单扇门，其编号为 M2，规格为0821，插入后如图 4-41 所示。

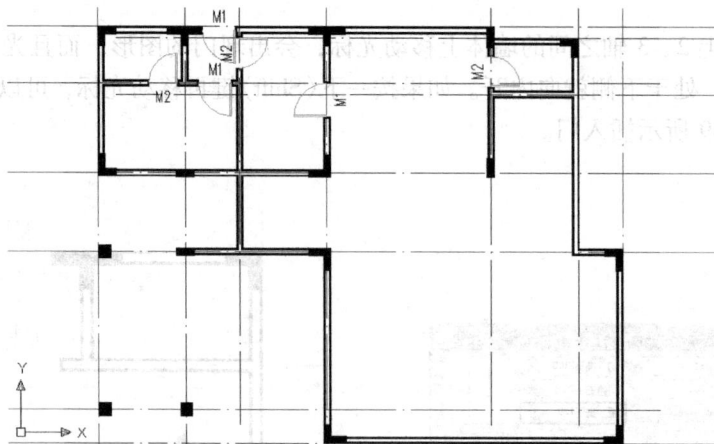

图 4-41

4.1.4.2 插入门联窗

门联窗，或称门带窗，是一扇门和一扇窗的组合，在门窗表中作为单个门窗进行统计。天正建筑专门提供了门联窗插入指令，缺点是门的平面限定为单扇平开门。下面就在 3 轴上 B、C 轴之间的墙段上插入一个门联窗。与前面一样，执行【门窗】命令打开"门窗参数"对话框，然后，选择 ⊞ 插入门联窗，输入编号，设置门窗的相关参数，插入方式可选 ⊞ 墙段等分插入，门窗的平面及立面样式不用设置，如图 4-42 所示。

接着，在墙段中间插入门联窗，结果如图 4-43 所示。如果前面在对话框中选择 ⊠，则可插入子母门。子母门是两个大小不同的平开门的组合，在门窗表中作为单个门窗进行统计。

图 4-42

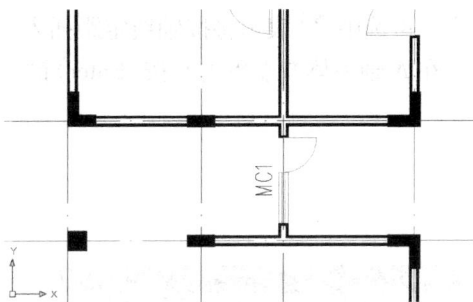

图 4-43

4.1.4.3 创建空门洞

用天正建筑创建空门洞，可分两种情况，一种是规则的矩形门洞，可通过"门窗参数"对话框中的 ▢ （插矩形洞）按钮直接创建；另一种是立面形状不规则的洞口，如拱形门洞，可用【异形洞】命令创建。这里介绍第一种情况，在 3 轴线上 C 到 2/C 轴之间的墙体上创建一个 1220 的矩形门洞。

执行【门窗】命令打开"门窗参数"对话框，然后，选择 ▢ 插矩形洞，输入门洞的高、宽等参数，插入方式选 ⊞ 墙段等分插入，如图 4-44 所示。

接下来，在墙体上单击并按〈Enter〉键，门洞就在墙段中部创建好了，如图 4-45 所示。

图 4-44

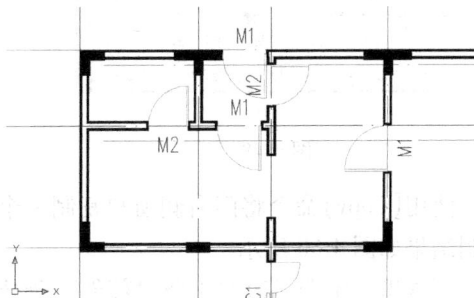

图 4-45

4.1.4.4　创建组合门窗

由一个窗和一个单扇门组成的简单的门联窗，可直接选择  创建，但较复杂的门联窗就不行了。例如，门是双扇的，或者门两边都带窗户，这时就可以使用【组合门窗】命令。本命令是天正建筑 7.0 新增的，使用它并不会直接插入一个"组合门窗"，而是把使用【门窗】命令创建的多个门窗组合为一个对象、一个整体的"组合门窗"，组合后的门窗按一个门窗编号进行统计，优点是组合门窗各个成员的平面立面都可以由用户单独控制。此命令可以完全替代  的功能。这里，在 A 轴墙上创建一个两侧为窗、中间为双扇门的组合门窗，即较复杂的门联窗。

先创建侧面的窗户。执行【门窗】命令打开"门窗参数"对话框，选中  表示将插入窗户，再选中  表示将按轴线定距插入，再按如图 4-46 所示设置参数及立面样式。

在 A 轴墙体右端单击并按〈Enter〉键，窗户建成，如图 4-47 所示。

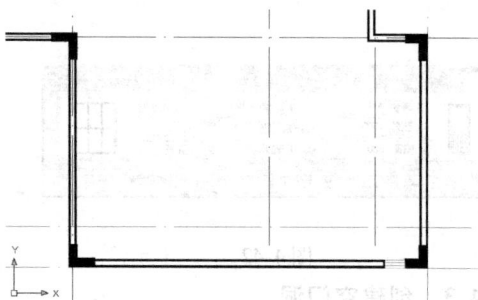

图 4-46　　　　　　　　　　　　　　图 4-47

接下来，创建中间的双扇门，同样执行【门窗】命令，参数设置如图 4-48 所示。

在 A 轴窗户左侧墙体上单击并按〈Enter〉键，双扇门建成，如图 4-49 所示。

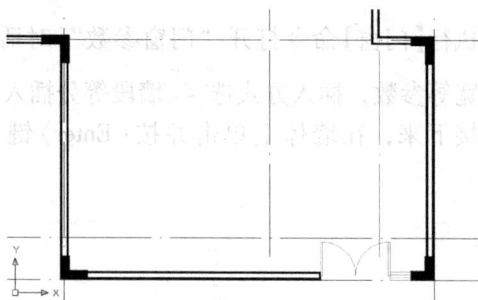

图 4-48　　　　　　　　　　　　　　图 4-49

使用【Copy】命令将门右侧窗户复制一个到门左边，复制时捕捉窗户右下角点为基点，复制结果如图 4-50 所示。

到这里，组合门窗的 3 个"部件"创建好了，就等着组合了。

菜单命令：门窗→组合门窗

键盘命令：【ZHMC】

执行此命令后，交互操作如下：

选择需要组合的门窗和编号文字：　　　　　　框选一门二窗

选择需要组合的门窗和编号文字：　　　　　　按〈Enter〉键结束选择

输入编号：MC2　　　　　　　　　　　　　　输入门窗编号

命令执行完成后，一门二窗组合为一个对象，即 MC2 门联窗。可能图上门窗编号的位置不符合要求，可以通过拖动它的夹点移动到需要的位置，结果如图 4-51 所示。

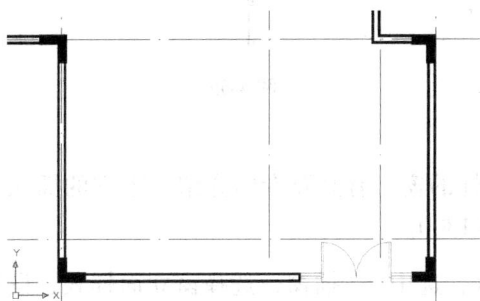

图 4-50

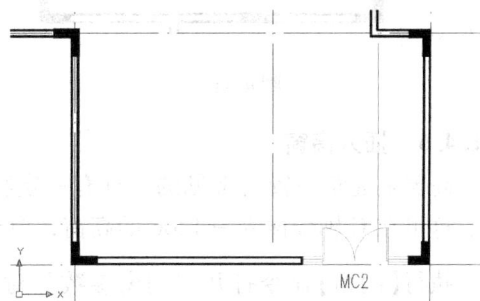

图 4-51

4.1.4.5　插入普通窗

门创建好后，下面来创建窗。使用的还是【门窗】命令，只是一些选项和参数设置不同。这里先来插入一个普通窗，其位置在 1 轴线上 C 到 2/C 轴之间的墙体上，尺寸为 1215（即宽 1200、高 1500），窗台高 900。

执行【门窗】命令打开"门窗参数"对话框，选中 ⊞ 插窗，插入方式选 ⊟ 垛宽定距插入，如图 4-52 所示设置窗的相关参数。

接下来，在墙体上靠近上面一侧单击并按〈Enter〉键插入窗户，如图 4-53 所示。

图 4-52

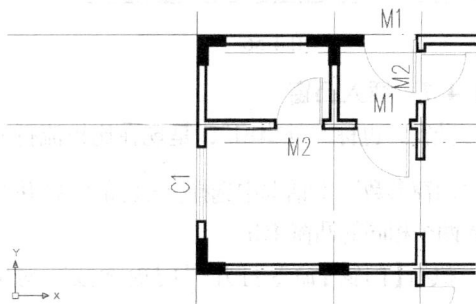

图 4-53

以同样操作在 E 轴墙体上插入 C2 窗，尺寸为 0615，可采用 ⊟ 轴线定距插入，距 1 轴线 600，如图 4-54 所示。

继续重复同样操作，采用 ⊞ 墙段等分插入方式，在 E 轴墙体上另两个墙段中间插入 C1、C2 窗，如图 4-55 所示。插入 C1 时命令行提示"门窗个数（1 ~ 3）< 1 >："，可输入 2，表示在墙段上等距插入 2 个 C1 窗。

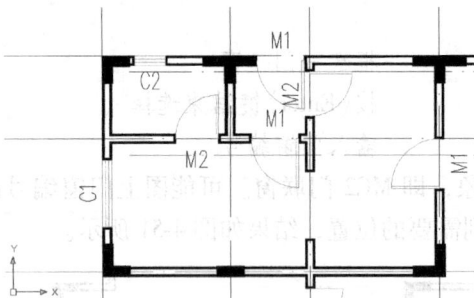

图 4-54

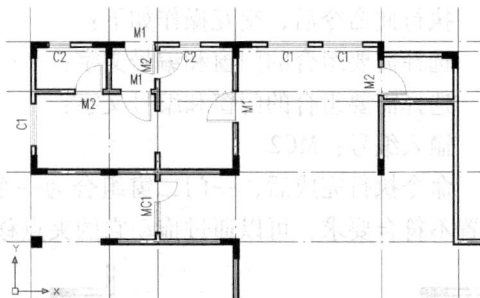

图 4-55

4.1.4.6　插入高窗

高窗是建筑中较为常见的、具有一定特殊性的窗，有必要专门介绍一下它的插入方法。这里在 C 轴线插入一 1206 的高窗，窗台高 1800。

执行【门窗】命令打开"门窗参数"对话框，选中 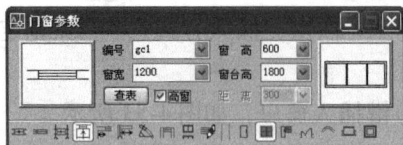 插窗，选择窗立面样式、设置相关参数，注意选中"高窗"选项，插入方式可选 墙段等分插入，如图 4-56 所示。

在墙体上单击并按〈Enter〉键插入高窗 GC1，如图 4-57 所示。

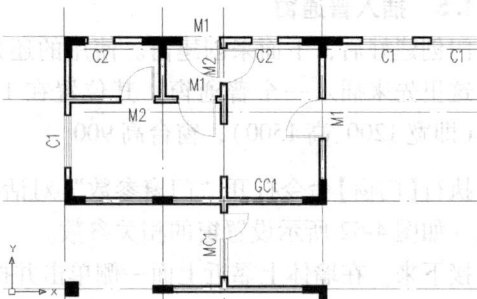

图 4-57

图 4-56

4.1.4.7　插入凸窗

凸窗，也称"外飘窗"，是现在比较流行的一种形式。这里也专门介绍一下它的创建方法。在"门窗参数"对话框中选择 （插凸窗）并设置相关参数即可创建。本例中，在 A 轴线墙体上插入两个相同的凸窗 TC1。

执行【门窗】命令打开"门窗参数"对话框，选择 插凸窗，设置相关参数，插入方式可选 墙段等分插入，如图 4-58 所示。

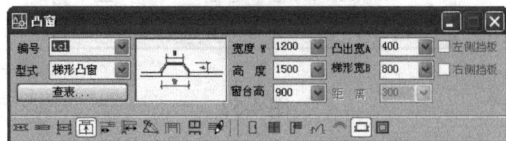

图 4-58

提示与技巧

天正建筑提供了 4 种平面样式的凸窗，可在对话框中"型式"右边选择，包括矩形凸窗、三角凸窗、圆弧凸窗和梯形凸窗。梯形凸窗是默认型式，它各部分的尺寸示意如图 4-59 所示。

在墙体上单击，当命令行提示输入门窗个数时输入 2 并按〈Enter〉键，就在墙上等距地插入两个凸窗 TC1，如图 4-60 所示。

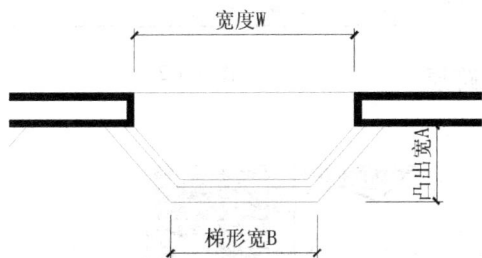

图 4-59

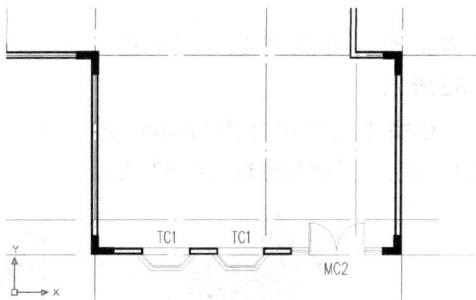

图 4-60

4.1.4.8 插入跨层窗

"跨层窗"是指高度跨越两个或以上楼层的窗户，常见于梯间窗、竖向带窗。这类窗的插入方法比较特殊。

首先插入 D 轴线上的梯间窗 C3，尺寸为 1221，即宽 1200、高 2100，另外，窗台高 2000。这样，窗顶高度就是 2100 + 2000 = 4100，而底层墙高为 3300，显然，窗户顶部已经超过墙高。要正确插入这样的窗，应先提高所在墙体的高度至 4100。

菜单命令：墙体→墙体工具→改高度

键盘命令：【GGD】

执行该命令后，进行如下交互操作：

请选择墙体、柱子或墙体造型： 单击选择要升高的墙体

请选择墙体、柱子或墙体造型： 按〈Enter〉键结束选择

新的高度 <3300>：4100 输入墙体的新高度

新的标高 <0>： 按〈Enter〉键表示墙底标高不变

是否维持窗墙底部间距不变？[是(Y)/否(N)] <N>：N 墙上无窗，按〈Enter〉键即可

操作完成后，以三维概念模式观察墙体效果，如图 4-61 所示。显然，墙体顶部已经升高了。

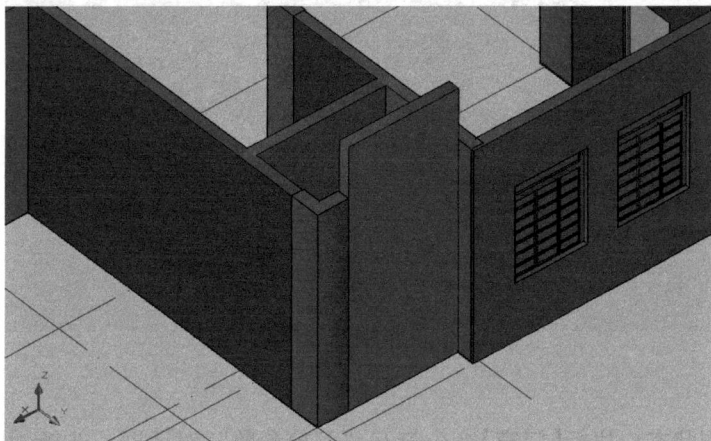

图 4-61

回到平面图状态，执行【门窗】命令打开
"门窗参数"对话框，选择 ▣ 插窗，设置相关
参数，插入方式可选 ▣ 墙段等分插入，如图
4-62 所示。

在墙体上单击并按〈Enter〉键，就插入了跨层
的 C3 窗，三维效果如图 4-63 所示。

图 4-62

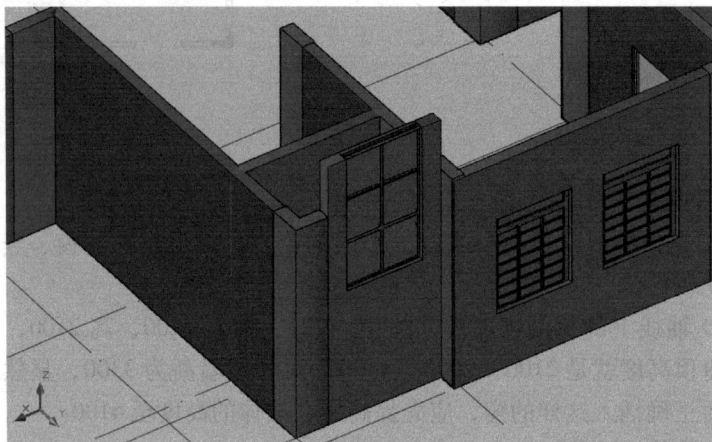

图 4-63

接下来，再在 6 轴线墙体上插入一个跨层窗 C4，尺寸为 0984，即 900 宽、8400 高，
窗台高 300。创建这个窗的目的，除了进一步练习跨层窗的插入方法，更主要的是，学习
用【窗棂展开】与【窗棂映射】命令为窗玻璃添加窗棂分格。

跟前面一样，首先将 6 轴线墙体提升到窗顶高度，这里窗顶高度为 8400 + 300 =
8700，使用【改高度】命令将墙体提高到 8700，结果如图 4-64 所示。

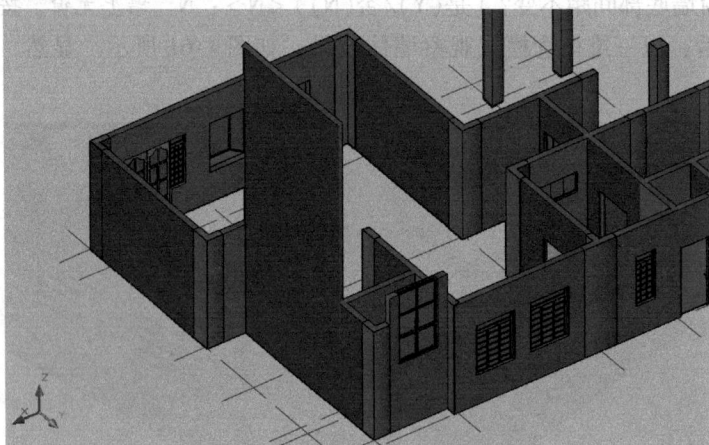

图 4-64

回到平面图状态，执行【门窗】命令打开"门窗参数"对话框，选择 ▣ 插窗，设置相

关参数，插入方式可选 ⬚ 轴线定距插入，距 B 轴线 300，如图 4-65 所示。注意，窗的立面样式选只有窗框的就行了。

在墙体上单击并按〈Enter〉键，就插入了跨层的 C4 窗，三维效果如图 4-66 所示。

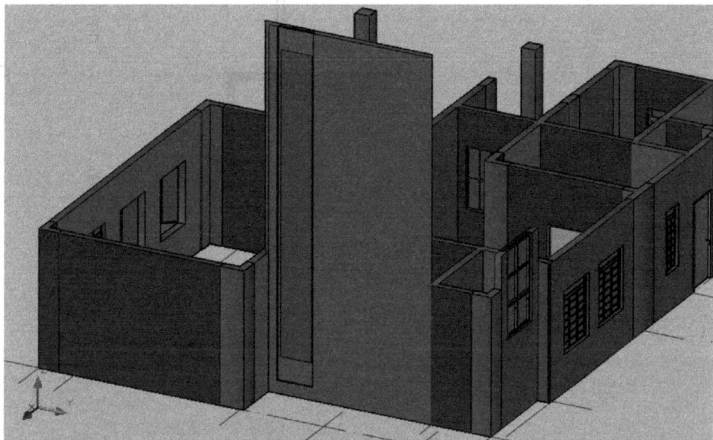

图 4-65

图 4-66

此时，这个窗户没有窗棂，除了窗框外，就一块大玻璃。下面用【窗棂展开】与【窗棂映射】命令为玻璃添加用户需要的窗棂分格，为此，先回到平面图状态，用【窗棂展开】命令将窗的立面展开到平面上。

菜单命令：门窗→门窗工具→窗棂展开

键盘命令：【CLZK】

执行该命令后，进行如下交互操作：

选择窗：　　　　　　　　　　单击选择 C4 窗

展开到位置 <退出>：　　　　　在右边空白处单击作为展开立面左下角基点 P

操作结果如图 4-67 所示。

接下来，可以使用 AutoCAD 的【Line】、【Arc】等基本绘图命令在展开图上添加窗棂分格，直线、弧线均可，只要画单线就行了，如图 4-68 所示。

下面用【窗棂映射】命令把展开图映射到 C4 窗上，从而按用户定义生成窗棂分格。

菜单命令：门窗→门窗工具→窗棂映射

键盘命令：【CLYS】

执行该命令后，进行如下交互操作：

选择待映射的窗：　　　　　　单击选择 C4 窗

选择待映射的窗：　　　　　　按〈Enter〉键结束选择

提示：空选择则恢复原始默认的窗框！

选择待映射的棂线：　　　　　框选右边的展开图

选择待映射的棂线：　　　　　按〈Enter〉键结束选择

基点 <退出>：　　　　　　　单击基点 P

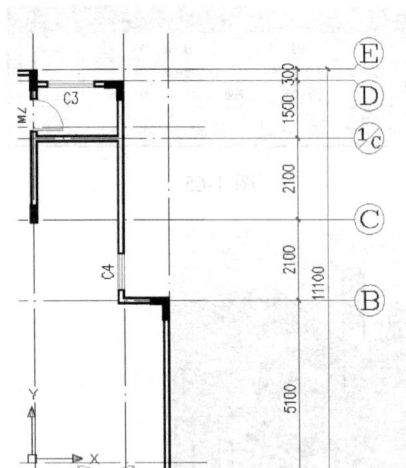

图 4-67

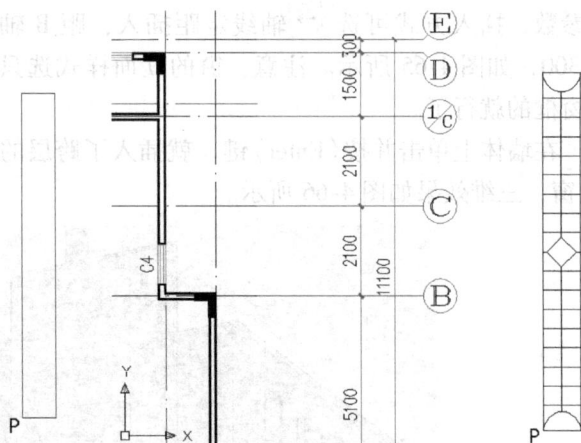

图 4-68

操作完成后三维效果如图 4-69 所示。

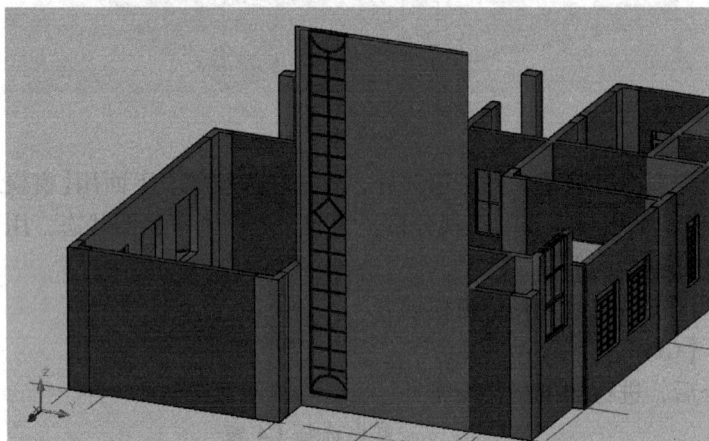

图 4-69

放大局部视图，观察窗棂效果，如图 4-70 所示。可见，已按默认尺寸生成三维窗棂。到这里，展开图已没多大用处，可以将其删除。

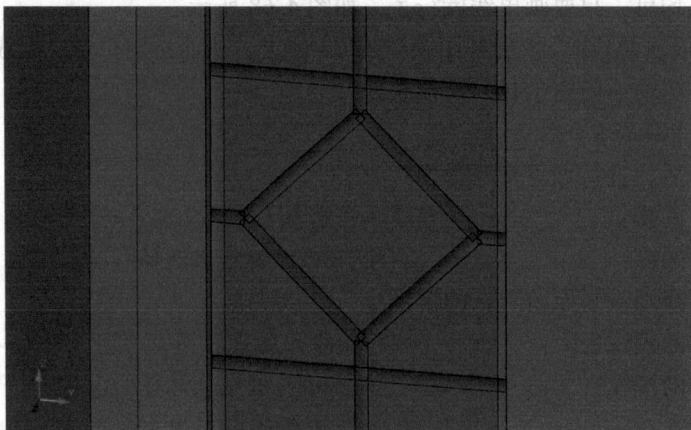

图 4-70

提示与技巧

除了前面介绍的以外，天正建筑还可以创建"带形窗"和"转角窗"。带形窗，就是指沿墙连续开设的窗，按一个门窗编号进行统计。转角可以被柱子、墙体造型遮挡。转角窗是特殊的带形窗，开设于墙角两侧。转角窗分为普通角窗和角凸窗两种形式，按一个门窗编号进行统计。

4.1.4.9　门窗的修改

门窗的修改，包括门窗的删除、更改、替换等。要删除一个门窗，操作很简单，选中它并按〈Del〉键即可，墙体会自动愈合。至于更改或替换门窗，情况则要复杂一些。

首先，更改 C1 窗的立面样式。双击 1 轴线上的 C1 窗，弹出"门窗参数"对话框，可以重新设定门窗的各项参数，如高、宽、平面及立面样式等，这里选择另一种立面样式，如图 4-71 所示。

接下来，单击 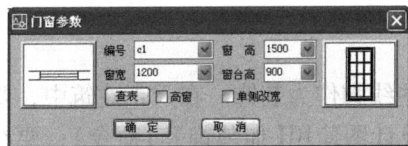 按钮结束设置，这时，命令行提示：

还其他两个相同编号的门窗也同时参与修改？［是(Y)/否(N)］< Y >：

一般直接按〈Enter〉键，表示对编号相同的其他门窗做同样修改，或者说，以上修改适用于所有使用该编号的门窗。

提示与技巧

注意，如果这里键入【N】，也是说，修改只针对双击的那个窗户，那么修改完成后就要双击此窗户的名称，进行在位编辑，为它取一个新的名称。否则，右击门窗选择【门窗检查】命令进行检查时，会出现门窗"冲突"现象，如图 4-72 所示。在天正建筑中，编号相同的门窗，其尺寸或 3D 样式必须相同，不同就会产生冲突。

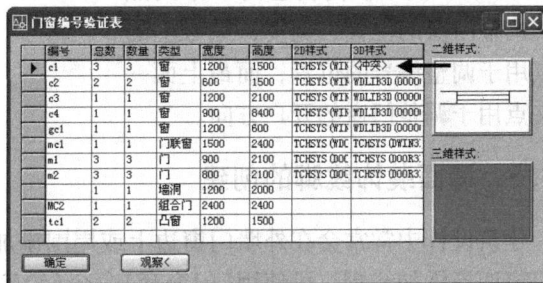

图 4-71　　　　　　　　　　　　　　　图 4-72

还有一种常用的门窗修改操作，称为"替换"，适用于门窗的批量修改。假如图中有 3 扇 M1 门、3 扇 C1 窗，如图 4-73 所示，现在要将左上角的两扇 M1 门替换为窗，且编号改为 C2，窗的宽度等于原来门的宽度，高度则改为 1500，窗台高 900，就可以进行替换操作。

在视图中任一门窗上右击鼠标，选择弹出菜单上的【门窗替换】命令，打开"门窗参数"对话框，选择 插窗，然后，去掉右边列表中"宽度"前

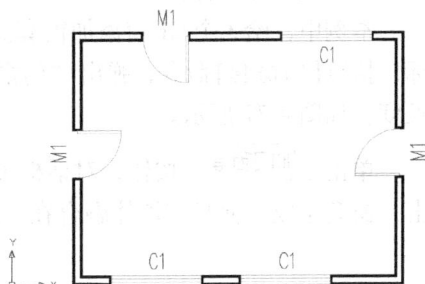

图 4-73

面的勾，输入"编号"C2、"窗高"1500、"窗台高"900，选择窗平面及立面样式，如图4-74所示。

　　以上各项参数设置好后，单击选中视图中左上角的两扇 M1 门，然后连续按两次〈Enter〉键，这两扇 M1 门被替换为 C2 窗，且宽度保持不变，如图 4-75 所示。

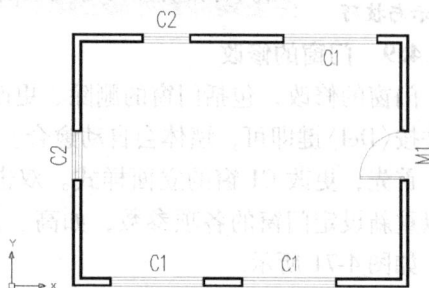

图 4-74　　　　　　　　　　　　　　　　图 4-75

提示与技巧

　　　　利用【门窗替换】命令，不仅可以新设置一组参数替换图中现有门窗，而且可以用图中现有的一种门窗去替换另一种门窗。这时，只要在"门窗参数"对话框中选择需要的门窗型号（即编号），再在视图中选择要替换的门窗并连续按两次〈Enter〉键即可。

　　除了前面介绍的，还可以通过拖动夹点修改门窗。每个门或窗上有 5 个夹点，如图4-76所示。门窗上的 3 个夹点用于调整门窗的位置、宽度，编号上的夹点用于调整编号的位置，而最上面一个夹点用于调整门窗的开户方向。

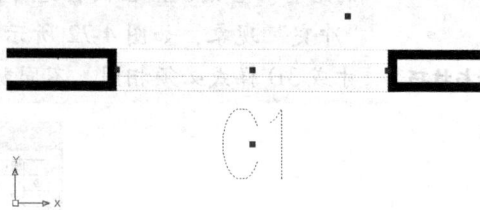

图 4-76

4.1.5　墙面装饰线脚的创建

　　建筑设计中常常会在外墙门窗边上或周围添加一些线脚作为装饰。在天正建筑中，要给门窗四周添加线脚，可使用【门窗套】命令（绘室内设计图使用【加装饰套】命令）；要在墙面上添加竖向线脚，可使用【墙体造型】命令；要在柱子旁边添加竖向线脚，只能使用【异形柱】命令。下面分别举例说明。

4.1.5.1　添加门窗套

　　本例中，给3 个 C1 窗添加窗套。首先，给1 轴线上的 C1 窗加窗套。在该窗上右击鼠标，执行【门窗套】命令，弹出"门窗套"对话框，设置好窗套的宽度（即厚度）和伸出墙长度，如图 4-77 所示。

　　单击 加门窗套 按钮，对话框关闭，命令行提示指定窗套在哪一侧，在 C1 窗左侧单击，窗套生成，而且与墙体融合在一起，如图 4-78 所示。

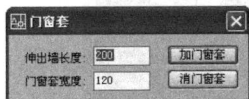

图 4-77

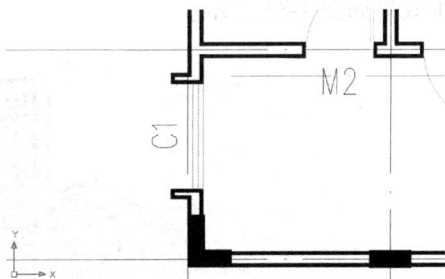

图 4-78

观察三维效果如图 4-79 所示。这里，"视觉样式"选择的是"消隐"。

回到平面图状态，重复以上操作为另两个 C1 窗添加窗套，如图 4-80 所示。

图 4-79

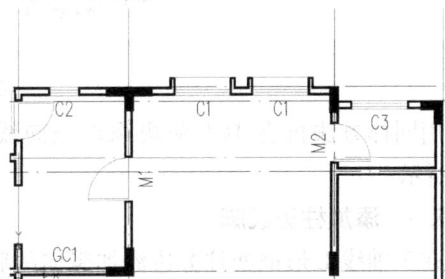

图 4-80

4.1.5.2　添加墙上线脚

在 C4 窗两边添加竖向线脚。线脚伸出墙面 200、宽（即厚度）150。先在 C4 窗两边绘制 200×150 的矩形，如图 4-81 所示。

菜单命令：墙体→墙体造型

键盘命令：【QTZX】

执行以上命令后，按命令行提示操作：

墙体造型轮廓起点或[点取图中曲线(P)/点取参考点(R)] <退出>：P　键入【P】选曲线

选择一曲线(LINE/ARC/PLINE)：　　　　　　　　单击视图中上面一个小矩形

上面一条竖向线脚生成了，重复以上操作，下面一条竖向线脚也生成了，平面效果如图 4-82 所示。可见，生成的竖向线脚与原来的墙体融合在一起了。

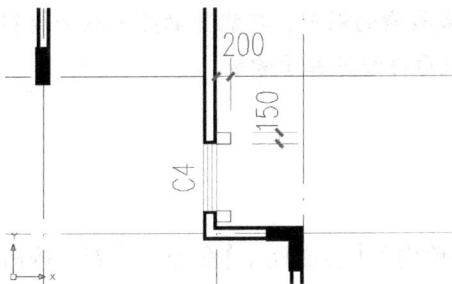

图 4-81

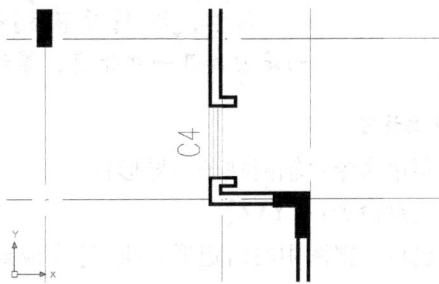

图 4-82

　　三维效果如图 4-83 所示。

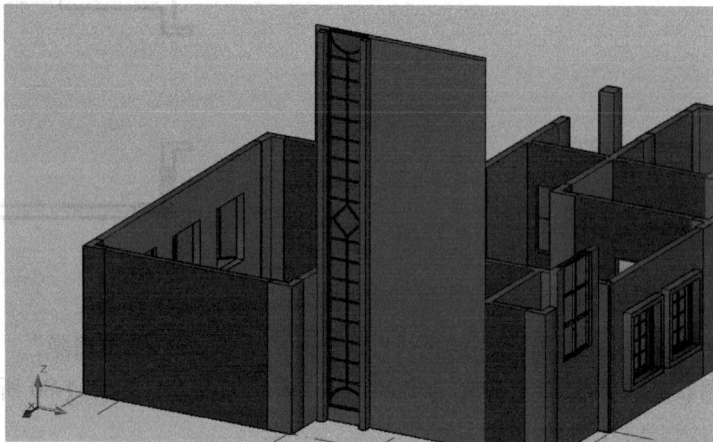

图 4-83

　　用同样方法再在 TC1 两边添加竖向线脚，线脚平面尺寸也为 200×150，结果如图
4-84所示。

4.1.5.3　添加柱边线脚

　　在 7 轴线 L 形框架柱旁边添加竖向线脚，线脚伸出墙面 200、宽 150。先在柱子附近
绘制 200×150 的矩形，如图 4-85 所示。

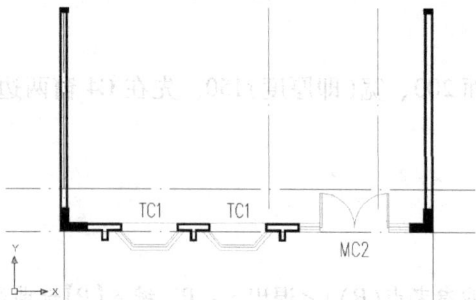

图 4-84

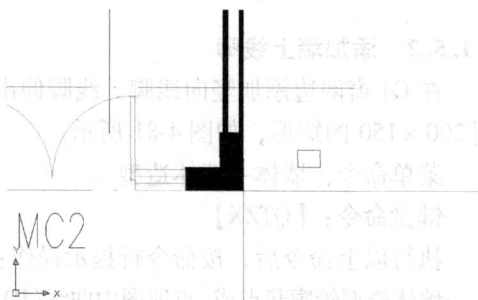

图 4-85

注意，要用【异形柱】命令转成线脚的图形，不能紧贴另一柱子绘制，
而是要离开一些距离，等线脚形成后再移到柱子旁边。

提示与技巧

　　菜单命令：轴网柱子→异形柱

　　键盘命令：【YXZ】

　　也可在视图中右击矩形，执行【生成对象】菜单内的【转成柱子】命令，接着，按命令
行提示操作：

　　请选择封闭的多段线 <退出 >：　　　　　　　　　　　　　单击选取拾取矩形

请选择封闭的多段线 ＜ 退出 ＞：按
〈Enter〉键结束选择

柱子材料：［砖（0）/石材（1）/钢筋混凝
土（2）/金属（3）］＜2＞：按〈Enter〉键使用默
认材料

如果直接右击视图中的矩形，可省去选
择封闭多段线步骤。完成以上操作后，线脚
生成，用【Move】命令或拖动夹点，将线脚移
到 7 轴线 L 形柱子旁边，并复制一根线脚放
到另一 L 形柱子旁边，结果如图 4-86 所示。

三维效果如图 4-87 所示。

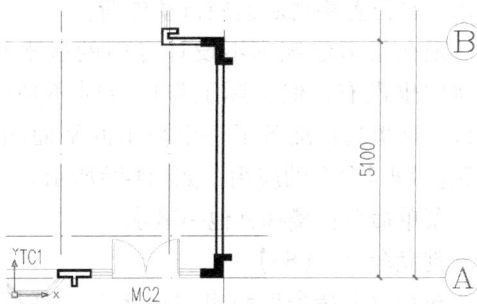

图 4-86

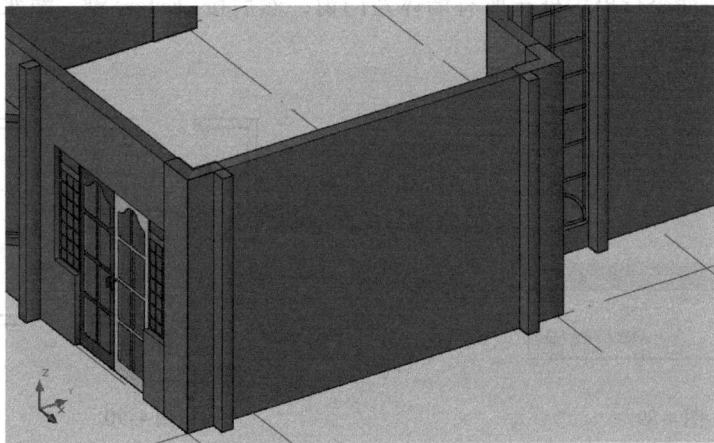

图 4-87

提示与技巧

　　理论上块的插入点可以是任意位置。但实际操作中，常确定一些特殊点为插入点，如端点、中点等，这主要是便于插入时定位。以门为例，它的一侧到墙边距离通常为 120，所以以它的一侧端点为插入点是合适的。而对于窗来说，尽管以一侧端点为插入点，使用起来也不太麻烦，但当多数窗位于各段墙中间时，显然没有以窗中点为插入点方便，这样我们打开中点捕捉功能就可以完成插入，而不用插入坐标。

4.1.6　地板与室外构件的创建

下面介绍室内地板、室外台阶、花池、坡道等的创建方法。

4.1.6.1　创建散水、勒脚及无高差地板

利用【散水】命令，可自动搜索外墙线并生成散水、勒脚及室内地板。天正建筑 7.0
中的【散水】命令将旧版天正的【二维散水】、【三维散水】和【内外高差】3 个命令集合在一
起，而且生成的散水可自动被凸窗、柱子等对象裁剪，也可以通过对象编辑添加和删除顶
点，以满足绕壁柱、绕落地阳台等各种变化。另外，阳台、台阶、坡道等对象可自动遮挡

散水，且位置移动后遮挡自动更新。

　　现在很多建筑都不设计专门的散水和勒脚，本例中也没有，但实际工作中有时还是会遇到，所以，这里另行准备了一个简单的平面图来介绍天正【散水】命令的应用，如图4-88所示。

　　菜单命令：楼梯其他→散水

　　键盘命令：【SS】

　　执行以上命令后弹出"散水"对话框，如图4-89所示，设置好"室内外高差"、"散水宽度"、"偏移外墙皮"的值，其中"偏移外墙皮"实际是勒脚的厚度。另外，选中"创建室内外高差平台"，可以生成室内地板及勒脚。

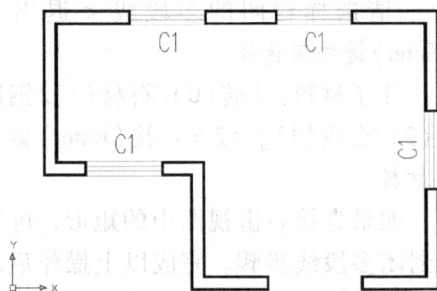

图 4-88

　　接下来，按命令行提示框选所有墙体及门窗，然后按〈Enter〉键，散水、勒脚及室内地板生成，如图 4-90 所示。

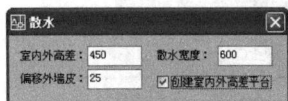

图 4-89

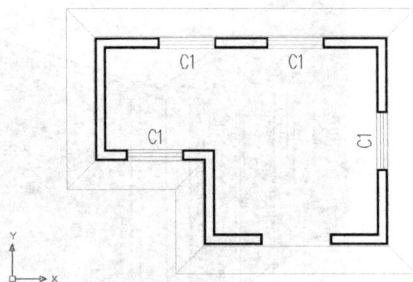

图 4-90

　　三维效果如图 4-91 所示。这种情况下生成的勒脚，其顶部与室内地板等高。

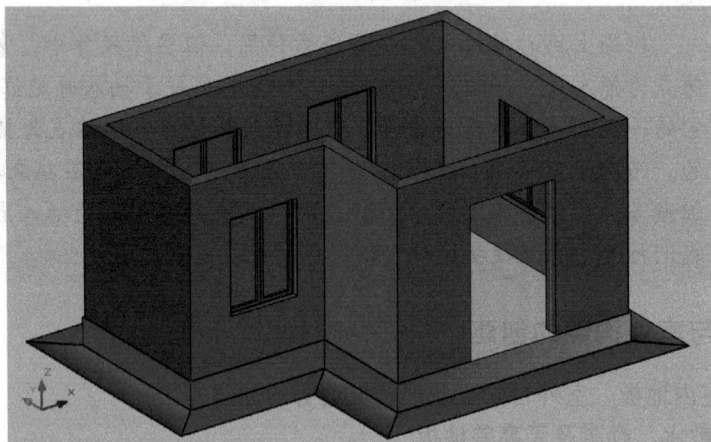

图 4-91

　　不过，实际工程设计中，勒脚常常高于室内地板。为了形成这样的勒脚，前面"散水"对话框中"偏移外墙皮"的值宜设置为 0，也就是没有勒脚。然后，执行【加踢脚线】命令单独生成勒脚。为此，应先绘制一个勒脚断面。

在平面图旁边空白处用【Pline】命令绘制如图 4-92 所示图形, 作为勒脚断面。

接下来, 执行【JTJX】(加踢脚线) 命令, 弹出 "踢脚线生成" 对话框, 如图 4-93 所示。

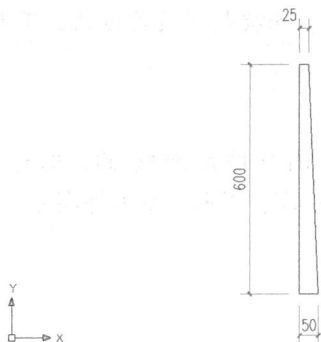

图 4-92

图 4-93

选择 "点取图中曲线" 选项, 单击 < 按钮, 然后, 单击视图中的勒脚断面, 其尺寸被捕捉到对话框中的 "截面尺寸" 下面。另外, 设 "踢脚线的底标高" 为 - 450。单击 按钮, 在外墙以外的地方单击一下, 外墙皮以红色虚线显示出来, 按〈Enter〉键回到对话框中, 设置如图 4-94 所示。

单击 确定 按钮, 勒脚生成, 三维效果如图 4-95 所示。

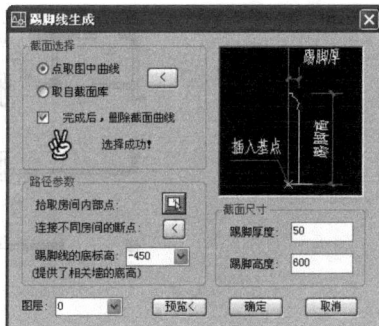

图 4-94

图 4-95

> 用【散水】命令生成的室内地板，各房间内没有高差，都处于同一标高位置，然而，有些建筑却不是这样，最常见的就是住宅，厨房、卫生间和阳台地面，常常要比客厅等地面低一些。本章实例也是这样，这时，就不能用【散水】命令简单生成室内地板了，而要使用其他方法，下面将具体介绍。

4.1.6.2 创建具有高差的地板

在本例中，位于图纸左上角的卫生间地面，比室内其他地面低 60，即标高为 -0.060m，另外，室内外高差 450。下面调整内外墙高和柱高，以形成室内外高差，然后生成室内地板。首先，让天正建筑识别出哪些是外墙。

菜单命令：墙体→识别内外→识别内外

键盘命令：【SBNW】

执行以上命令后，框选所有墙体和门窗，然后按〈Enter〉键，识别出的外墙以红色虚线示意，如图 4-96 所示。

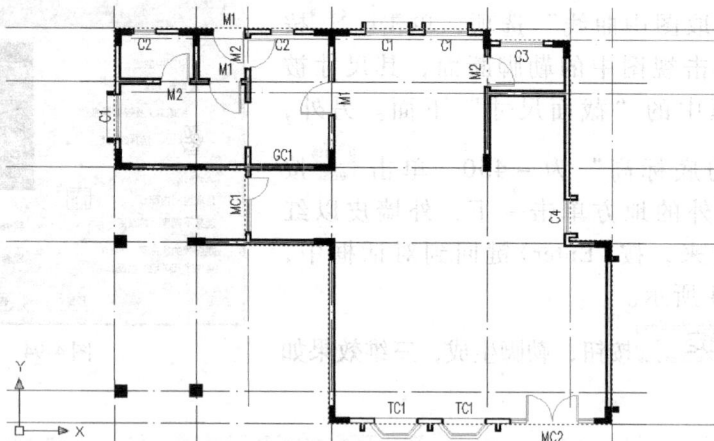

图 4-96

接下来，改变外墙高度及墙底标高，以形成内外高差。在本例中，室内外高差 450，底层层高 3300，因此，从室外地坪算起，外墙高度为 450＋3300＝3750，且墙底标高为 -450，而内墙高度及标高不变(卫生间除外)。

菜单命令：墙体→墙体工具→改外墙高

键盘命令：【GWQG】

执行以上命令后，框选所有墙体，但实际只有外墙被选中，这就是事先进行内外墙识别的结果。这里要注意，由于 D 轴线和 6 轴线上的墙体跨层，所以，不应像一般外墙一样统一修改高度。于是，键入【R】，选取 D 轴线和 6 轴线上的墙体，将其排除在当前选择集之外，其余被选中的外墙以虚线显示，如图 4-97 所示。

按〈Enter〉键结束选择，接着，按命令行提示操作：

新的高度 <3300> : 3750   输入新的外墙高度 3750

新的标高 <0> : -450   输入外墙底标高 -450

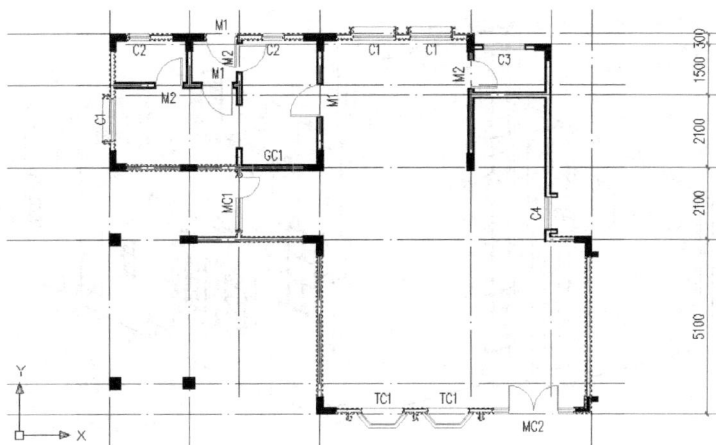

图 4-97

是否保持墙上门窗到墙基的距离不变？［是(Y)／否(N)］＜N＞：按〈Enter〉键表示选 N

这里改变外墙高度，实际是将外墙墙基向下延伸，门窗到墙基的距离自然要增大，所以应按〈Enter〉键选 N。

完成以上操作后，三维效果如图 4-98 所示。这里暂时关闭了轴线所在的 DOTE 图层，且"视觉样式"选择的是"消隐"。从图中可以看出，此时，除内墙、柱子、D 轴线和 6 轴线外墙以外，其余外墙的底部都向下延伸了 450。

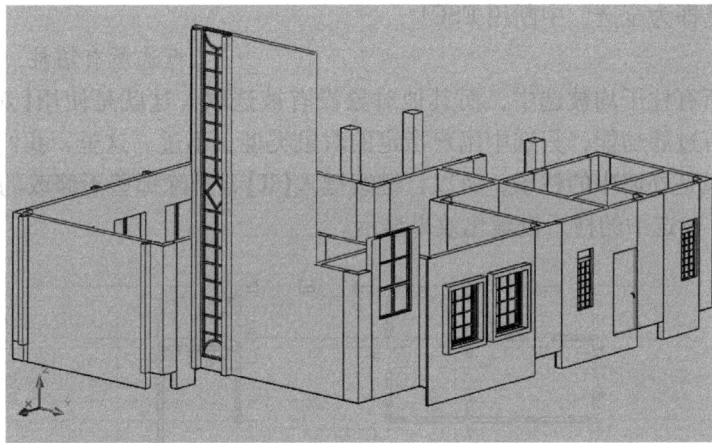

图 4-98

接下来，重复执行【改外墙高】命令，分别调整 D 轴线和 6 轴线外墙的高度及墙底标高。新标高均为 − 450，但 D 轴线外墙新的高度为 4100 + 450 = 4550，6 轴线外墙新的高度为 8700 + 450 = 9150，修改完毕后，三维效果如图 4-99 所示。

到这里，外墙底标高都改为 − 450 了，但外墙中柱子底标高仍为 ± 0.000，同样需要向下延伸 450，与墙底平齐。这需要使用【改高度】命令，该命令用于修改除外墙以外的内墙、柱子及墙体造型（如竖向线脚）的高度及标高。

为了便于选中分散在外墙中的柱子，下面使用天正建筑的【对象选择】命令。

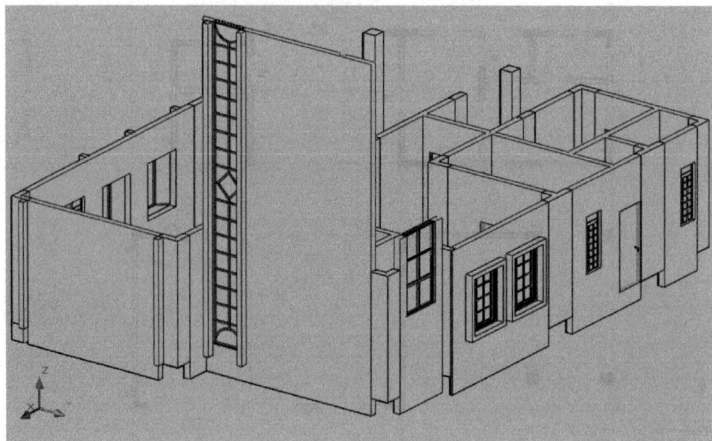

图 4-99

菜单命令：**工具→对象选择**

键盘命令：**【DXXZ】**

执行以上命令后，弹出"匹配选项"对话框，用于确定要
选取的对象具有哪些共性，如图 4-100 所示。

图 4-100

接下来，按命令行提示操作：

请选择一个参考图元或 [恢复上次选择(2)] < 退出 >：在一根柱子边缘单击一下

提示：空选即为全选，中断用 ESC！

选择对象：　　　　　　　　　　　　　　　框选所有墙柱

到这里，所有柱子均被选中，而其他对象没有被选取，这就是使用【对象选择】命令
的好处，它具有过滤功能，只选中用户指定的对象类型。不过，这里，我们并不是要修改
所有柱子，而只是外墙中的柱子，所以，继续键入【R】，排除那些不修改的柱子，结果如
图 4-101 所示，被选中的柱子以虚化效果显示。

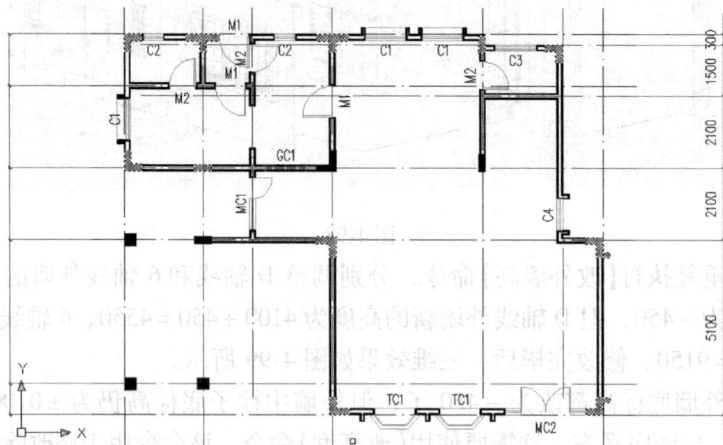

图 4-101

按〈Enter〉键结束选择，接下来，开始修改柱子高度。

菜单命令：**墙体→墙体工具→改高度**

键盘命令：【GGD】

执行以上命令后，按命令行提示操作：

新的高度 < 3300 > ：3750   输入柱子的新高度

新的标高 < 0 > ： −450   输入柱底的新标高

这样，柱子高度就修改完毕。接下来，用【改高度】命令直接修改墙面上竖向线脚的高度和标高，修改完后三维效果如图 4-102 所示。

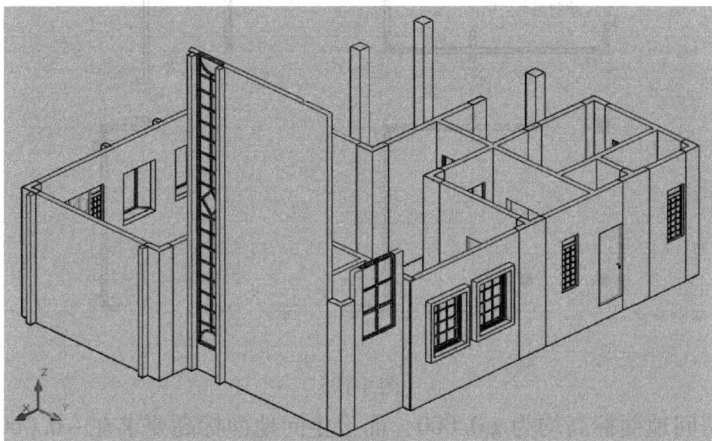

图 4-102

接下来，修改卫生间周围内墙的高度及底标高。本例中，卫生间地面比室内其他地面低 60，即地面标高为 − 0.060m，因此，卫生间周围内墙的墙底标高也要设置为 − 0.060m，且这些内墙的高度为 3300 + 60 = 3360。用【改高度】命令直接修改这些内墙，如图 4-103 所示，新的高度输入 3360，新的标高输入 − 60。

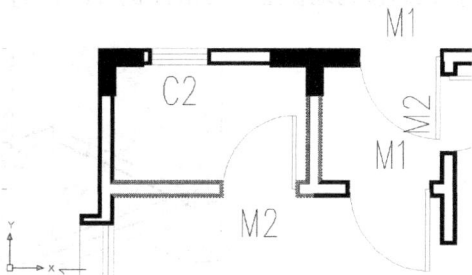

图 4-103

下面创建室内地板。其实，如果仅仅是绘制施工图，没有创建室内地板或楼板的必要，如果需要制作建筑内部三维效果图，才需要创建地板或楼板。鉴于现在效果图应用较普遍，所以，这里，还是介绍一下室内地板的制作方法。具体方法有多种，可以用【Pline】等命令绘制房间平面，然后用【平板】命令生成地板；也可直接用【搜索房间】命令生成地板，而且同时能自动标注房间名称、面积等。下面采用后一种方法。

菜单命令：房间屋顶→搜索房间

键盘命令：【SSFJ】

执行以上命令后，弹出"搜索房间"对话框，这里只需要标注房间名称、生成地板，所以，只要选中"显示房间名称"和"三维地面"，并设定好"板厚"，如图 4-104 所示。

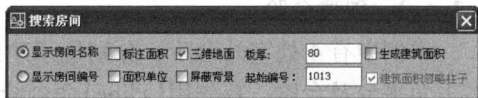

图 4-104

接下来，框选所有墙体和门窗并按〈Enter〉键，地板生成，同时标注了默认的房间名称，双击改为适当的房间名称。如果文字发生重叠，可以拖动夹点移开，结果如图 4-105 所示。

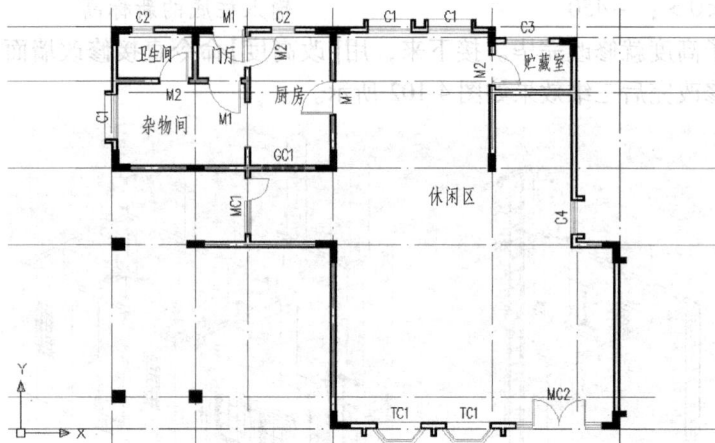

图 4-105

此时，各房间地面标高均为 ±0.000，而卫生间地面标高要求在 −0.060，所以，框选卫生间平面，右击鼠标执行【局部可见】命令，让视图中只显示所选部分，切换到三维视图，光标移到地板上右击鼠标执行【移位】命令，如图 4-106 所示。

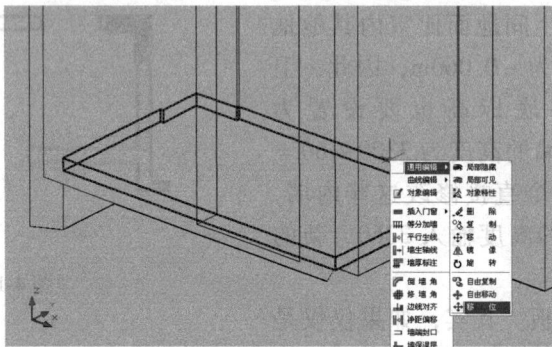

图 4-106

接下来，按命令行提示操作：

请输入位移(x,y,z)或[横移(X)/纵移(Y)/竖移(Z)] <退出> ：Z 键入【Z】竖向移动

竖移 <0> ：−60   −60 表示向下移动 60

这样，卫生间地面标高就下降到 −0.060。接下来，执行【HFKJ】(恢复可见)命令，所有对象重新显现出来。

4.1.6.3 创建台阶

本例中有 4 处室外台阶，分别位于建筑平面的右下角、左下角、左侧和上方。先创建右下角平台及台阶。首先用【Pline】命令绘制平台的平面图形，如图 4-107 所示。为减少干扰，这里暂时关闭了轴线、标注等图层。

接下来，用【台阶】命令生成台阶，其实，同时也会生成平台。

菜单命令：楼梯其他→台阶

键盘命令：【TJ】

执行此命令后，按命令行提示操作：

台阶平台轮廓线的起点或［点取图中曲线(P)/点取参考点(R)］＜退出＞：P 键入【P】以便点取平台图形

选择一曲线(LINE/ARC/PLINE)：	点取视图中的平台图形
请点取没有踏步的边：	点取除 5400 长以外的各边
请点取没有踏步的边：	按〈Enter〉键结束点取

到这里，会弹出"台阶"对话框，用于设定台阶各部位的尺寸，这里如图 4-108 所示设置。

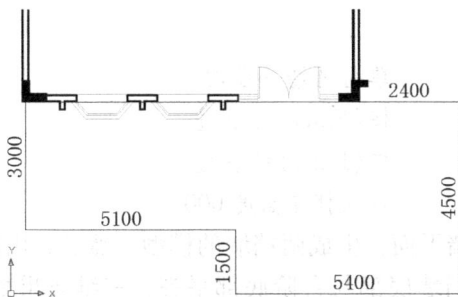

图 4-107

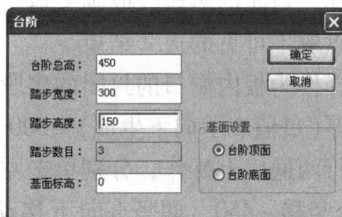

图 4-108

设置完成后单击 确定 按钮，台阶及后面的平台生成，三维效果如图 4-109 所示。

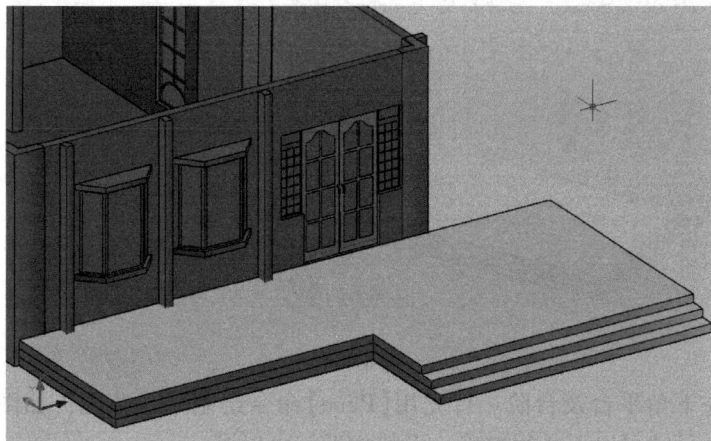

图 4-109

下面用【平板】命令制作平台及台阶周边的挡墙。先用【Pline】命令绘制挡墙平面，挡墙宽度为 300，如图 4-110 所示。

菜单命令：三维建模→造型对象→平板

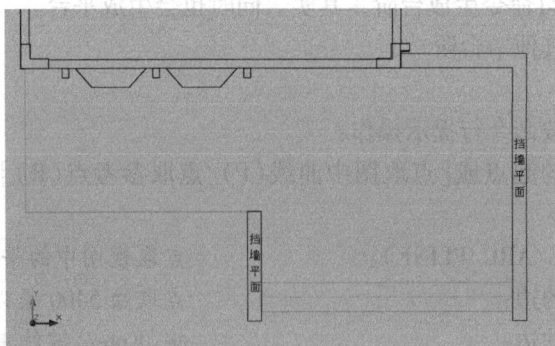

图 4-110

键盘命令：【PB】

执行此命令后，按命令行提示操作：

选择一封闭的多段线或圆 < 退出 >：　　　　　　单击挡墙平面图形

请点取不可见的边 < 结束 >　　　　　　　　　按〈Enter〉键跳过

选择作为板内洞口的封闭的多段线或圆：　　　　按〈Enter〉键跳过

板厚（负值表示向下生成）< 600 >：600　　　　输入挡墙高度 600

执行两遍以上操作，分别单击左右两个挡墙平面，生成两挡墙的模型，然后，用【移位】命令竖移 − 450，即竖直向下移动 450，使挡墙底部与台阶底部平齐，三维效果如图 4-111 所示。

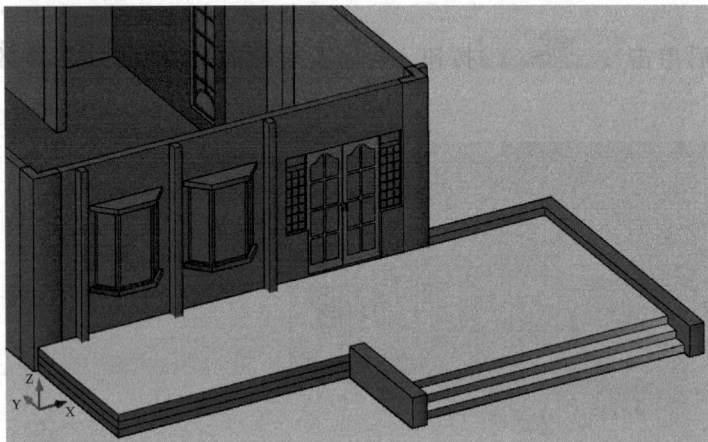

图 4-111

下面创建左下角平台及台阶。首先用【Pline】命令绘制平台范围，如图 4-112 所示虚线。作为练习，尺寸可以不必很准确，形状相近就可以了。

接下来，用【台阶】命令生成平台及台阶，当命令行提示"请点取没有踏步的边："时，点取如图 4-113 所示虚线边。

生成的平台及台阶三维效果，如图 4-114 所示。

创建建筑左侧的平台及台阶同样先用【Pline】命令绘制平台范围，如图 4-115 所示虚线。

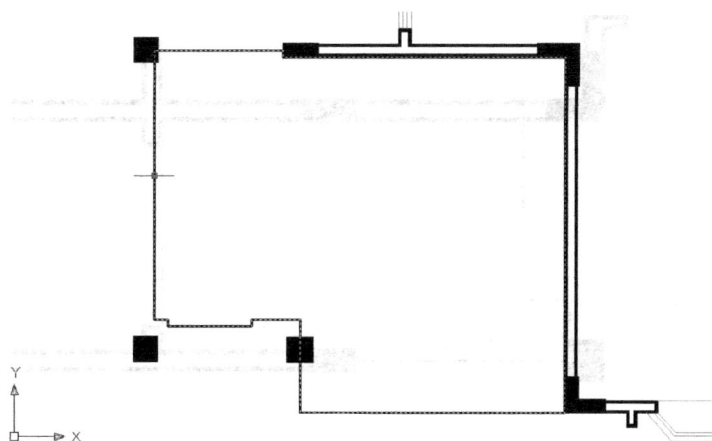

图 4-112

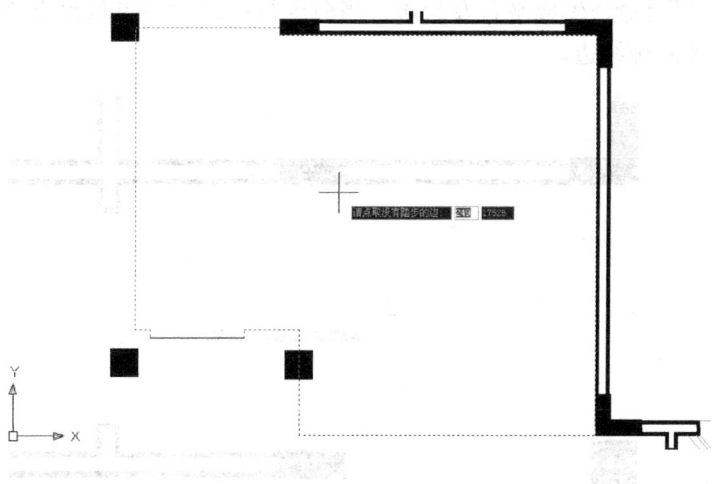

图 4-113

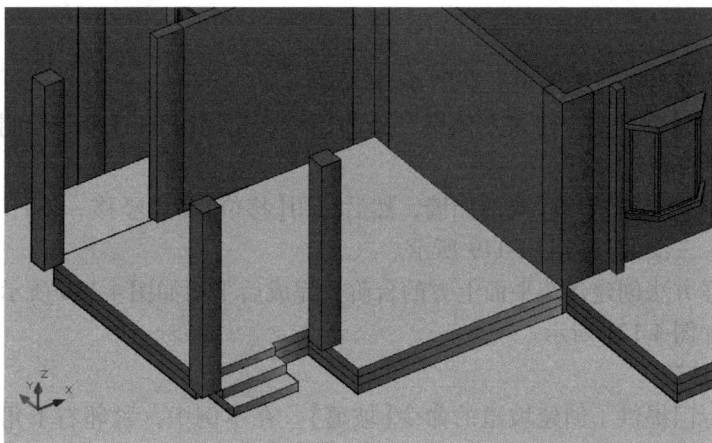

图 4-114

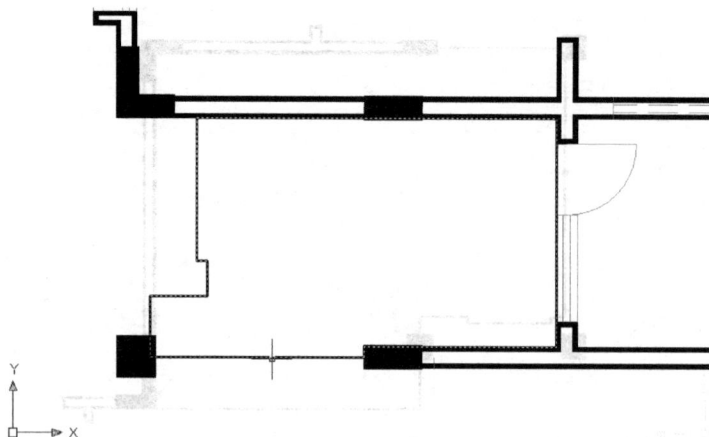

图 4-115

接着，用【台阶】命令生成平台及台阶，当命令行提示"请点取没有踏步的边："时，点取如图 4-116 所示虚线边。

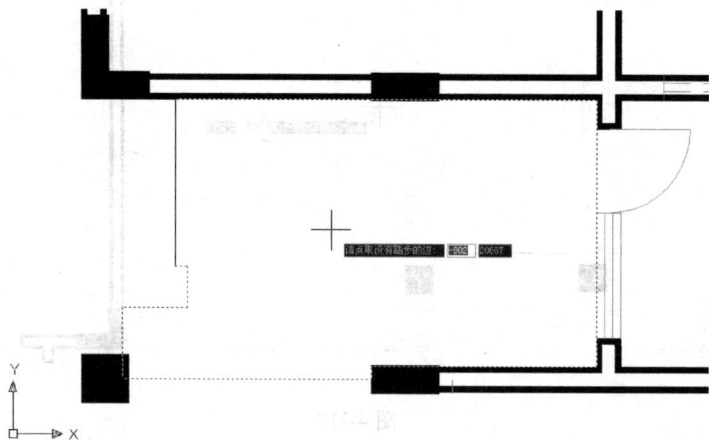

图 4-116

生成的平台及台阶三维效果，如图 4-117 所示。

下面用【平板】命令制作建筑左侧平台外的挡墙。先用【Pline】命令绘制挡墙平面，如图 4-118 所示虚线部分。

执行【平板】命令生成 600 高的挡墙，然后，用【移位】命令竖移 – 450，使挡墙底部与台阶底部平齐，三维效果如图 4-119 所示。

用以上同样方法创建建筑平面上方的台阶，完成后平面如图 4-120 所示。

三维效果如图 4-121 所示。

4.1.6.4 创建坡道

天正建筑专门提供了创建坡道的命令【坡道】。在本例中，紧邻右下角台阶的左侧就有一坡道，其宽度为 4500、长度为 5100，下面就用【坡道】命令来创建它。

菜单命令：楼梯其他→坡道

键盘命令：【PD】

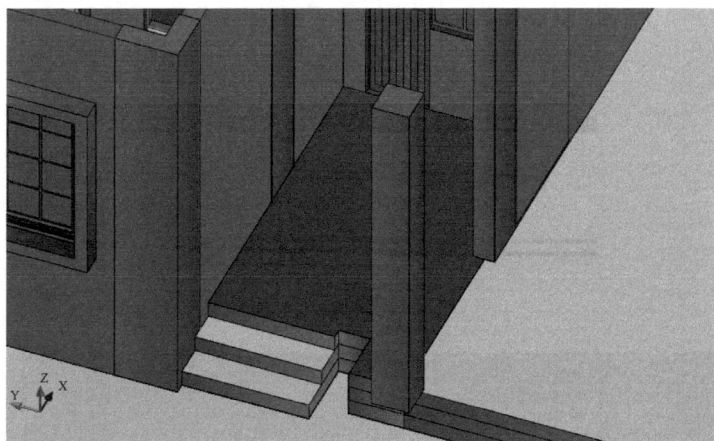

图 4-117

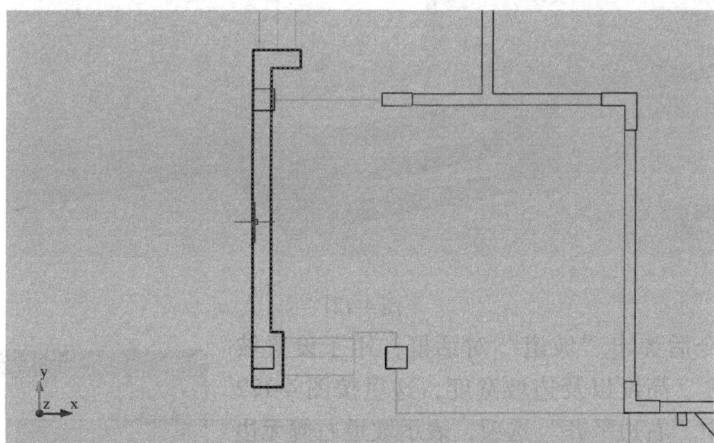

图 4-118

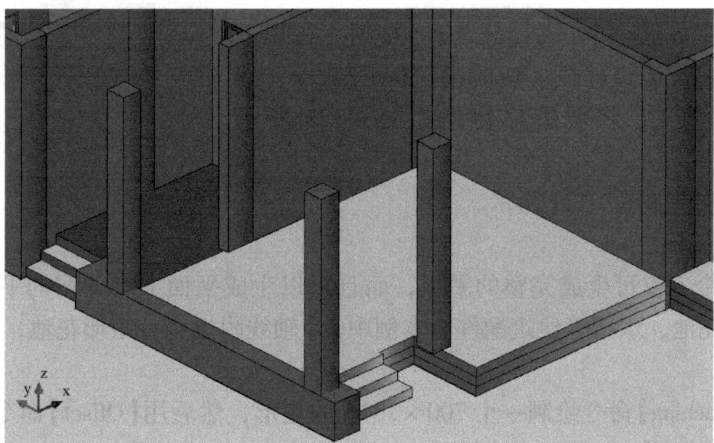

图 4-119

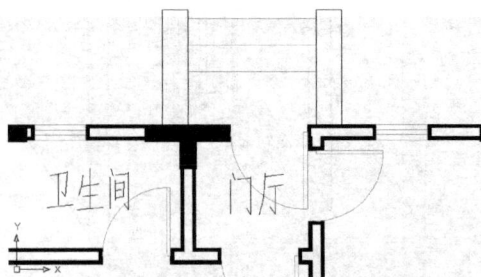

图 4-120

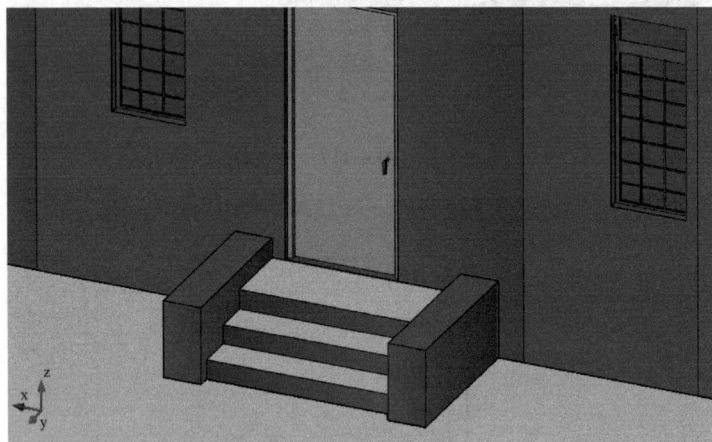

图 4-121

执行该命令后弹出"坡道"对话框,用于设置坡道的长度、宽度、高度以及边坡宽度,这里按图 4-122 所示设置。选中"右边平齐"选项,表示坡道右侧无边坡;选中"加防滑条"选项,可在坡道表面添加代表防滑条的线。

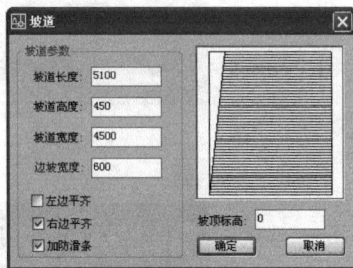

图 4-122

参数设置完成后,单击 【确定】 按钮,在视图中空白位置单击,坡道建成,然后用【Move】命令、捕捉右上角点为基点,将坡道移动到如图 4-123 所示位置。

坡道三维效果如图 4-124 所示。

4.1.6.5　创建花池

【平板】命令不仅可生成完整的平板,而且可以生成平面上有孔洞的平板。这样,就可以用它创建花池、水槽等建筑配件。本例中,2 轴线附近有一矩形花池,下面用【平板】命令来创建它。

首先用【Rectang】命令绘制一个 700×1315 的矩形,然后用【Offset】命令向内偏移 80,得到一个较小的矩形,如图 4-125 所示。

接下来,执行【PB】(平板)命令,并按命令行提示操作:

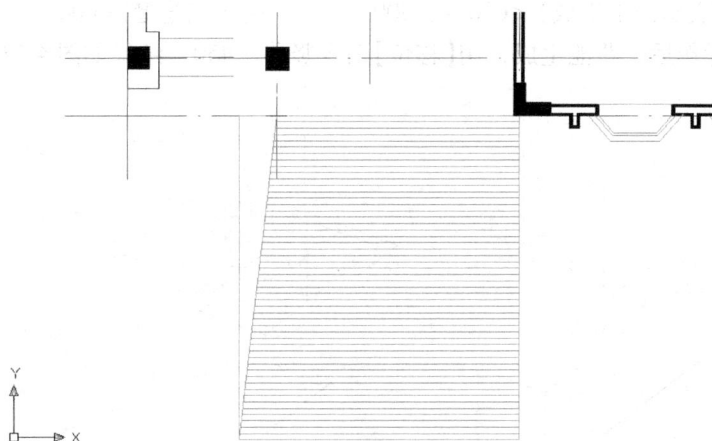

图 4-123

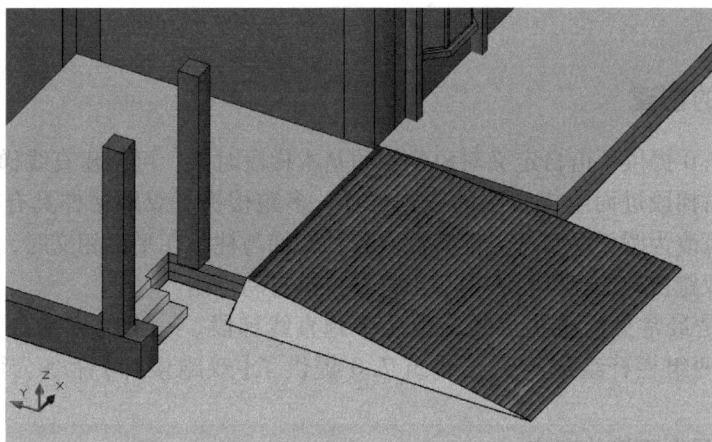

图 4-124

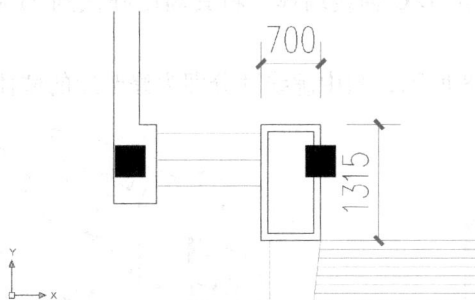

图 4-125

选择一封闭的多段线或圆 <退出 >：	点取外矩形
请点取不可见的边 <结束 >	按〈Enter〉键跳过
选择作为板内洞口的封闭的多段线或圆：	点取内矩形
选择作为板内洞口的封闭的多段线或圆：	按〈Enter〉键结束点取

板厚（负值表示向下生成）< 600 > : 600　　　　　　输入花池壁高 600

完成以上操作后，花池生成，用【移位】命令竖移 - 450，结果如图 4-126 所示。

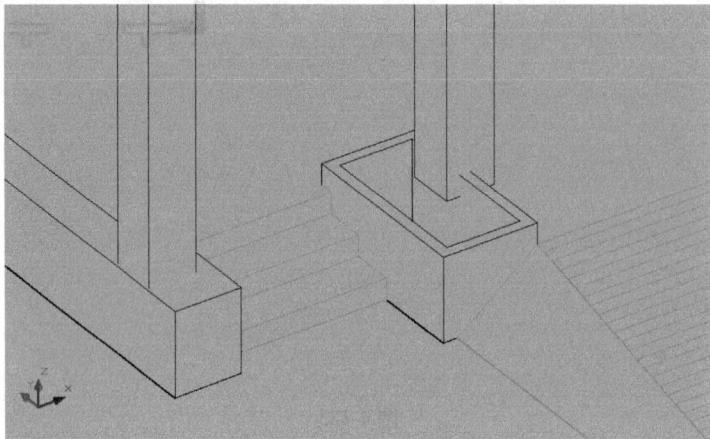

图 4-126

4.1.7　楼梯的创建

天正建筑 7.0 提供了由自定义对象建立的基本梯段对象，可创建直线梯段、圆弧梯段与任意梯段，由梯段进而组成常用的双跑楼梯、多跑楼梯。双跑楼梯具有梯段可改为坡道、标准平台可改为圆弧平台等灵活特性。各种楼梯与柱子在平面相交时，楼梯可以被柱子自动剪裁。双跑楼梯的上下行方向标识符号可以自动绘制。

双跑楼梯是最常见的楼梯形式，由两个跑直线梯段、一个休息平台、一个或两个扶手和一组或两组栏杆组成。天正建筑 7.0 提供了【双跑楼梯】命令，可以直接创建双跑楼梯。

4.1.7.1　修改平台下墙体高度

本例中，楼梯休息平台位于贮藏室上方，休息平台标高为 2.200，平台厚度为 100，所以，在创建楼梯前先双击 1/C 轴线墙体，将其高度降低到 2100（即顶部齐平台板底），如图 4-127 所示。

修改后结果如图 4-128 所示，图中虚线部分即为修改后的墙体高度。

图 4-127

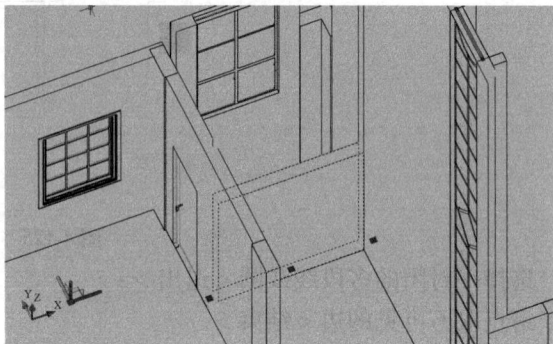

图 4-128

4.1.7.2 创建楼梯

下面创建底层双跑楼梯。

菜单命令：楼梯其他→双跑楼梯

键盘命令：【SPLT】

执行此命令后，弹出"矩形双跑梯段"对话框，设置楼梯的相关参数，如图 4-129 所示。

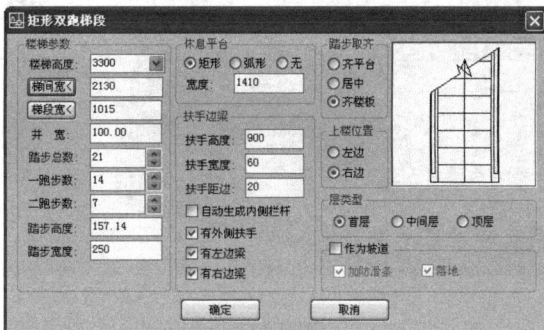

图 4-129

> 有几点要说明："楼梯高度"一般等于当前层高；"梯间宽"一般等于楼梯间净开间尺寸，可以单击 梯间宽< 按钮在图中量取；"梯段宽"等于(梯间宽−井宽)/2，也可以直接在图中量取；"踏步取齐"适用于不等跑楼梯，用于决定第二跑的起步位置；"上楼位置"决定第一跑在左边还是右边；"层类型"允许选择首层、中间层或顶层，从而决定楼梯的构造及表达方式。

设置完成后单击 确定 按钮，在如图 4-130 所示 A 点(墙角)位置单击插入楼梯。

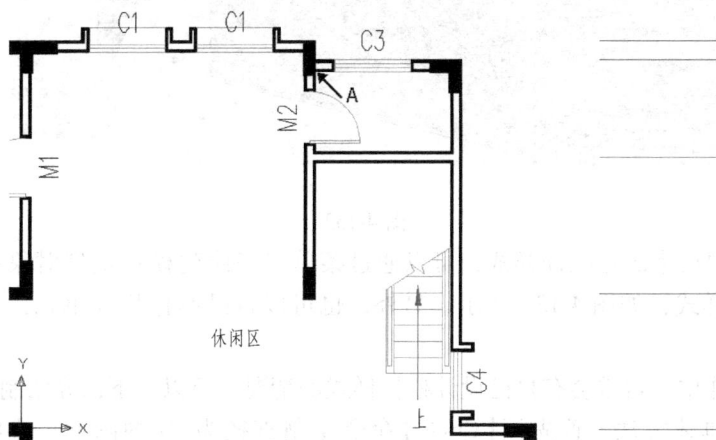

图 4-130

选中梯间右侧墙柱和窗户，执行右键菜单上的【局部隐藏】命令，将其暂时隐藏，切换到三维视图，观察楼梯三维效果，如图 4-131 所示。与平面图对比可知，在平面图中只显示第一跑的一部分，而实际上整个楼梯都是存在的，切换到三维视图就可以看到完整的楼梯。另外，注意到此时梯段上已经有扶手，但还没有栏杆。

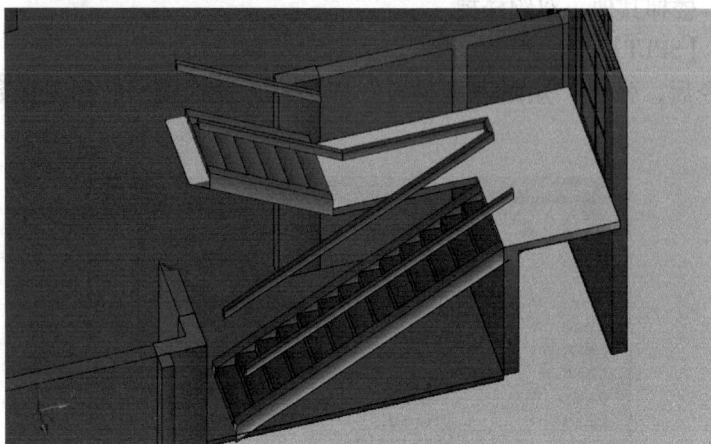

图 4-131

4.1.7.3 制作楼梯栏杆

如果前面在"矩形双跑梯段"对话框中选中"自动生成内侧栏杆"选项，可以生成天正建筑默认的、较简单的栏杆样式，如图 4-132 所示。

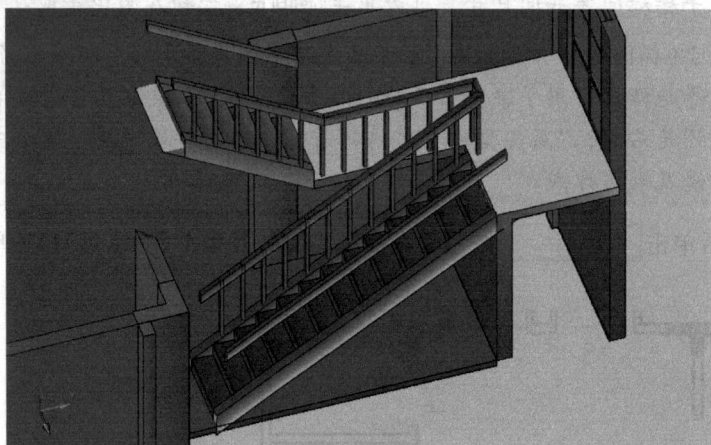

图 4-132

如果希望自己来决定栏杆样式，可以通过菜单"三维建模→造型对象→栏杆库"选择需要的栏杆样式，如图 4-133 所示。另外，也可以自己制作栏杆单元，并应用于楼梯栏杆。

在实际工作中，常常会有自己设计栏杆样式的情况，所以，下面介绍制作栏杆单元并应用于楼梯的具体方法。首先用【Circle】命令绘制直径为 30 的圆形，然后，执行【Extrude】(拉伸)命令将圆形拉伸为圆柱体，具体执行过程如下：

选择要拉伸的对象：   点取圆形
选择要拉伸的对象：   按〈Enter〉键结束点取

指定拉伸的高度或[方向(D)/路径(P)/倾斜角(T)]<20>：850　　输入圆柱高度

至此 850 高的圆柱体生成，右击鼠标选择菜单"视图设置→正立面"，切换到正立面图。接着用【Torus】(圆环体)命令创建一个圆环，具体执行过程如下：

指定中心点或[三点(3P)/两点(2P)/相切、相切、半径(T)]：　　在视图中单击一下

指定半径或[直径(D)]<81>:d　　　　　　　　　　键入【D】以输入直径

指定圆环体的直径<162>:165　　　　　　　　　　输入圆环体直径 165

指定圆管半径或[两点(2P)/直径(D)]<13>:d　　　键入【D】以输入直径

指定圆管直径<26>:25　　　　　　　　　　　　　输入圆环体管径 25

圆环体创建好后移到圆柱上，然后，切换到平面图，移动圆环体到圆柱中心，三维效果如图 4-134 所示。这就是栏杆单元。

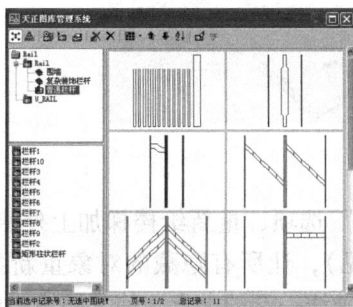

图 4-133

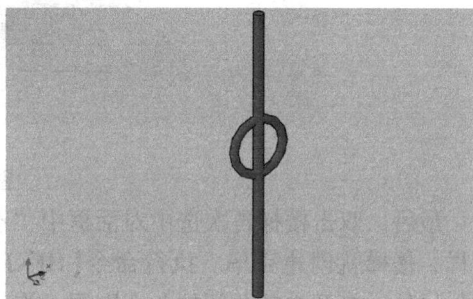

图 4-134

接下来，用【路径排列】命令及栏杆单元生成楼梯栏杆。首先，在平面图中选中楼梯和栏杆单元，右击鼠标选择【局部可见】命令，让视图中只显示楼梯和栏杆单元。另外，双击楼梯暂时关闭对话框中"有外侧扶手"选项，以便于进行后面操作时观察效果。此时，视图效果如图 4-135 所示。

菜单命令：三维建模→造型对象→路径排列

键盘命令：【LJPL】

执行该命令后，单击楼梯并框选栏杆单元然后按〈Enter〉键，弹出"路径排列"对话框，如图 4-136 所示。设置"单元宽度"为 250，即与楼梯踏步宽相同，然后，选择显示效果。本例中选"三维视图"，表示只在三维状态下才能看到栏杆，而在二维(如平面图)中看不到栏杆，这是符合制图要求的。

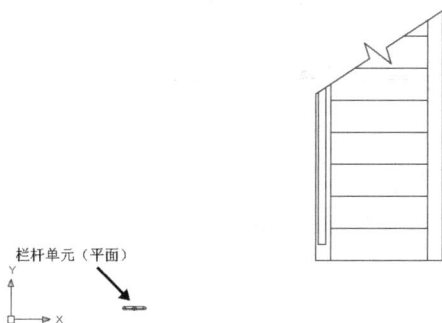

图 4-135

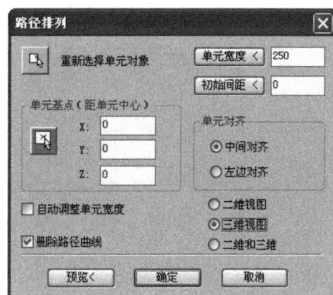

图 4-136

设置完成后单击 确定 按钮，视图中看不到任何变化，但切换到三维视图就可以看到栏杆，如图 4-137 所示。

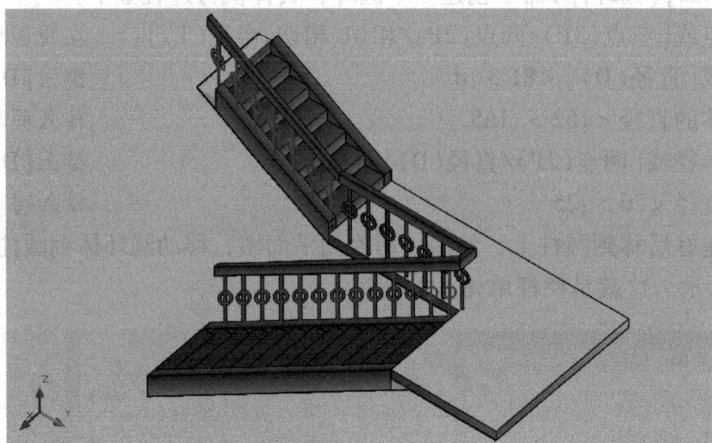

图 4-137

最后，双击楼梯再次选中对话框中"有外侧扶手"选项，重新给楼梯加上外侧扶手。这样，楼梯就创建完毕。执行命令【HFKJ】（恢复可见），让所有隐藏的对象重新显现出来。另外，打开之前关闭的各个图层。拖动部分过长轴线一端的夹点，使其缩短一些。平面图结果如图 4-138 所示。

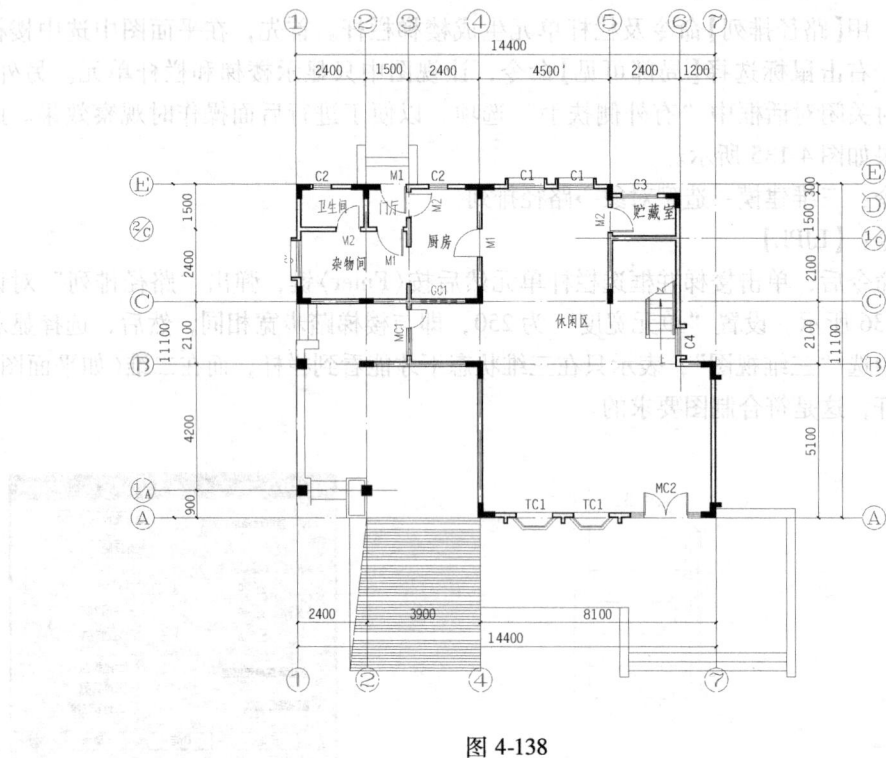

图 4-138

注意，这里创建的栏杆、扶手，主要用于制作建筑三维模型。如果单纯绘制建筑施工图，这里不必创建栏杆和扶手，天正建筑有专门在剖面图中生成楼梯栏杆及扶手的命令，如【参数栏杆】、【楼梯栏杆】、【楼梯栏板】等，使用比较方便快捷。

提示与技巧

4.1.8　尺寸及符号标注

先介绍尺寸标注。天正建筑提供了多个尺寸标注命令，适用于不同的对象或情况，下面分别介绍一下。

4.1.8.1　门窗标注

【门窗标注】命令适合标注建筑平面图中的门窗尺寸。可以在平面图中参照已有的第一、二道尺寸线，自动标注直墙和圆弧墙上的门窗尺寸，从而生成第三道尺寸线。如果图中没有第一、二道尺寸线，则在用户指定的位置标注出门窗尺寸。下面用【门窗标注】命令标注北外墙上的门窗尺寸。

【门窗标注】命令创建的尺寸对象与门窗宽度具有联动的特性。在发生门窗移动、夹点改宽、对象编辑、特性编辑和格式刷特性匹配等事件、导致门窗宽度发生线性变化时，线性的尺寸标注将随门窗的改变联动更新。注意：目前带形窗、角窗（角凸窗）、弧窗还不支持门窗标注的联动；通过镜像、复制创建新门窗不属于联动范围，不会自动增加新的门窗尺寸标。

提示与技巧

菜单命令：尺寸标注→门窗标注
键盘命令：【MCBZ】
执行此命令后按命令行提示及图 4-139 所示操作：

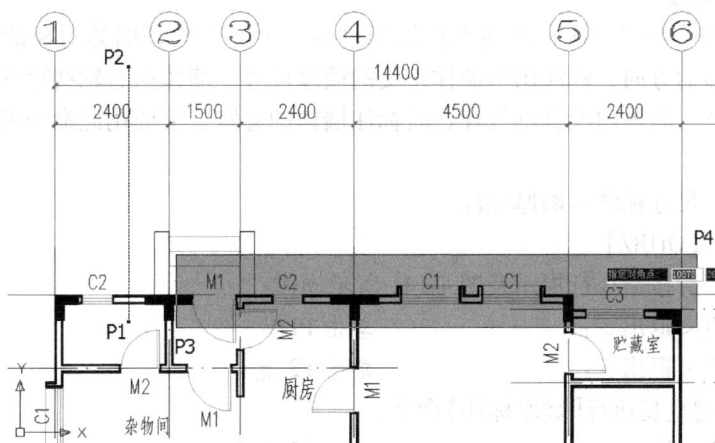

图 4-139

请用线选第一、二道尺寸线及墙体！
起点 <退出>：　　　　　　　在 P1 点单击

终点＜退出＞:　　　　　　　　　在 P2 点单击

选择其他墙体:　　　　　　　　　先单击 P3 点、后单击 P4 点进行框选

选择其他墙体:　　　　　　　　　按〈Enter〉键结束选择

完成以上操作后,北外墙上的门窗尺寸被标注,如图 4-140 所示。

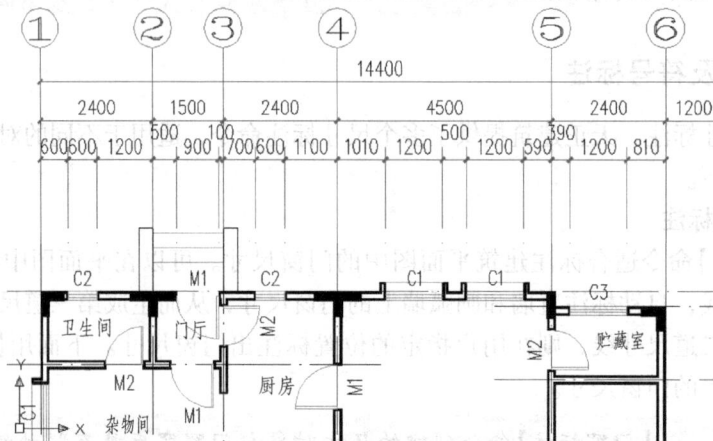

图 4-140

提示与技巧

　　　　用天正建筑标注命令得到的尺寸标注,是天正建筑特有的自定义对象,其特点是,三道尺寸中每一道尺寸线都是一个单独的连续对象,可以用【Move】命令分别移动,从而便于调整其间距和位置。用 AutoCAD 标注命令得到的尺寸标注,其每一个区间为一个对象,第二、三道尺寸往往由多个区间组成,也就分成多个单独的对象,当需要整体调整一道尺寸时不如天正建筑标注命令用得方便。

4.1.8.2　墙厚标注

　　【墙厚标注】命令可一次标注两点连线经过的一至多段天正墙体对象的墙厚尺寸。标注中可识别墙体的方向,标注出与墙体正交的墙厚尺寸。墙体内有轴线存在时标注以轴线划分的左右墙宽,墙体内没有轴线存在时标注墙体的总宽。下面用此命令标注本例中墙体厚度。

　　菜单命令:尺寸标注→墙厚标注

　　键盘命令:【QHBZ】

　　执行此命令后按命令行提示及图 4-141 所示操作:

直线第一点＜退出＞:　　　　　　单击 P1 点

直线第二点＜退出＞:　　　　　　单击 P2 点

按〈Enter〉键重复执行【墙厚标注】命令:

直线第一点＜退出＞:　　　　　　单击 P3 点

直线第二点＜退出＞:　　　　　　单击 P4 点

　　这样,图中就会标注出以上两条线穿过的墙体的厚度,如图 4-142 所示。

4.1.8.3　快速标注

　　【快速标注】命令类似于 AutoCAD 的同名命令,但适用于天正建筑的对象,特别适用

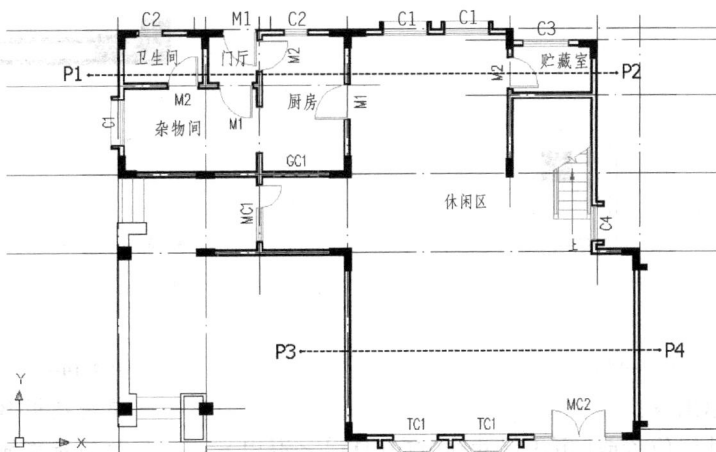

图 4-141

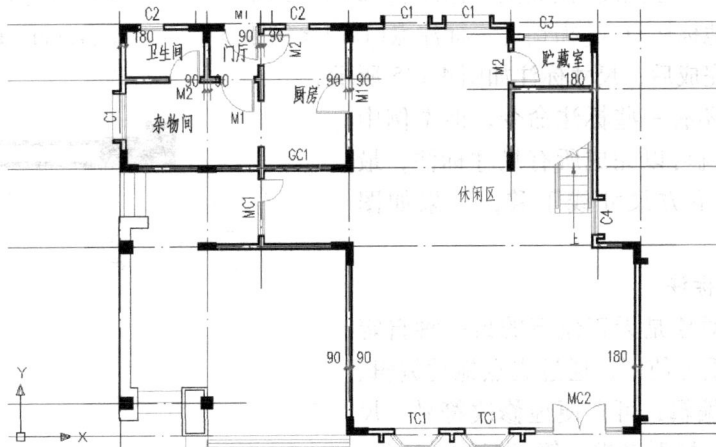

图 4-142

于在平面图中标注选定对象的外包尺寸。这里用它标注花池的尺寸。

菜单命令：尺寸标注→快速标注

键盘命令：【KSBZ】

执行此命令后，单击花池，按〈Enter〉键，在花池旁边单击标注长度或宽度尺寸。按〈Enter〉键重复执行此命令，标注花池另一边的尺寸，结果如图 4-143 所示。

4.1.8.4　逐点标注

【逐点标注】命令是一个通用的标注工具，可按指定方向和位置标注一系列指定点之间的尺寸，特别适用于标注非天正建筑的对象，或需要在若干位置定点标注，以及其他标注命令难以完成时使用。这里用它标注平面左侧室外台阶的步宽及定位尺寸。

菜单命令：尺寸标注→逐点标注

键盘命令：【ZDBZ】

执行此命令后，按命令行提示及图 4-144 所示操作：

起点或[参考点(R)] <退出>：　　　　　　　　单击捕捉 A 点

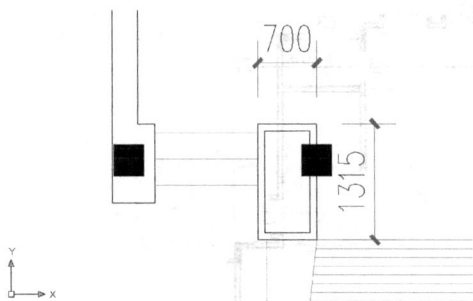

图 4-143

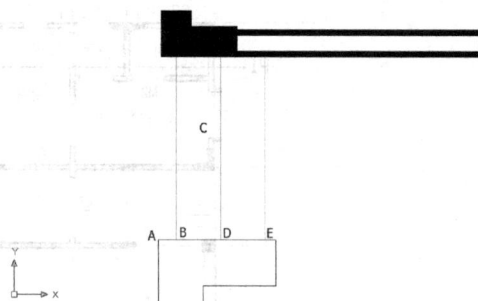

图 4-144

第二点 < 退出 > :	单击捕捉 B 点
请点取尺寸线位置或 [更正尺寸线方向(D)] < 退出 > :	关闭对象捕捉单击 C 点
请输入其他标注点或 [撤销上一标注点(U)] < 结束 > :	打开对象捕捉单击 D 点
请输入其他标注点或 [撤销上一标注点(U)] < 结束 > :	单击捕捉 E 点
请输入其他标注点或 [撤销上一标注点(U)] < 结束 > :	按〈Enter〉键结束操作

以上操作完成后，尺寸标注如图 4-145 所示。

天正建筑还有一些标注命令，但本例中使用以上命令就可以完成所有尺寸标注，最后，将平面图下方尺寸线下移，结果如图 4-146所示。

4.1.8.5　符号标注

符号标注对象是天正建筑的另一种自定义对象，便于重复使用，通过夹点拖动编辑、双击进入对象编辑，可方便地修改符号。尺寸标注完成后，接下来进行符号标注。这里，将进行坡道箭头、剖切符号、地面标高、详图索引、图名标注以及指北针等符号的标注。

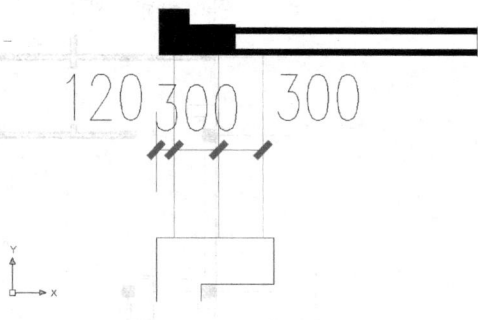

图 4-145

首先，标注坡道箭头。正规的坡道画法，要加表示向下方向的箭头。

菜单命令：符号标注→箭头引注

键盘命令：【JTYZ】

执行该命令后弹出"输入箭头文字"对话框，输入一个"下"字，然后，在视图中坡道较低一边单击一下，再在较高一边单击一下，最后按〈Enter〉键，坡道箭头就绘制完毕，如图 4-147 所示。

接下来，绘制剖切符号。剖切符号用于标明剖面图的剖切位置。在天正建筑中，要生成剖面图，就要求平面图中标注有剖切符号。当需要多个剖面图时，各剖面图就按照剖切符号的名称和方向生成。本例中，就一个经过楼梯间的剖面图，下面标注其具体剖切位置。

菜单命令：符号标注→剖面剖切

键盘命令：【PMPQ】

执行该命令后按命令行提示操作：

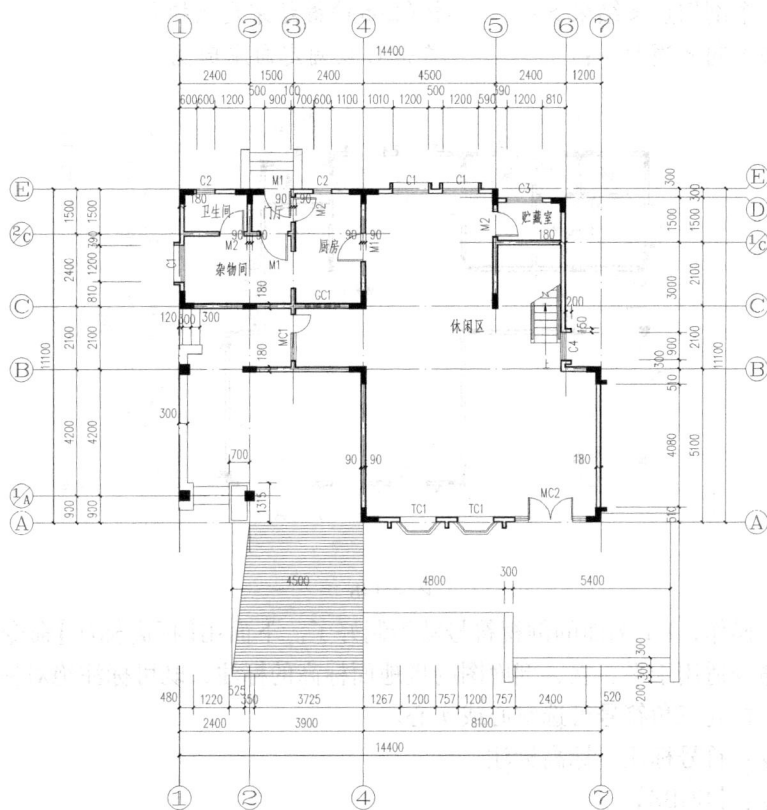

图 4-146

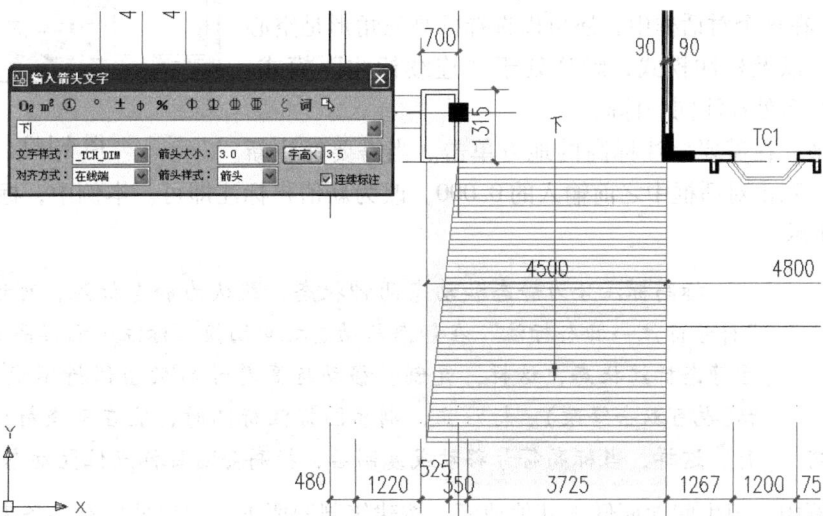

图 4-147

请输入剖切编号 <1>：   按〈Enter〉键认可编号为 1

点取第一个剖切点 <退出>：   单击 A 点，如图 4-148 所示

点取第二个剖切点 <退出>：   单击 B 点

点取下一个剖切点＜结束＞：　　　按〈Enter〉键结束定点操作
点取剖视方向＜当前＞：　　　　　单击 C 点确定向左剖视

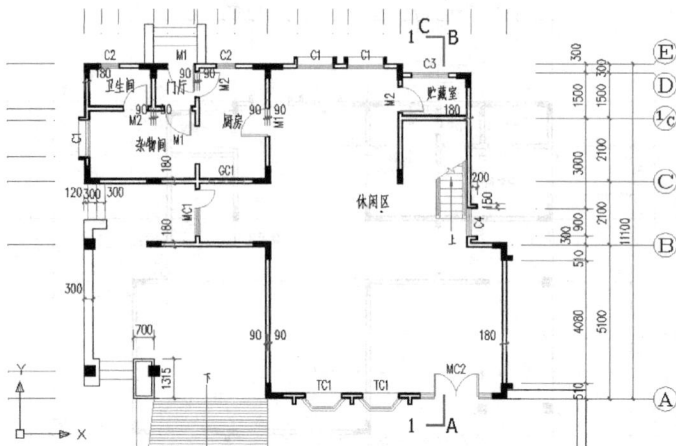

图 4-148

经过以上操作，1-1 剖面的剖视符号就绘制好了。下面用【标高标注】命令标注平面各处标高。本命令适用于平、立、剖面图的楼地面标高的标注，既可标注绝对标高，也可标注相对标高，标高三角符号可选空心或实心。

菜单命令：符号标注→标高标注

键盘命令：【BGBZ】

执行该命令后弹出"编辑标高"对话框，选中"手工输入"选项，在左侧箭头右边输入标高值 0.000，如图 4-149 所示。在这个对话框中，还可以选择标高三角形是空心还是实心，以及标注模式，默认处于"连续标注"模式，可以连续在多处标注同一标高。

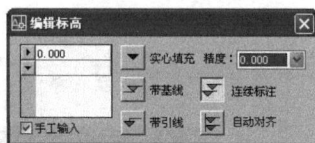

图 4-149

接下来，在需要标注标高的地方单击。当需要标注新的标高时，双击对话框中之前输入的 0.000，改为新值再标注即可。本例中，标注结果如图 4-150 所示。

提示与技巧

　　　　标高标注分为静态和动态两种状态，默认为静态标注，可通过菜单"符号标注→静态标注"在静态与动态之间切换。标注平面标高时，应处于静态标注状态，这样，复制、移动标高符号后数值保持不变（需要的话，也可双击修改）。标注立、剖面图标注标高时，宜在动态标注状态进行，这样，当标高符号移动或复制后，标高会随目标点位置动态取值。

在本例中，卫生间地面低于其他地面，按建筑制图要求，门口处应有一条表示地面高差的分界线，执行菜单命令"门窗→门窗工具→门口线"并单击门、指定门口线在哪一侧，就可加上这样一条线，如图 4-151 所示。

用【索引符号】命令标注详图索引。本命令用于指定详图编号及详图所在图号或图集，分为"指向索引"和"剖切索引"两类。下面来进行具体的标注操作。

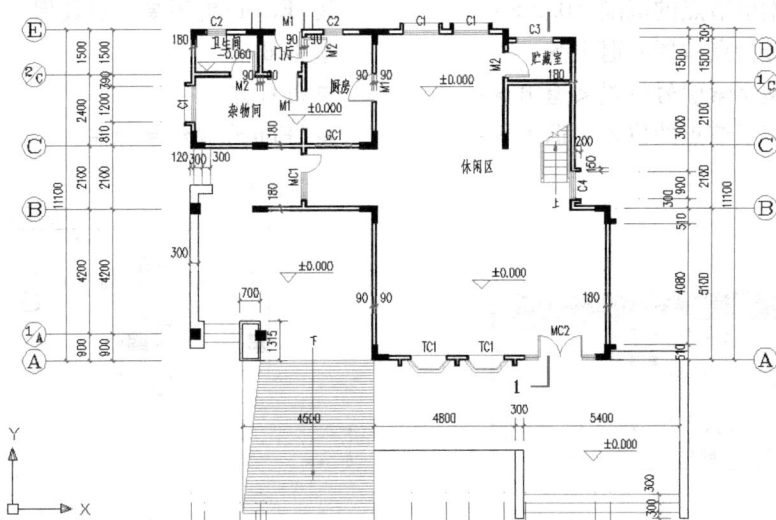

图 4-150

为了获得 45°的引出线，先打开极轴追踪功能并将增量角由默认的 90°改为 45°，操作方法为：按〈F10〉键或单击按下状态栏中的 极轴 按钮，然后右击它，选择"设置"命令，打开"草图设置"对话框，设增量角为 45，如图 4-152 所示。单击 确定 按钮完成设置。

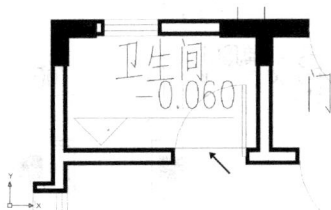

图 4-151

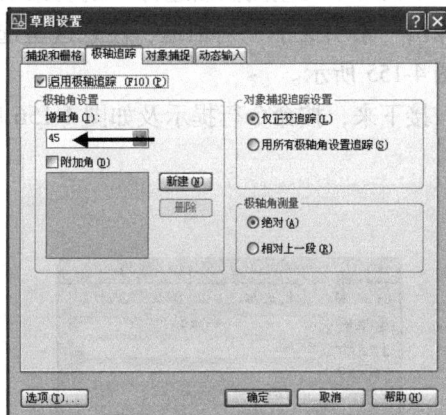

图 4-152

另外，为了避免对象捕捉功能的干扰，可以按〈F3〉键暂时关闭它。

菜单命令：符号标注→索引符号

键盘命令：【SYFH】

执行此命令后，弹出"索引文字"对话框，输入"索引图号"、"索引编号"。注意，默认为"指向索引"类别，如图 4-153 所示。

接下来，按命令行提示及如图 4-154 所示操作：

给出索引节点的位置 <退出>：　　　　　单击 A 点

请给出索引节点的范围 <0.0>：　　　　　　按〈Enter〉键不要索引圆圈

请给出转折点位置 <退出>：　　　　　　　单击 B 点

请给出文字索引号位置 <退出>：　　　　　单击 C 点

请给出索引节点的位置 <退出>：　　　　　按〈Enter〉键结束标注

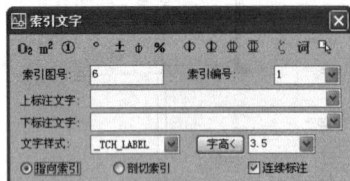

图 4-153

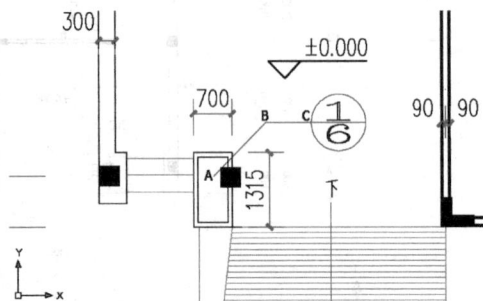

图 4-154

提示与技巧

　　　　由于在"索引文字"对话框中默认选中了"连续标注"选项，所以，当命令行再次提示"请给出索引节点的位置 <退出>："时，可以调整对话框中的内容(如图号、编号等)后继续进行其他详图的索引标注。另外，在"上标注文字"或"下标注文字"内输入的文字，将出现在索引横线的上、下方，当详图引用自标准图集时常用这种形式。

　　下面对平面左侧挡墙进行"剖切索引"详图标注。同前面一样，执行【索引符号】命令弹出"索引文字"对话框，注意这里选择"剖切索引"选项，并输入相应的标注内容，如图 4-155 所示。

　　接下来，按命令行提示及如图 4-156 所示操作：

图 4-155

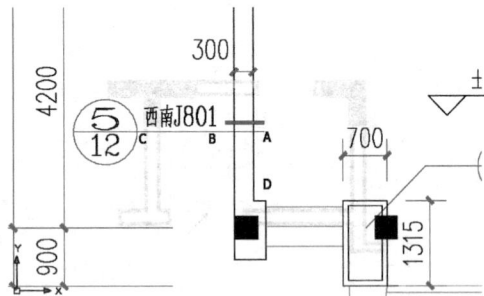

图 4-156

请给出索引节点的位置 <退出>：　　　　　单击 A 点

请给出转折点位置 <退出>：　　　　　　　单击 B 点

请给出文字索引号位置 <退出>：　　　　　单击 C 点

请给出剖视方向 <当前>：　　　　　　　　单击 D 点

请给出索引节点的位置 <退出>：　　　　　按〈Enter〉键结束或继续标注

有时，需要延长表示剖视方向的粗线，可以直接拖动它的夹点。

继续使用【索引符号】命令完成图中其他详图索引标注，结果如图 4-157 所示。

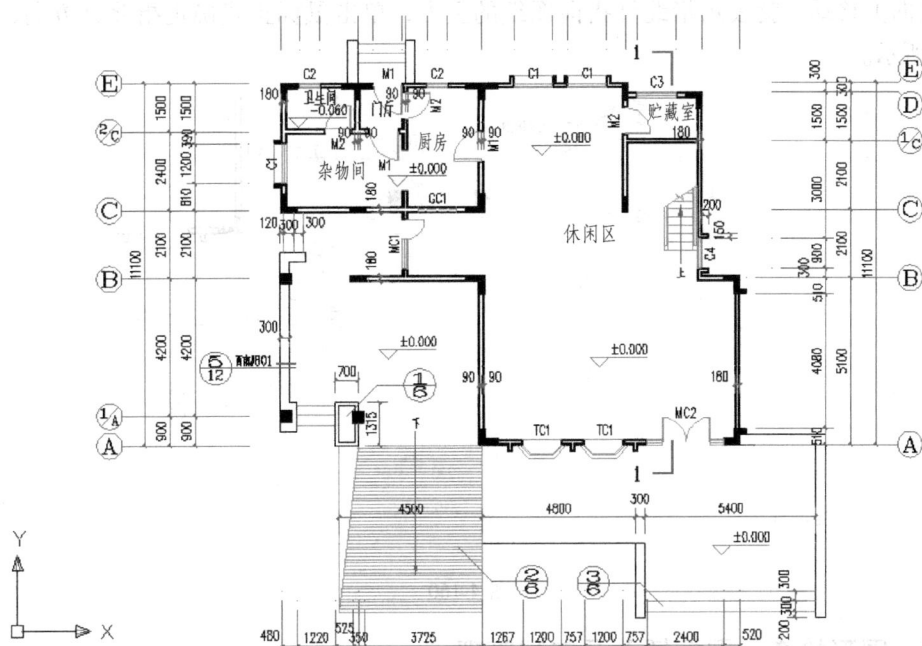

图 4-157

下面进行图名标注。按建筑制图规定，需要在每个图形下方标出该图的图名，并且同时标注比例。天正建筑【图名标注】命令产生的图名是属于天正自定义对象，绘图比例变化时图名文字的大小会自动调整。

菜单命令：符号标注→图名标注

键盘命令：【TMBZ】

执行此命令后，弹出"图名标注"对话框，这里输入图名"底层平面图"，然后选择图名及比例的文字样式，这里都选 STANDARD（标准），至少其他参数或选项，可采用默认设置，如图 4-158 所示。

设置完成后，在图中单击确定图名位置，如图 4-159 所示。

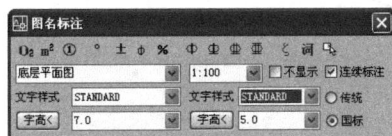

图 4-158

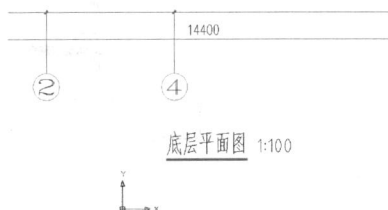

图 4-159

最后，用【画指北针】命令在图上绘制一个国标规定的指北针符号，由插入点到橡皮线终点确定指北针的方向。

菜单命令：符号标注→画指北针

键盘命令：【HZBZ】

执行此命令后，在图中单击确定指北针中心点位置，然后移动光标确定指北针方向，如竖直向上移动，就表示指北针指向图纸的上方，单击鼠标正式确定指北针方向，如图 4-160 所示。

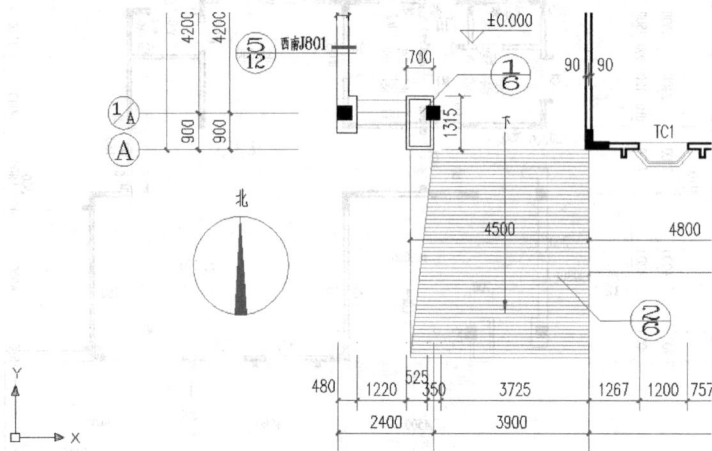

图 4-160

4.1.9　图形检查、图框插入及工程管理

在对图形做最后的检查、调整后插入图框，一张施工图就算完成了。为了便于图纸管理及立、剖面图的生成，还应将本图添加到工程中。

目前，天正建筑在尺寸标注上有一个小小的不足，就是轴号圆圈与第一道尺寸线间距过大，无法通过调整设置修改，可以移动每一侧首轴线夹点，使这个间距缩小，如图 4-161 所示。

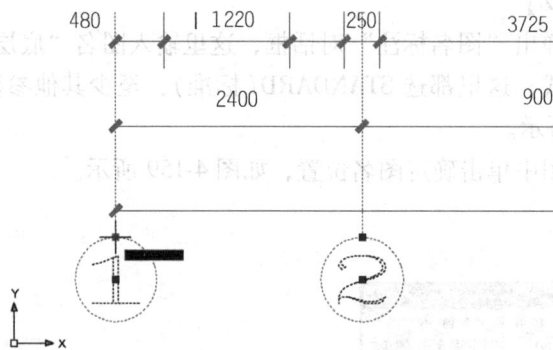

图 4-161

接下来，插入图框。可以插入天正建筑提供的图框，也可以插入用户自己绘制的图框。天正建筑图框由标题栏、会签栏、附件徽标等图块组合而成，可以事先根据本单位情况对各图块进行修改、入库后再使用。由用户自行绘制的图框，也要入库后才能使用。组成天正建筑图框的标题栏图块是属性图块，可实现自动生成图纸目录。下面具体介绍一下天正建筑图框标题栏图块的修改与入库操作，会签栏等图块雷同。

为不影响已绘制好的平面图，单击工具栏中的 📄（新建）按钮新建一个图形文件，标题栏的修改、入库操作都在此文件中完成。

菜单命令：文件布图→插入图框

键盘命令：【CRTK】

执行以上命令后，弹出"图框选择"对话框，选中"直接插图框"选项，单击右边的■按钮，选择要一种适合本单位的标题栏，并设比例为 1∶1，如图 4-162 所示。

单击 ■ 插入 ■ 按钮，在视图中单击插入标题栏，执行【Explode】（分解）命令，标题栏图块的属性分解为可编辑的属性标记，双击各属性标记进入编辑界面，按本单位实际情况修改其中内容，如图 4-163 所示。

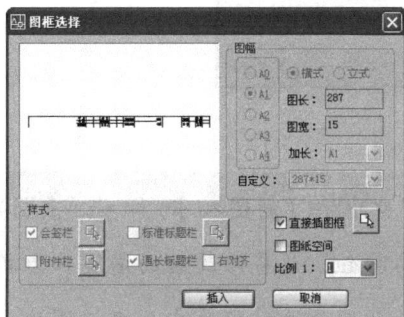

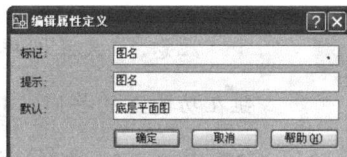

图 4-162　　　　　　　　　　　　　　　　　　　　图 4-163

提示与技巧

　　标题栏中定义为块属性的项目（如图名、图号、日期、比例等）也可在插入图框后双击修改。不过，要注意，天正建筑没有将设计单位名称定义为块属性，因此无法在插入图框后双击修改，当然，分解图框后也可以修改，但是将影响自动生成图纸目录功能。一般做法是，在此执行【Explode】命令后，利用在位编辑将默认的单位名称改为本单位名称，如图 4-164 所示，然后随标题栏入库，以后即可随图框插入图中，达到反复使用的效果。

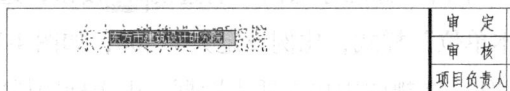

图 4-164

至此，标题栏图块修改完毕，接下来，进行入库操作。

菜单命令：图库图案→通用图库

键盘命令：【TYTK】

执行该命令后打开"天正图库管理系统"窗口，选择要将标题栏放入的图库类别，这里选"通长横栏"，然后单击■（新图入库）按钮，框选整个标题栏，捕捉最右下角的点为图块基点，按〈Enter〉键，修改后的标题栏图块进入天正图库中，在左下窗格中默认块名为"新图块"，可双击它改为"本单位"，如图 4-165 所示。关闭此窗口，至此，入库操作完毕。

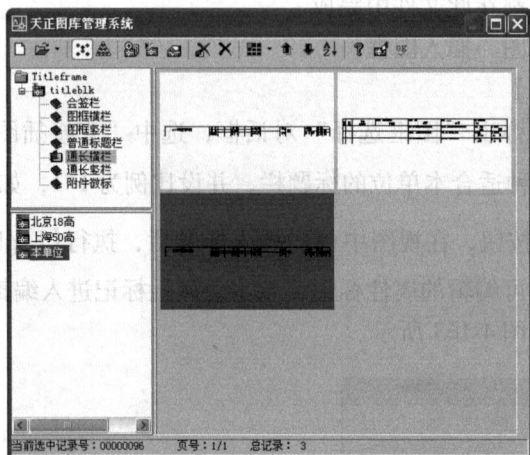

图 4-165

提示与技巧

注意，"天正图库管理系统"窗口中 ![icon] （新图入库）和 ![icon] （熏制）按钮在功能上的异同。![icon] （新图入库）按钮，是将修改后的图块作为新图块入库，![icon] （熏制）按钮是用修改后的图块去替换库中原来的图块。简单说，前者是添加，后者是替换。

如果有必要，可以仿照以上操作，对天正图库中将要使用的会签栏、附件徽标等图块进行修改、入库操作。对于自绘图框，可将其中需要经常修改的项目，如图名、图号、日期、比例等定义为块属性，然后随整个图框入库即可。关闭且不用保存前面新建的文件，接下来，正式为平面图插入图框。

菜单命令：文件布图→插入图框

键盘命令：【CRTK】

执行此命令后，弹出"图框选择"对话框，关闭"直接插图框"选项，选择需要的图幅，本例选 A3，然后，单击"标准标题栏"右边的 ![icon] 按钮，选择需要的标题栏样式，这里选择前面入库的"本单位"样式，比例设定为 1：100，如图 4-166 所示。

单击 插入 按钮，在视图中单击插入图框。由于标题栏中的图名、图号、日期

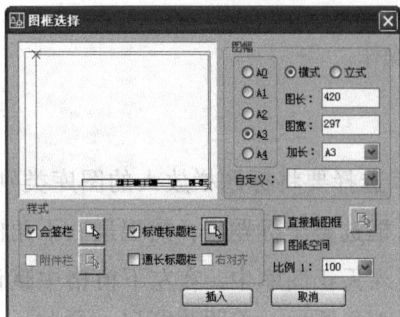

图 4-166

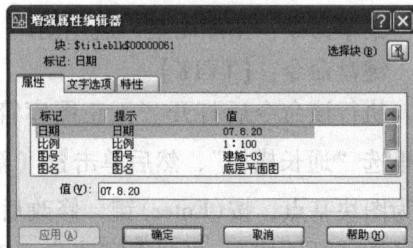

图 4-167

和比例定义为块属性，所以，可双击修改，会弹出"增强属性编辑器"对话框，按实际修改其中内容即可，如图 4-167 所示。

至于图框中的设计人员、工程名称、工程编号等，可执行命令"文字表格→单行文字"在"单行文字"对话框中输入，然后在图中插入，如图 4-168 所示。

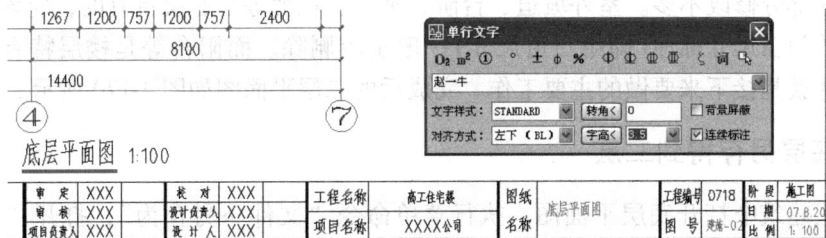

图 4-168

到这里，底层平面图绘制完毕，如图 4-169 所示。单击工具栏中的 按钮保存图纸。最后要做的工作，就是将图纸添加到工程中。对于底层平面图来说，前面已经进行过此操作，这里就不必重复了。

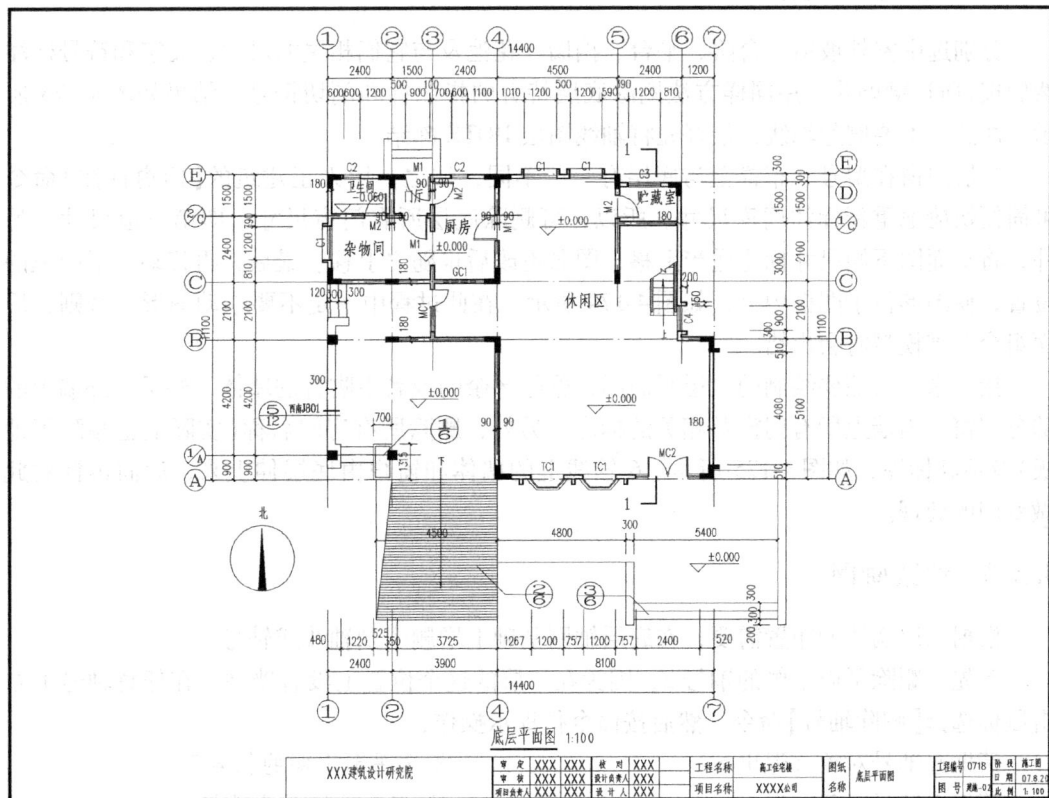

图 4-169

4.2　绘制二层平面图

　　二层平面图可以在底层平面图基础上修改、补充得到。二层与底层轴网、承重墙柱基本相同，这部分修改不多。室外坡道、台阶、平台、花池等是底层特有的，应该删除。还有，底层的门窗尺寸标注（即第三道尺寸）一般也应删除。而阳台等是楼层特有的，应该添加。这些就是接下来要做的主要工作。完成后的二层平面图如图 4-170 所示。

4.2.1　底层另存得到二层

　　在天正建筑中打开底层平面图，执行菜单命令"文件→另存为"，打开"图形另存为"对话框，输入文件名"二层平面图"，存放位置仍然是"住宅楼"目录，如图 4-171 所示。

　　单击 保存(S) 按钮，就在底层平面图基础上得到了二层平面图。双击图框（主要是标题栏）中的文字，在弹出对话框中根据实际修改文字，结果如图 4-172 所示。

4.2.2　删除多余对象

　　分别选中室外坡道、台阶、平台、挡墙、花池及与它们相关的尺寸、文字和符号标注然后按〈Del〉键删除。用同样方法删除底层特有的指北针和剖切符号，结果如图 4-173 所示。注意，不要删除轴线，最好先将轴线图层 DOTE 冻结。

　　二层门窗在型号、布置上与底层有一些不同，加之，用天正建筑的【门窗标注】命令可简便快捷地重新标注门窗尺寸。所以，可删除底层所有门窗尺寸，即第三道尺寸。另外，将平面图下侧尺寸标注适当上移，图名更改后也随之上移。最后，再移动一下图框的位置，使图形位于图框中央，如图 4-174 所示。在此过程中一定不要移动图形，否则，后面组合三维模型时会出错。

　　接下来，对照要绘制的二层平面图，删除多余的或者不吻合的墙体、柱子、外墙上的部分门窗、内墙上所有门窗及相关的标注。另外，删除所有房间名称（实际上也删除了地板）及标高标注，如图 4-175 所示。6 轴线上的墙体和窗户由底层伸上来，后面再针对此做专门的处理。

4.2.3　修改轴网

　　根据二层墙体的布置需要，在底层轴网基础上增删个别轴线或轴号。

　　首先，删除平面下侧的轴号 2，因为在二层的这个位置上没有墙柱。在任意轴号上右击鼠标选择【删除轴号】命令，然后按命令行提示操作：

请框选轴号对象＜退出＞：	框选平面下侧的轴号 2
请框选轴号对象＜退出＞：	按〈Enter〉键结束选择
是否重排轴号？［是(Y)/否(N)］＜Y＞:n	键入【N】表示不改变其他轴线编号

　　结果，轴号 2 及圆圈被删除，但对应的轴线及尺寸标注还在，如图 4-176 所示。将 2 号轴线下端夹点向上拖动，使该轴线缩短。

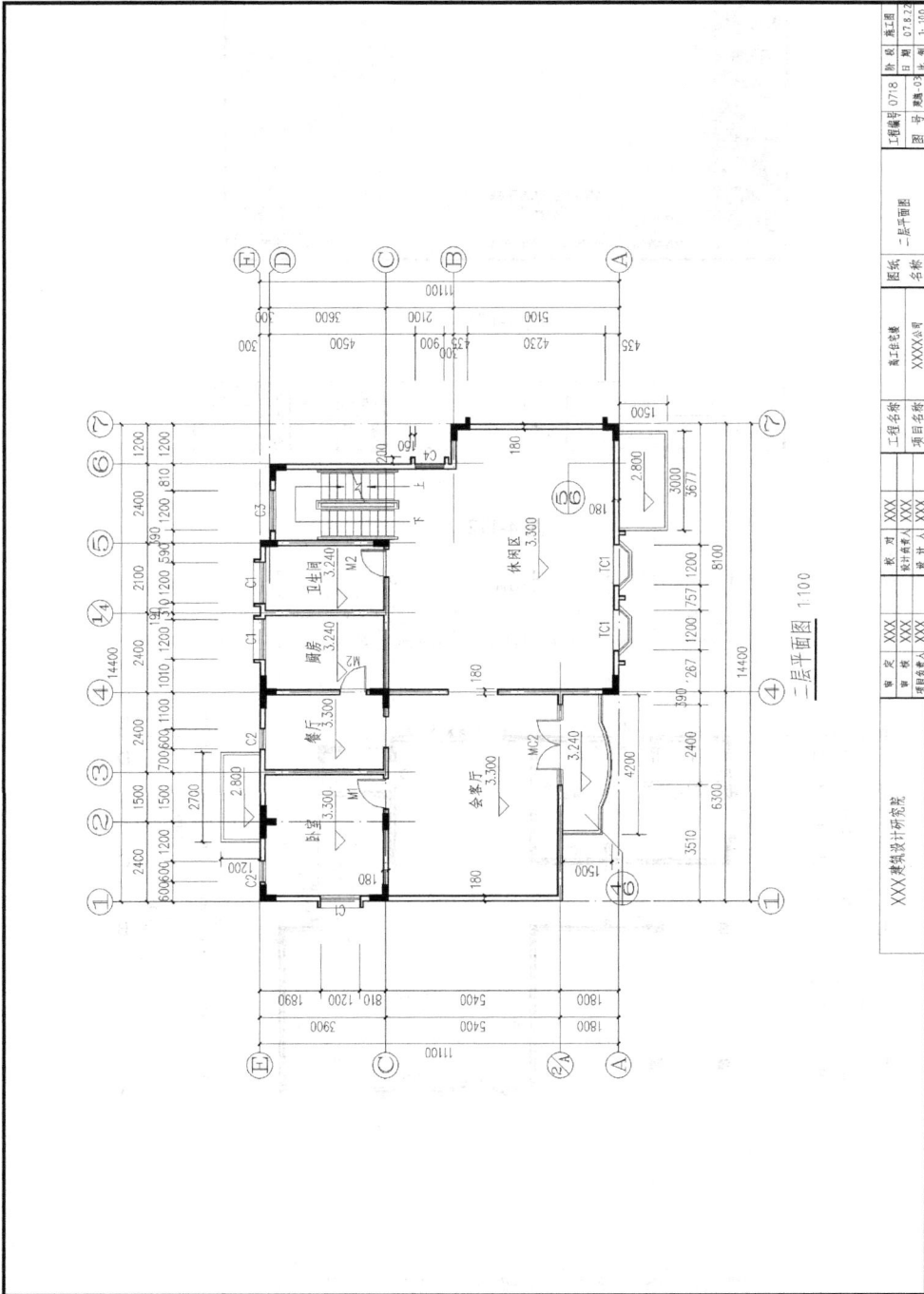

二层平面图 1:100

图 4-170

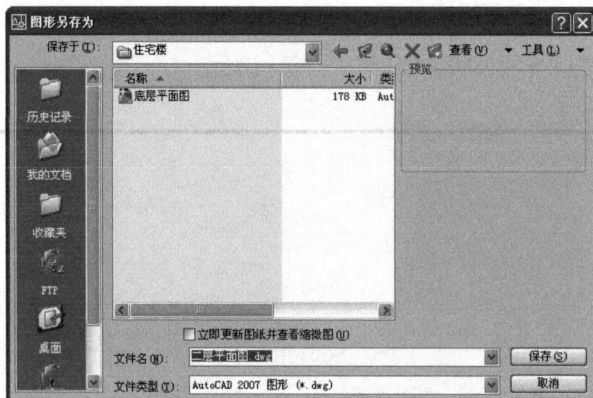

图 4-171

工程名称	商工住宅楼	图纸	二层平面图	工程编号	0718	阶 段	施工图
项目名称	XXXX公司	名称		图 号	建施-03	日 期	07.8.22
						比 例	1: 100

图 4-172

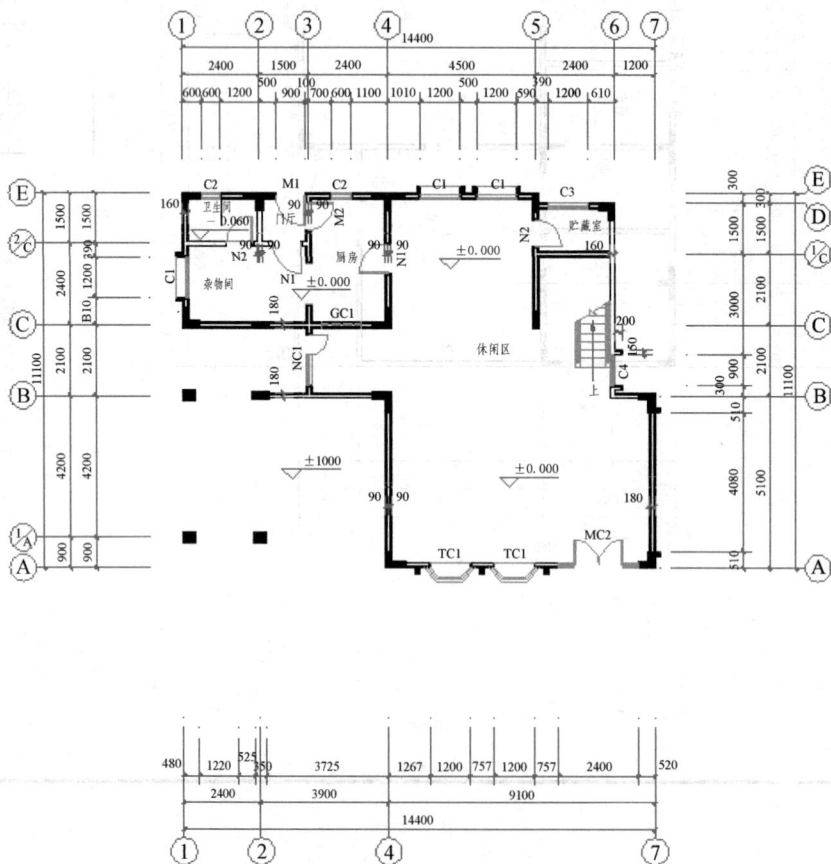

图 4-173

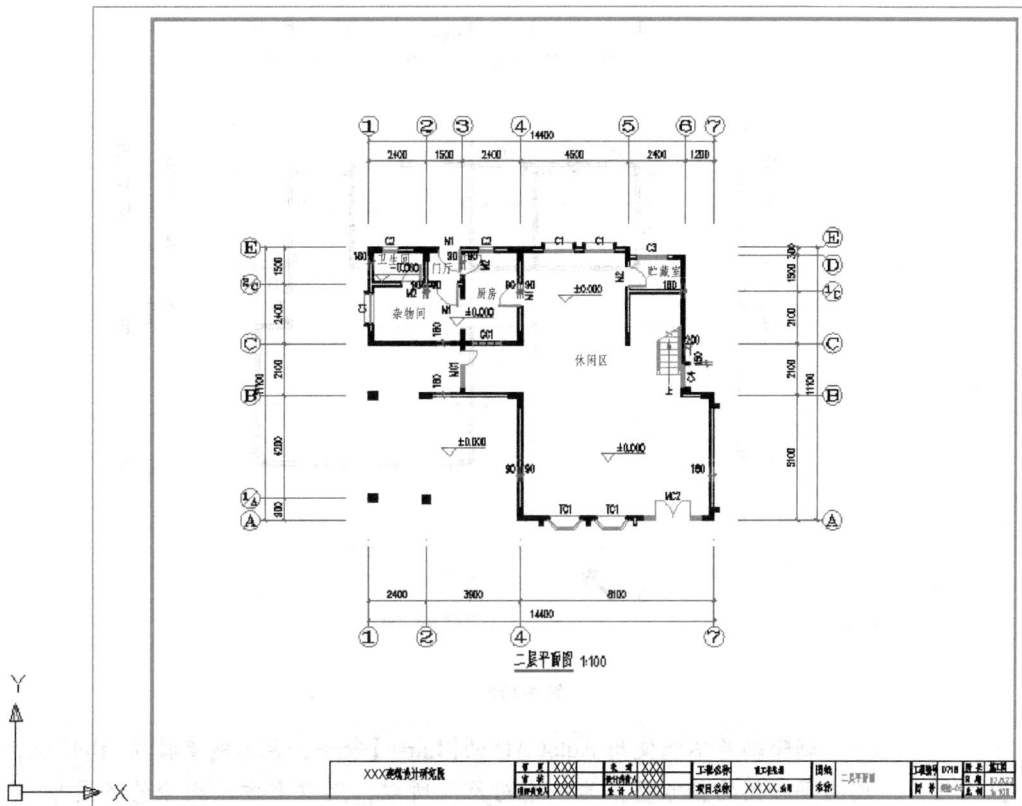

图 4-174

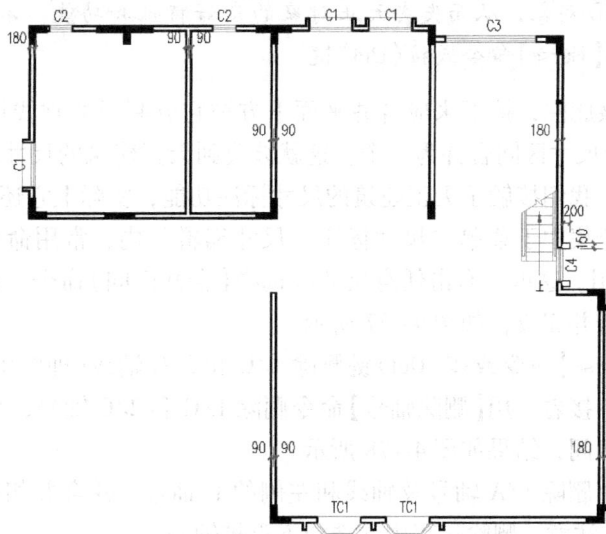

图 4-175

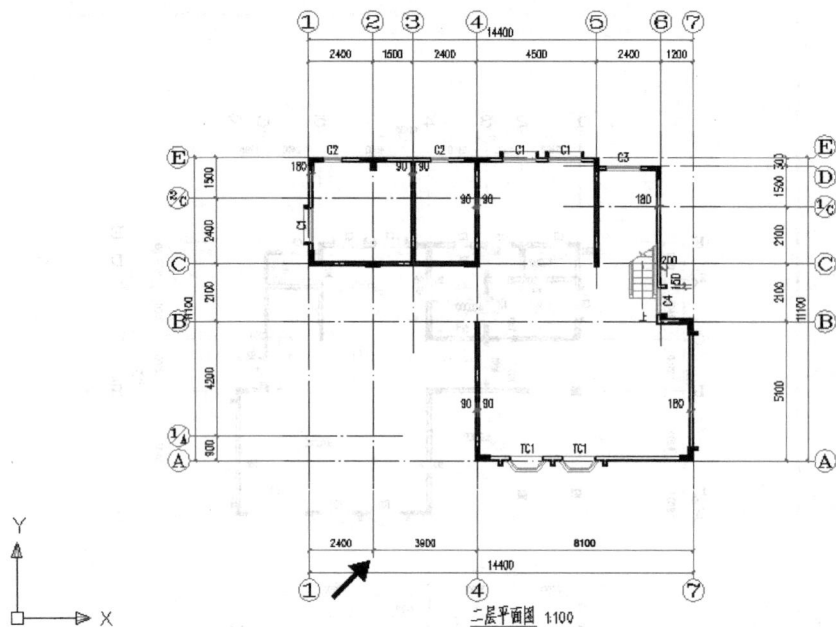

图 4-176

提示与技巧

> 删除轴号不能使用 AutoCAD 的【Earse】命令，也不能直接按〈Del〉键，因为每一侧的轴号整体为一个对象。所以，用以上方法删除的不是单一轴号，而是平面一侧的所有轴号。另外，一般也不用【Explode】命令分解一侧的轴号再删除个别轴号，因为这样天正标注对象将转变为普通的 AutoCAD 对象，从而失去天正对象的良好特性和功能。不过，删除轴线可以用【Earse】命令或按〈Del〉键。

由于轴号 2 已被删除，接下来应合并平面下方被它分割开的轴线尺寸标注，即将 1、4 轴之间目前的两个尺寸区间合并为一个，这就涉及到天正建筑的尺寸编辑功能。在绘制底层平面图的时候，我们接触了天正建筑的尺寸标注功能，实际上它还提供了丰富的尺寸编辑功能，这些命令集中于菜单"尺寸标注→尺寸编辑"内，常用命令也可直接右击尺寸线（图中绿线）调用。这里，右击任意尺寸线选择【合并区间】命令，再单击原来 2 号轴所在的尺寸界线，合并完成，如图 4-177 所示。

接下来，用【Earse】命令或按〈Del〉键删除 1/C 和 2/C 轴线（即图中红线），因在二层的此位置没有墙柱。接着，用【删除轴号】命令删除 1/C 和 2/C 轴号，再用【合并区间】命令合并对应的尺寸区间，结果如图 4-178 所示。

参照以上操作，删除 1/A 轴号及轴线和左侧的 B 轴号，并合并相应的尺寸区间，结果如图 4-179 所示。注意，删除过程中均选择不重排轴号。

下面根据二层的墙体布置情况添加两条附加轴线。如果使用【添加轴线】命令，可在添加轴线的同时在平面两侧标注轴号及尺寸；如果使用【添补轴号】命令，将只添加轴号而不添加轴线。这里，使用【添加轴线】命令比较适当。先在 A 轴上方 1800 处添加 2/A 轴线及标注。

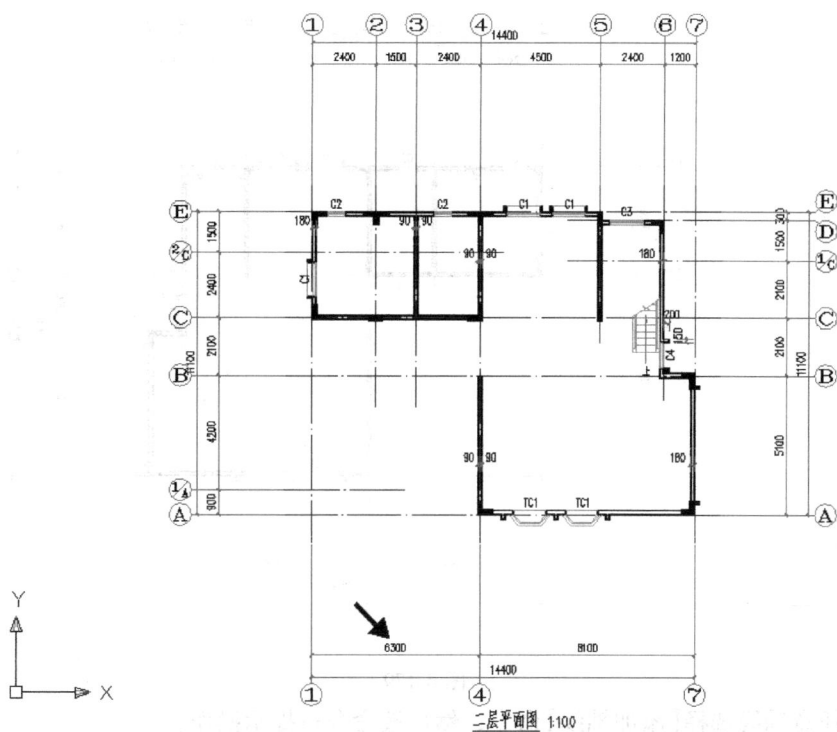

二层平面图 1:100

图 4-177

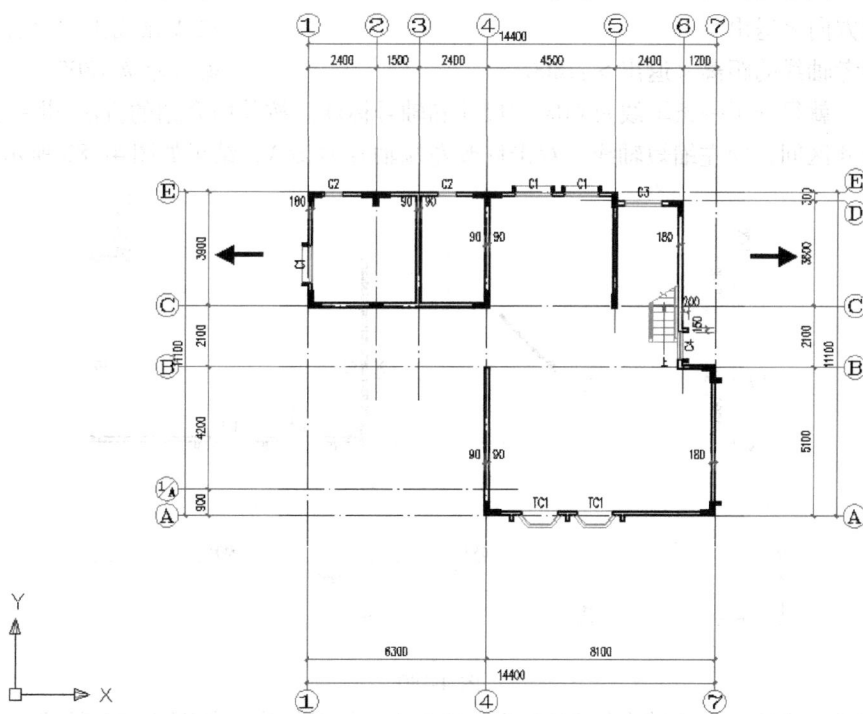

图 4-178

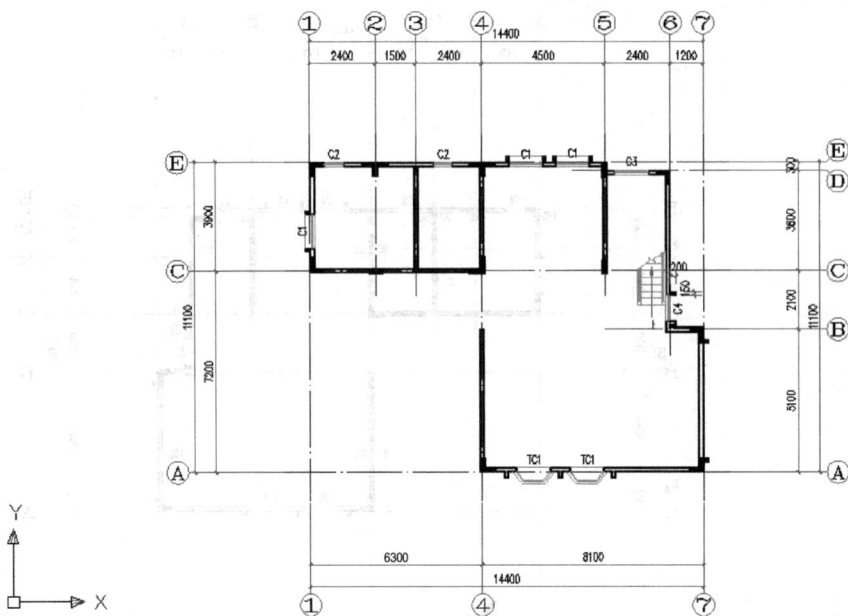

图 4-179

右击任意轴线选择【添加轴线】命令，然后按命令行提示操作：

选择参考轴线 < 退出 >： 　　　　　　　　　　　单击 A 轴线

新增轴线是否为附加轴线？［是(Y)/否(N)］< N >：y 　　输入【Y】表明是附加轴线

偏移方向 < 退出 >： 　　　　　　　　　　　　在 A 轴线上方单击

距参考轴线的距离 < 退出 >：1800 　　　　　　　输入距离 1800

　　这样，就得到了一条轴线及相应的尺寸和轴号标注。按前面介绍的方法删除右端轴号并合并尺寸区间，向左缩短轴线，双击修改左端轴号为 2/A，结果如图 4-180 所示。

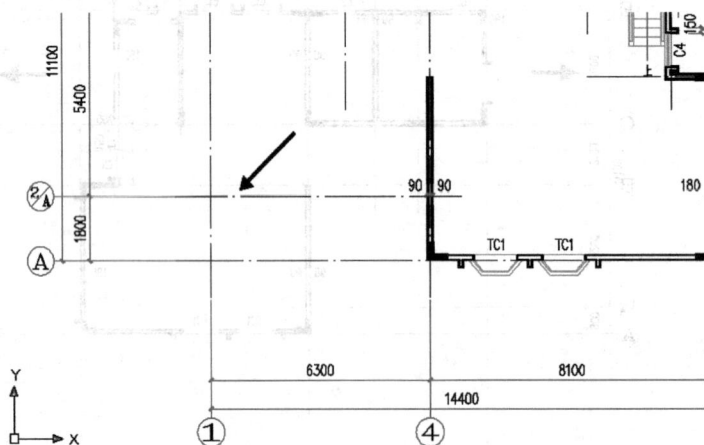

图 4-180

用同样的方法，在 4 轴右侧 2400 处添加 1/4 轴线及标注，如图 4-181 所示。

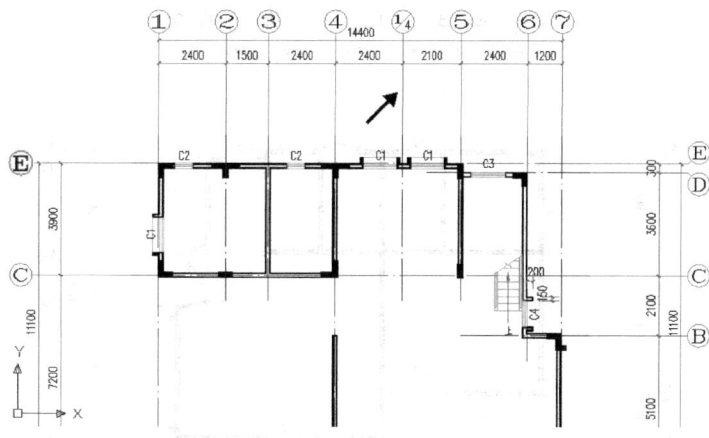

图 4-181

4.2.4 添加新墙体

首先设置层高。键入【OP】，打开"选项"对话框，在"天正基本设定"面板中将 "当前层高"由 3300 改为 3000，然后单击 确定 按钮结束设置，如图 4-182 所示。 注意，此设置只影响新建墙体的高度，而不影响现有墙体的高度，现有墙高将另行修改。

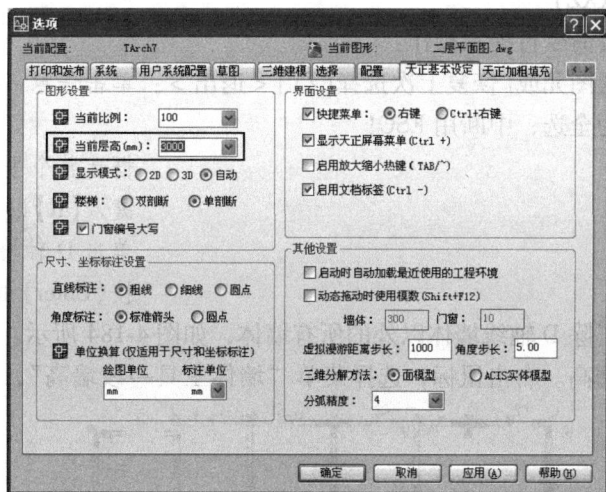

图 4-182

执行"墙体→绘制墙体"命令，捕捉图中轴线及交点添加新的墙体，墙厚均为 180， 结果如图 4-183 所示。

4.2.5 修改墙柱高度

由于二层层高为 3000，所以，除了 D 轴线上的墙体，其他墙体和柱子底标高均应改 为 0，而且高度均应改为 3000，这可以使用【改高度】命令来完成，先修改墙体的底高和 高度，为了快速地选中所有墙体，可以使用【对象选择】命令。

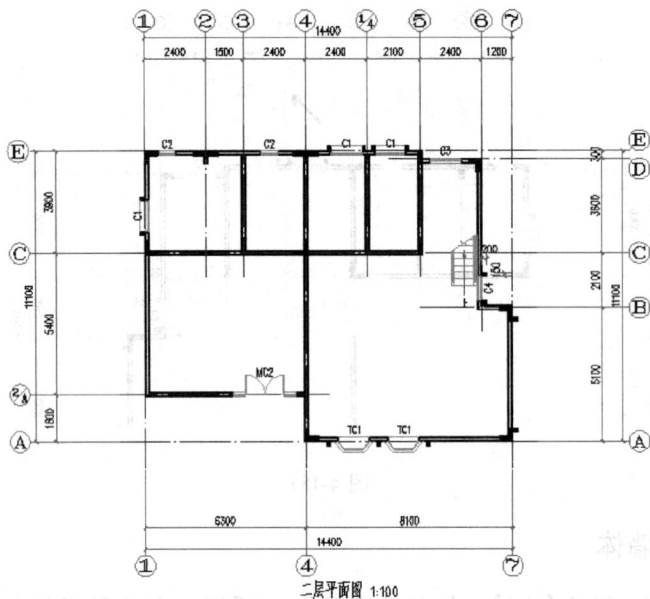

图 4-183

菜单命令：工具→对象选择

键盘命令：【DXXZ】

执行此命令后按命令行提示操作：

请选择一个参考图元或[恢复上次选择(2)]＜退出＞：单击任意一段墙体

提示：空选即为全选，中断用 ESC!

选择对象：　　　　　　　　　　　　　　　　　　　框选整个平面但仅墙体被选中

选择对象：　　　　　　　　　　　　　　　　　　　键入【R】以移除不选的对象

移除对象：　　　　　　　　　　　　　　　　　　　单击 D 轴墙体，将其移除

移除对象：　　　　　　　　　　　　　　　　　　　按＜Enter＞键结束选择

这样，就选中了除 D 轴线墙体以外的所有墙体，如图 4-184 所示。

接下来，修改墙高。右击鼠标，选择菜单"墙体工具→改墙高"，然后按命令行提示

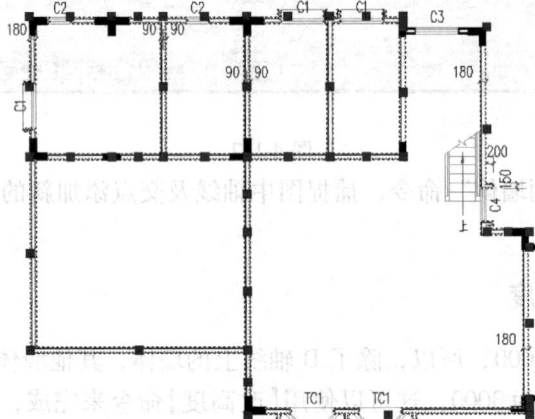

图 4-184

操作：

新的高度 < 3750 > ：3000　　　　　　　　　　　　输入墙体新的高度 3000

新的标高 < −450 > ：0　　　　　　　　　　　　　输入墙体新的底标高 0

是否维持窗墙底部间距不变？［是(Y)/否(N)］< N > ：N　键入【N】保持原有窗台高度

墙体高度修改完毕，右击鼠标选择菜单"视图设置→正立面"，切换到正立面视图，观察效果，如图 4-185 所示。可见，除梯间后墙(即 D 轴墙体)以外，其他墙体都调整到了统一的高度。图中上下都超过墙体的是柱子和竖向线脚，而最高的是楼梯右侧的窗户，它和它所在的墙体本应删除，由底层伸上来的墙体和窗户代替，但这里暂时保留它，以得到正确的平面图效果。

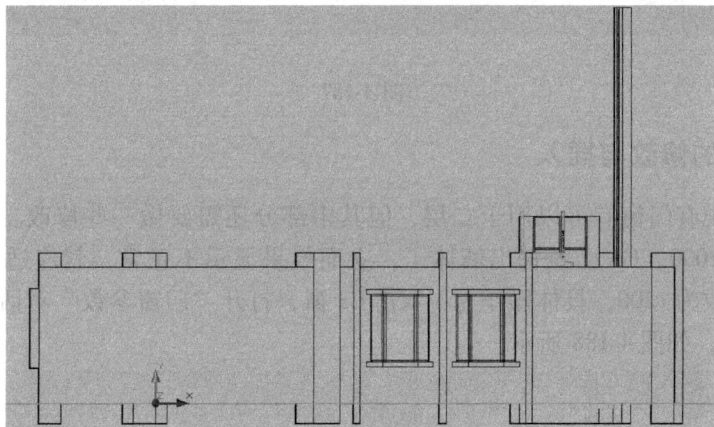

图 4-185

接下来，调整柱子及墙面竖向线脚的底高及高度，方法、参数与调整墙体完全相同，结果如图 4-186 所示。

图 4-186

最后，调整 D 轴线上墙体的底高和高度。由于在此位置上底层墙体向上伸出 800，所以，此墙的底高为 800，而高度为 3000，可直接双击它进行修改，结果如图 4-187 所示。

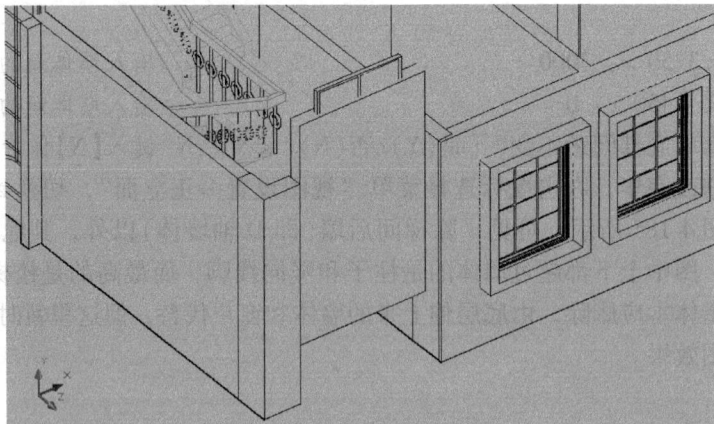

图 4-187

4.2.6 门窗的修改与插入

平面图中现有门窗有可以用于二层，但其中部分还需要做一些修改。例如窗户 C3，窗台高度原为 2000，C3 已经冒出墙体了，立面效果显示不正常，就应适当降低窗台高度，这里打算改为 1200，具体操作为：双击 C3 窗，打开"门窗参数"对话框，将"窗台高"改为 1200，如图 4-188 所示。

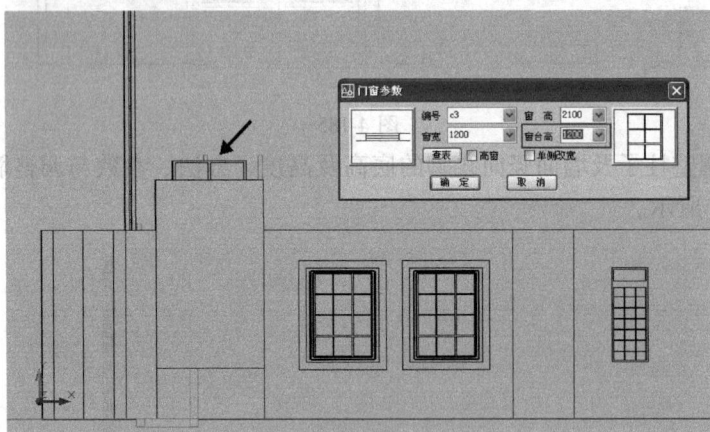

图 4-188

单击 确定 按钮后，C3 窗下降，立面效果正常，如图 4-189 所示。

接下来，利用【门窗】命令在墙上插入一些门窗，具体插入方法前面已经详细介绍过了，这里不再赘述，插入后结果如图 4-190 所示。

提示与技巧

如果二层要用到底层中的某种门窗，而当前二层平面中没有这种门窗，可以同时打开底层和二层平面图（在 AutoCAD 中可以同时打开多个图形文件），然后，在底层按〈Ctrl〉+〈C〉键复制需要的那个门窗，接着切换到二层平面，按〈Ctrl〉+〈V〉键粘贴门窗并移到墙上需要的位置，墙体会自动打断以安放门窗。

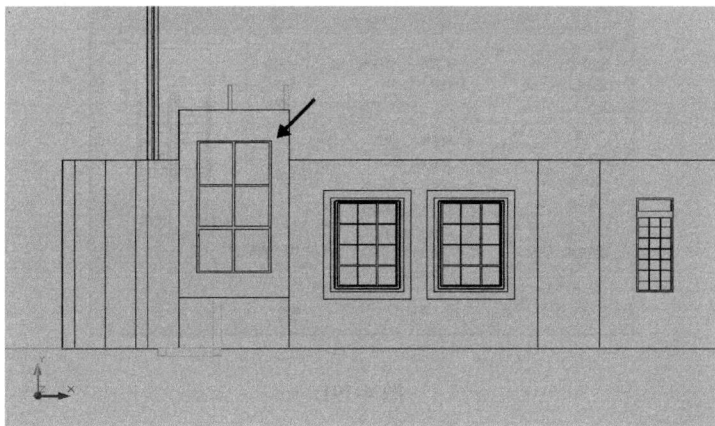

图 4-189

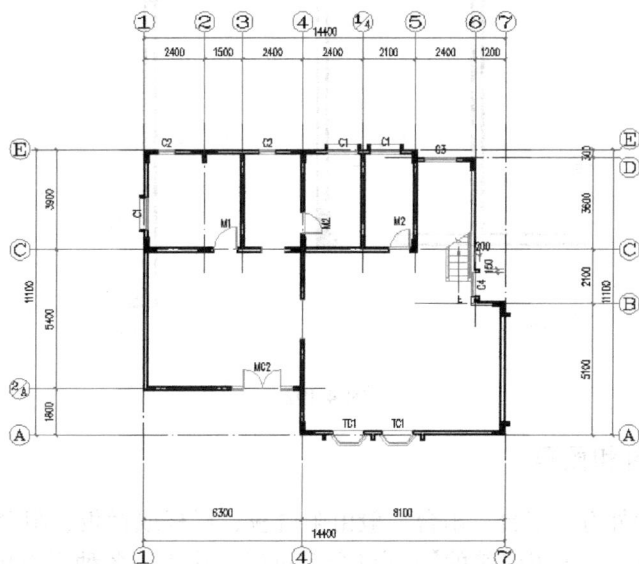

图 4-190

4.2.7 修改楼梯

目前图中的楼梯实际上还是底层的。这里，二层楼梯与底层主要有两点不同，一是层高不同，底层是 3300，而二层是 3000；二是底层为不等跑楼梯，而二层希望为等跑楼梯。另外，根据建筑制图的要求，楼层楼梯与底层楼梯在表达上也有差别。以上差别都可以通过双击楼梯打开"矩形双跑梯段"对话框修改参数实现，如图 4-191 所示。栏杆将随梯段自动调整，所以不用再调整栏杆。

接下来，在楼梯上右击鼠标执行【箭头引注】命令，在弹出对话框中输入"下"字，为楼梯加上下行箭头指示，如图 4-192 所示。

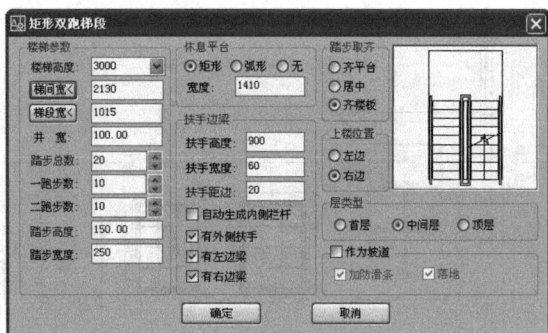

图 4-191

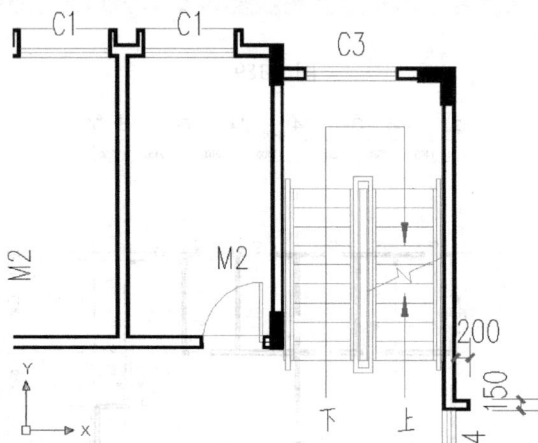

图 4-192

4.2.8　创建阳台和雨篷

本例中 2/A 轴外有一阳台。阳台一般由阳台板、栏杆或栏板、阳台梁(或称边梁、封口梁、锁口梁)等组成。天正建筑的【阳台】命令可以直接生成各种平面形状的、带实心栏板的阳台。至于阳台梁,是可选的。如果阳台带的不是栏板而是栏杆,制作过程就会复杂一些,这里就以这种情况为例进行介绍。主要步骤为:绘制阳台平面、生成阳台、制作栏杆、添加扶手。另外,用【阳台】命令也可以生成雨篷,后面将介绍。

4.2.8.1　绘制阳台平面

先绘制如图 4-193 所示的 3 个矩形作为辅助图形。大矩形尺寸为 4200 × 1500,而两个小矩形为 800 × 300。

打开对象捕捉功能,利用【Pline】命令捕捉辅助图形中的转角点,绘制阳台平面,如图 4-194 所示,操作过程如下:

指定起点:　　　　　　　　　　　　　　　　　　　　　　　　　　　　　　　　A 点

当前线宽为 0

指定下一个点或[圆弧(A)/半宽(H)/长度(L)/放弃(U)/宽度(W)]:　　　　B 点

指定下一点或[圆弧(A)/闭合(C)/半宽(H)/长度(L)/放弃(U)/宽度(W)]:　　C 点

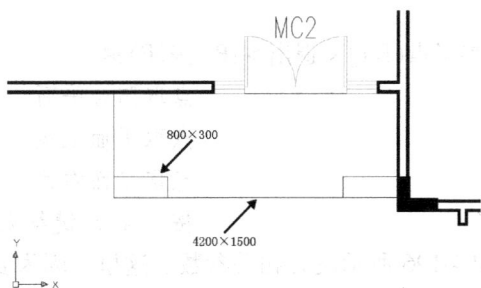
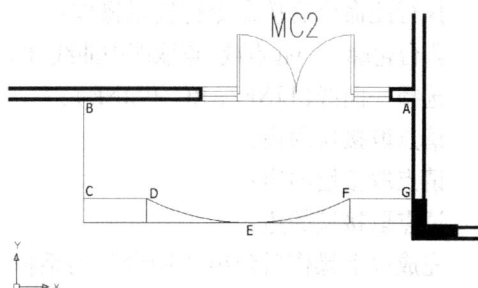

图 4-193　　　　　　　　　　　　　　　　图 4-194

指定下一点或［圆弧（A）/闭合（C）/半宽（H）/长度（L）/

放弃（U）/宽度（W）］：　　　　　　　　　　　　　D 点

指定下一点或［圆弧（A）/闭合（C）/半宽（H）/长度（L）/

放弃（U）/宽度（W）］：a　　　　　　　　　　　　画圆弧

指定圆弧的端点或

［角度（A）/圆心（CE）/闭合（CL）/方向（D）/半宽（H）/

直线（L）/半径（R）/第二个点（S）/放弃（U）/宽度（W）］：s 表示将指定圆弧上第 2 个点

指定圆弧上的第二个点：_ mid 于　　　　　　　　捕捉中点 E

指定圆弧的端点：　　　　　　　　　　　　　　　　F 点

指定圆弧的端点或

［角度（A）/圆心（CE）/闭合（CL）/方向（D）/半宽（H）/直线（L）/半径（R）/

第二个点（S）/放弃（U）/宽度（W）］：l　　　　　画直线

指定下一点或［圆弧（A）/闭合（C）/半宽（H）/长度（L）/

放弃（U）/宽度（W）］：　　　　　　　　　　　　　G 点

指定下一点或［圆弧（A）/闭合（C）/半宽（H）/长度（L）/

放弃（U）/宽度（W）］：c　　　　　　　　　　　　封闭图形

完成以上操作后，删除 3 个辅助矩形，得到阳台平面图形如图 4-195 所示。

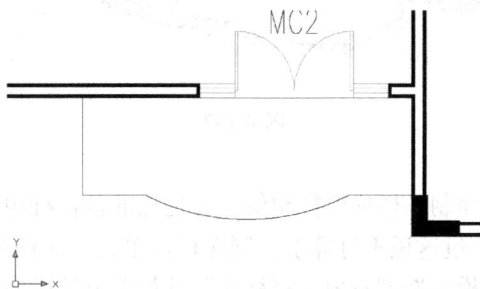

图 4-195

4.2.8.2　生成阳台

这可以利用天正建筑的【阳台】命令实现。

菜单命令：楼梯其他→阳台

键盘命令：【YT】

执行此命令后按命令行提示操作：

阳台轮廓线的起点或［点取图中曲线（P）/点取参考点（R）］ <退出 > :P　按〈P〉键

选择一曲线（LINE/ARC/PLINE）：　　　　　　　　　　　　点取阳台平面

请点取接墙的边：　　　　　　　　　　　　　　　　　　点取平面上边

请点取接墙的边：　　　　　　　　　　　　　　　　　　点取平面右边

请点取接墙的边：　　　　　　　　　　　　　　　　　　按〈Enter〉键结束

完成以上操作后弹出"阳台"对话框，按图 4-196 所示设置相关参数。这里，因为要另行制作栏杆，不需要实心栏板，所以，将栏板高度和宽度都设为 0。

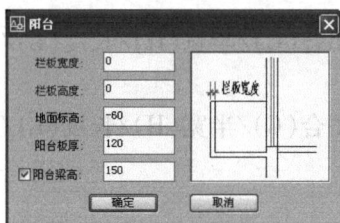

图 4-196

以上操作的结果实际只生成了阳台板和阳台梁，如图 4-197 所示，后面将制作栏杆和扶手。

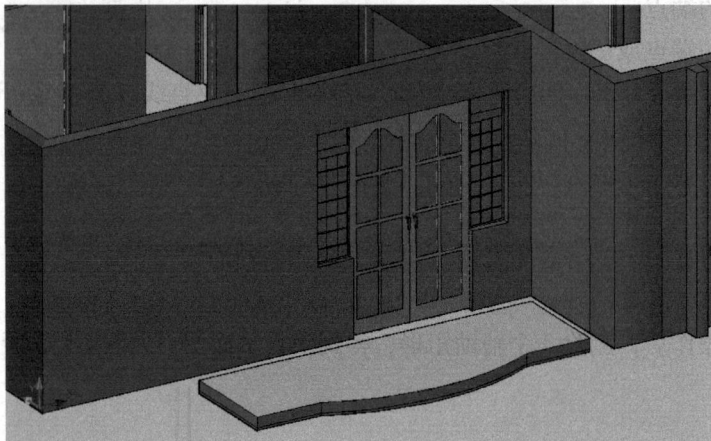

图 4-197

4.2.8.3　制作阳台栏杆

制作阳台栏杆，与前面制作楼梯栏杆相似，也是先准备栏杆单元和路径，然后用【路径排列】命令生成栏杆。只不过这里不打算手工制作栏杆单元，而调用天正图库中现成的栏杆图块。通过菜单"三维建模→造型对象→栏杆库"选择需要的栏杆样式，如图 4-198 所示。

接着，弹出"图块编辑"对话框，选择"输入尺寸"选项，同时选中"统一比例"选项，可以保证立柱长、宽和高保持原来的比例不变。输入栏杆立柱的高度 900，其长、宽自行产生相应调整，如图 4-199 所示。

接下来，在视图中单击并按〈Enter〉键插入栏杆图块。利用【Pline】命令捕捉阳台外边缘绘制一条曲线，然后向内偏移 75 作为栏杆路径，如图 4-200 所示。

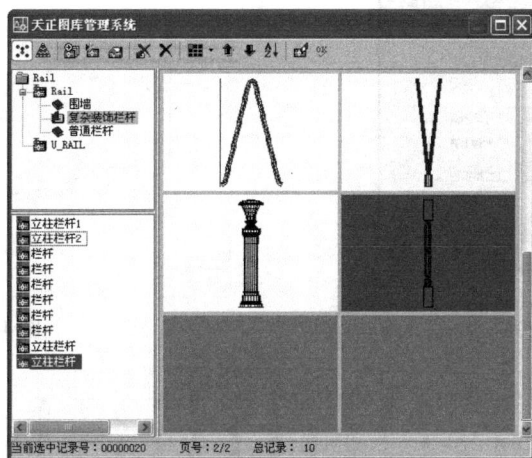

图 4-198

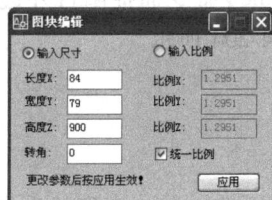

图 4-199

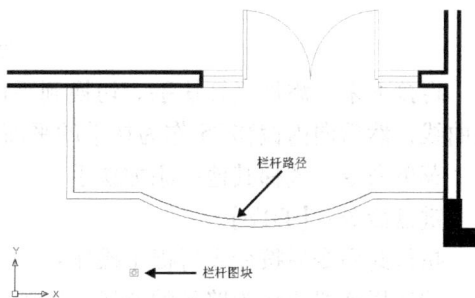

图 4-200

菜单命令：三维建模→造型对象→路径排列

键盘命令：【LJPL】

执行该命令后按命令行提示操作：

请选择作为路径的曲线（线/弧/圆/多段线）或可绑定对象（路径曲面/扶手/坡屋顶）：
点取路径

选择作为排列单元的对象： 框选栏杆图块

选择作为排列单元的对象： 按〈Enter〉键结束选择

这里会弹出"路径排列"对话框，参数设置如图 4-201 所示。

确认选中了"二维视图"或"二维和三维"选项，单击 预览< 按钮观察栏杆的平面布置效果，如图 4-202 所示。假如不选这两个选项中的一个，平面图中就看不到栏杆效果。

右击鼠标回到对话框，选中"三维视图"选项，因为不需要在平面中看到栏杆。接着，单击 确定 按钮，栏杆生成。删除阳台以外最初那个栏杆单元，切换到正立面状态，利用【对象选择】命令选中所有栏杆图块，利用【移位】命令下移 60，使所有栏杆图块底部置于阳台板板面，如图 4-203 所示。

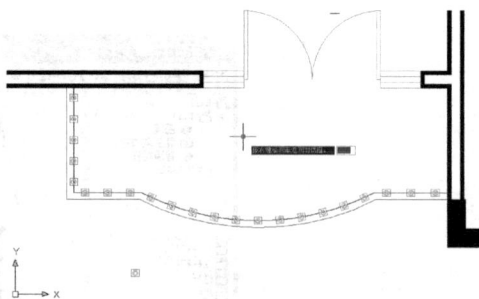

图 4-201　　　　　　　　　　　　　　　　　　　　图 4-202

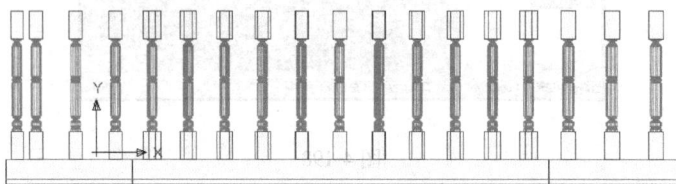

图 4-203

再接下来，添加栏杆扶手。切换到平面图，利用【Pline】命令捕捉阳台外边缘绘制一条曲线，然后向内偏移 75 作为扶手的平面中心线，如图 4-204 所示。

菜单命令：楼梯其他→添加扶手

键盘命令：【TJFS】

执行此命令后按命令行提示操作：

请选择梯段或作为路径的曲线(线/弧/圆/多段线)：　　　　　　点取扶手中心线

扶手宽度 < 60 > : 80　　　　　　　　　　　　　　　　　　输入扶手宽度 80

扶手顶面高度 < 900 > : 960　　　　　　　　　　　　　　　输入扶手顶高 960

输入对齐方式[中间对齐(M)/左边对齐(L)/右边对齐(R)] < M > : M

　　　　　　　　　　　　　　　　　　　　　　　　　　　选择中间对齐

结果，扶手生成，此时整个阳台的三维效果如图 4-205 所示。

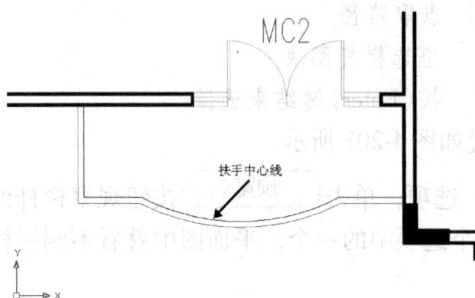

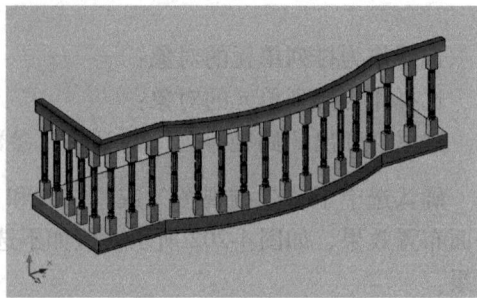

图 4-204　　　　　　　　　　　　　　　　　　　　图 4-205

4.2.8.4　创建雨篷

用【阳台】命令不仅可以创建阳台，也可以创建雨篷，操作过程完全一样，不同的只是参数设置。在本例中，平面右下角入口及平面上方入口处各有一雨篷，下面就用【阳台】命令来创建。

首先创建右下角雨篷。用【Rectang】命令绘制 3000×1500 的矩形作为雨篷平面轮廓线，如图 4-206 所示。

执行【阳台】命令，"阳台"对话框中参数设置如图 4-207 所示。

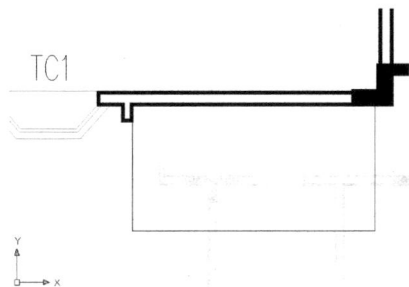

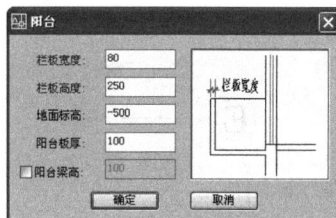

图 4-206　　　　　　　　　　　　　　　　　　　图 4-207

生成雨篷，结果如图 4-208 所示。如果切换到三维视图，可以看到雨篷的立体效果，而且会发现雨篷处于底层层高范围内，这是因为前面"地面标高"设得较低的缘故，这是符合实际情况的。

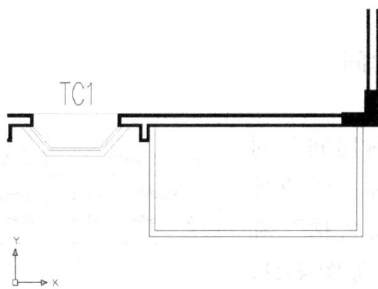

图 4-208

以同样方法创建平面上方的雨篷，雨篷平面为 2700×1200 的矩形，如图 4-209 所示。

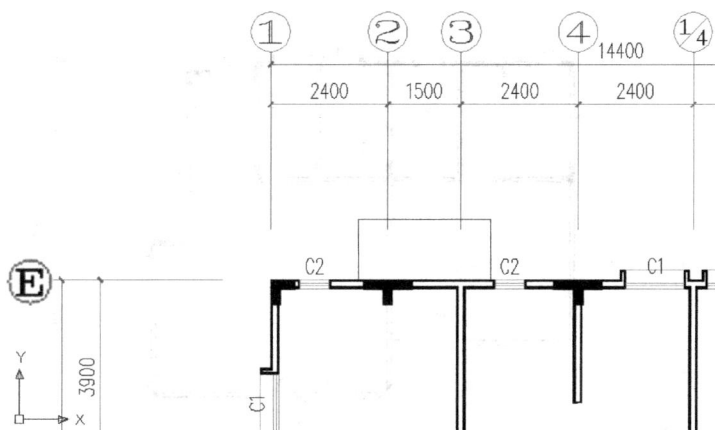

图 4-209

执行【阳台】命令，"阳台"对话框中参数设置同前，生成雨篷，结果如图 4-210 所示。

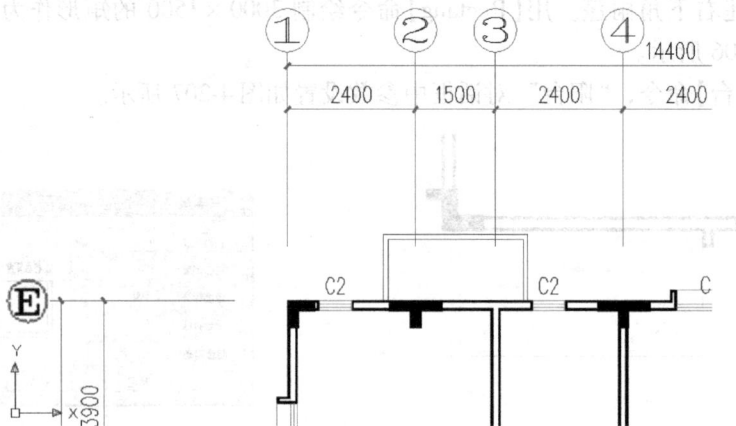

图 4-210

4.2.9 房间标注与楼板生成

在二层平面中，厨房和卫生间楼面比其余楼面低 60，可以先生成统一标高的楼板，然后将厨房和卫生间楼板下移 60。

菜单命令：房间屋顶→搜索房间

键盘命令：【SSFJ】

执行以上命令后，弹出"搜索房间"对话框，这里只需要标注房间名称、生成楼板，所以，只要选中"显示房间名称"和"三维地面"，并设定好"板厚"，如图 4-211 所示。

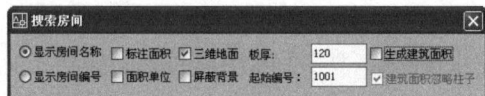

图 4-211

接下来，框选所有墙体和门窗并按〈Enter〉键，楼板生成，同时标注了默认的房间名称，双击改为需要名称。如果文字发生重叠，可以拖动夹点移开，结果如图 4-212 所示。

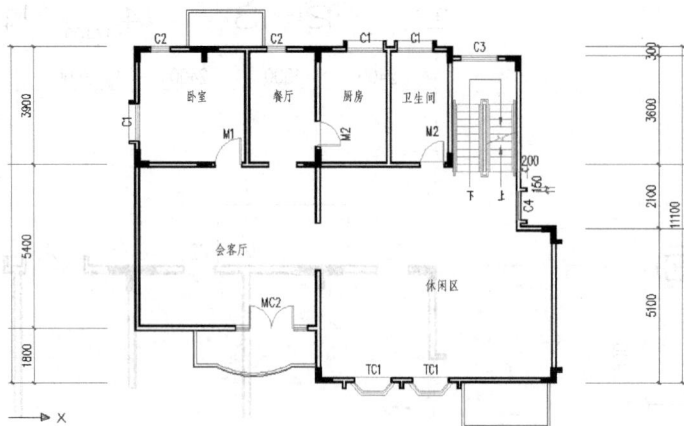

图 4-212

　　此时，各房间楼面标高均相同，框选卫生间平面，右击鼠标执行【局部可见】命令，只显示卫生间部分，切换到三维视图，光标移到楼板上右击鼠标执行【移位】命令，竖移－60，如图 4-213 所示。也可以通过单击卫生间名称选中并移动楼板。

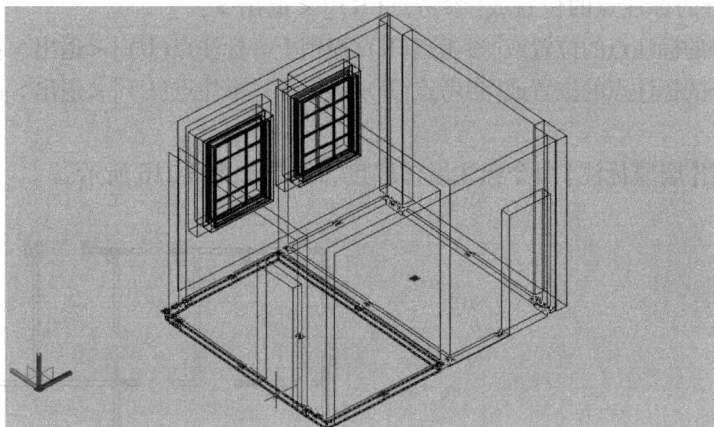

图 4-213

　　接下来，执行【HFKJ】(恢复可见)命令，让所有隐藏对象重新显现出来。

4.2.10　尺寸及符号标注

　　尺寸及符号标注操作，与底层基本相同。这里也介绍一些新的命令。

4.2.10.1　尺寸标注

　　首先用【门窗标注】命令标注门窗尺寸，结果如图 4-214 所示。

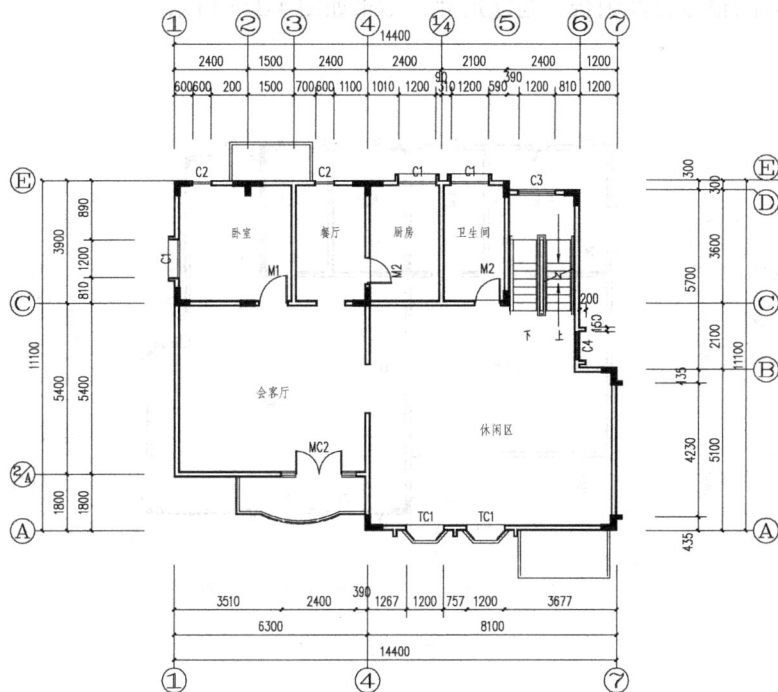

图 4-214

根据需要，可以增加一些尺寸标注，这里使用【增补尺寸】命令增加对 C4 窗的标注。在尺寸线上右击鼠标，选择【增补尺寸】命令，然后按命令行提示及图 4-215 所示操作：

点取待增补的标注点的位置或[参考点(R)] <退出>：　　　　　　　A 点

点取待增补的标注点的位置或[参考点(R)/撤销上一标注点(U)] <退出>：B 点

点取待增补的标注点的位置或[参考点(R)/撤销上一标注点(U)] <退出>：按〈Enter〉键
　　　　　　　　　　　　　　　　　　　　　　　　　　　　　　结束

接下来，用【墙厚标注】命令标注墙体厚度，结果如图 4-216 所示。

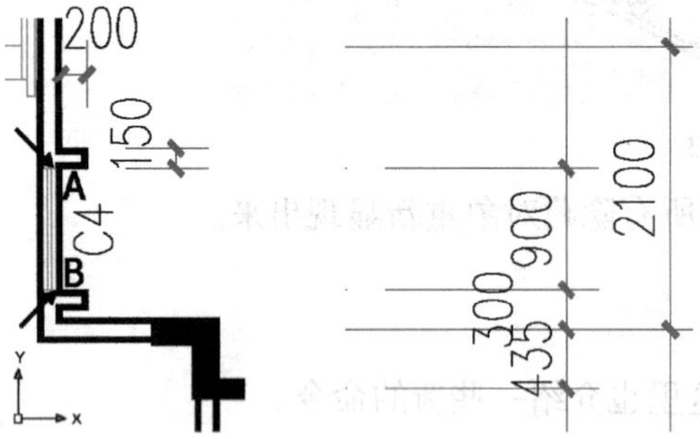

图 4-215

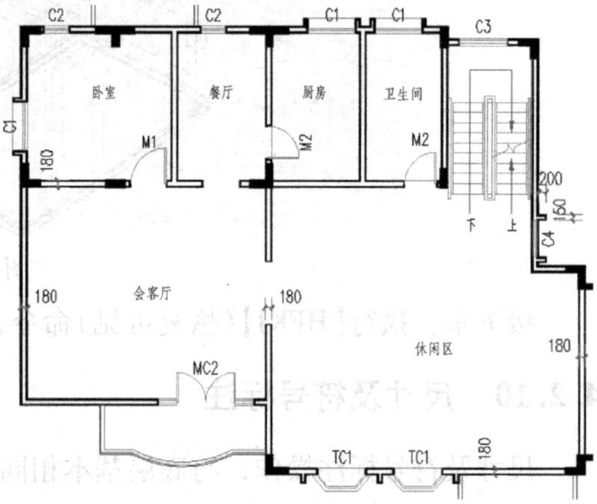

图 4-216

【快速标注】命令标注阳台、雨篷尺寸，结果如图 4-217 所示。

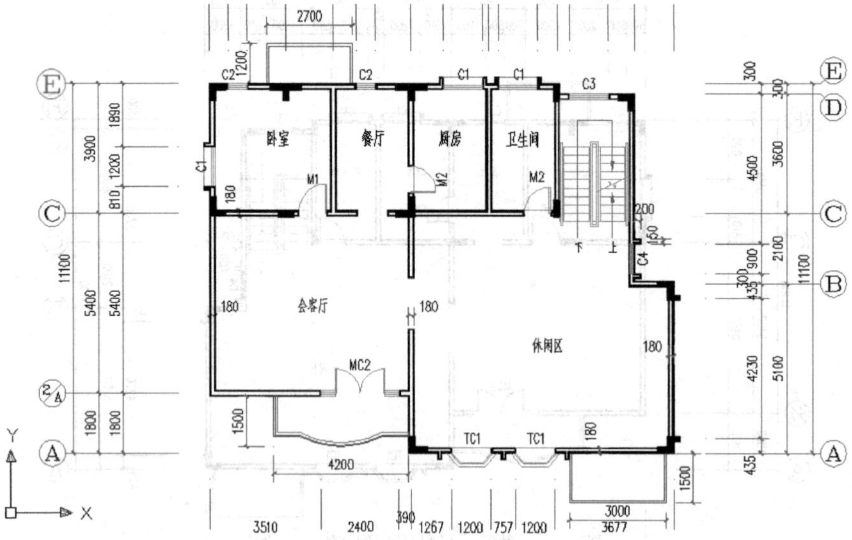

图 4-217

4.2.10.2　符号标注

二层的符号标注，主要包括楼面标高及详图索引标注。首先，标注楼面标高，使用命令【标高标注】。二层楼面正常标高为 3.300，阳台、厨房、卫生间要低 60，标高为 3.240，雨篷要低 500，标高为 2.800，如图 4-218 所示。

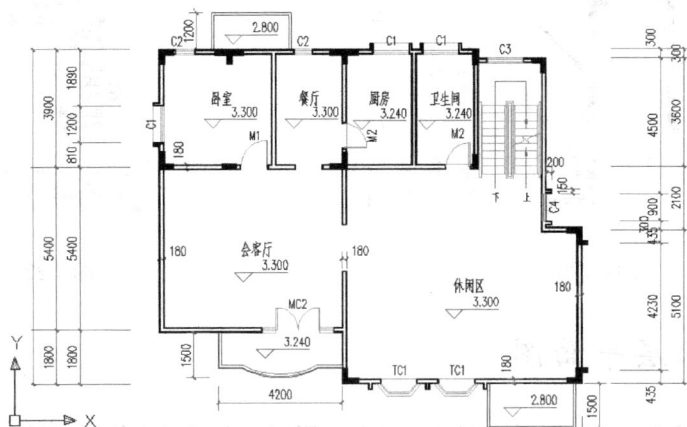

图 4-218

接下来，标注详图索引符号，使用的命令为【索引符号】，对阳台和雨篷进行标注，结果如图 4-219 所示。

4.2.11　保存两份文件

到这里，二层平面图绘制完毕，保存文件。但注意，6 轴线上墙体和窗户模型有重复，因为底层也在同一位置创建了向上伸到二层和三层的墙体和门窗。如果保留在二层创建的，则与底层伸上来的重复；如果删除二层的，则二层平面图又不完整。为解决以上问题，可以将二层平面图另存一份，命名为

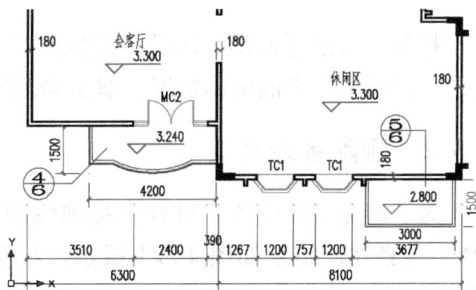

图 4-219

"二层平面图 b. dwg"，选中 6 轴线上的墙体和 C4 窗，如图 4-220 所示，然后，执行【Explode】命令进行分解，最后保存文件。

"二层平面图 b. dwg"将添加到工程中参与全楼三维模型的生成进而获得立、剖面图。而之前保存的"二层平面图. dwg"，则专门用于打印输出二层平面图纸。

4.2.12　添加图纸到工程

执行命令"文件布图→工程管理"，打开工程管理界面，单击"图纸"面板，打开图纸窗口，在"平面图"类别上右击鼠标，执行【添加图纸】命令，将"二层平面图 b. dwg"添加到"平面图"类别，如图 4-221 所示。

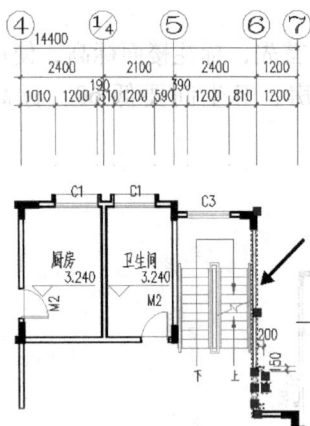

图 4-220

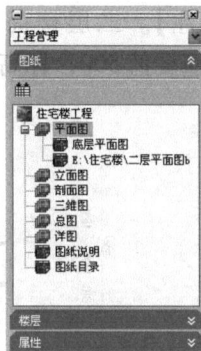

图 4-221

4.3　绘制三层平面图

与二层平面图类似，三层平面图也可以在二层平面图基础上修改、补充得到。二层中的部分墙柱和门窗，三层没有，应删除。三层中有露台、挑檐及拱形窗户，而二层没有，这部分需要添加。这些就是下面要做的主要工作。完成后的三层平面图如图 4-222 所示。

4.3.1　二层另存得到三层

打开"二层平面图 . dwg"，另存为"三层平面图 . dwg"，存放位置仍然是"住宅楼"目录。根据三层平面图的情况，双击修改图名及图框(主要是标题栏)中的文字。

4.3.2　删除多余对象

为了避免误删轴线，最好先将轴线图层 DOTE 冻结。选中阳台、雨篷及相关标注按〈Del〉键删除，结果如图 4-223 所示。注意，阳台栏杆需要切换到三维视图才能选中并删除。

接下来，选中并按〈Del〉键删除三层上不需要的门窗、墙柱及其相关的标注，结果如图 4-224 所示。

删除"卧室"、"餐厅"和"会客"3 个房间名称，实际上也同时删除了这 3 个房间的楼板，这一点可以从三维视图中看出来，如图 4-225 所示。左边房间内为白色，表明无楼板，右边房间为深色，表明有楼板。

4.3.3　调整轴网

根据三层墙体的布置需要，在二层轴网基础上删除个别轴线或轴号。当然，首先应解冻轴线图层。

按〈Del〉键删除 2、3 轴线，右击鼠标用【删除轴号】命令删除 2、3 以及左侧的 C 轴号，接着用【合并区间】命令合并它们对应的轴线尺寸区间，结果如图 4-226 所示。

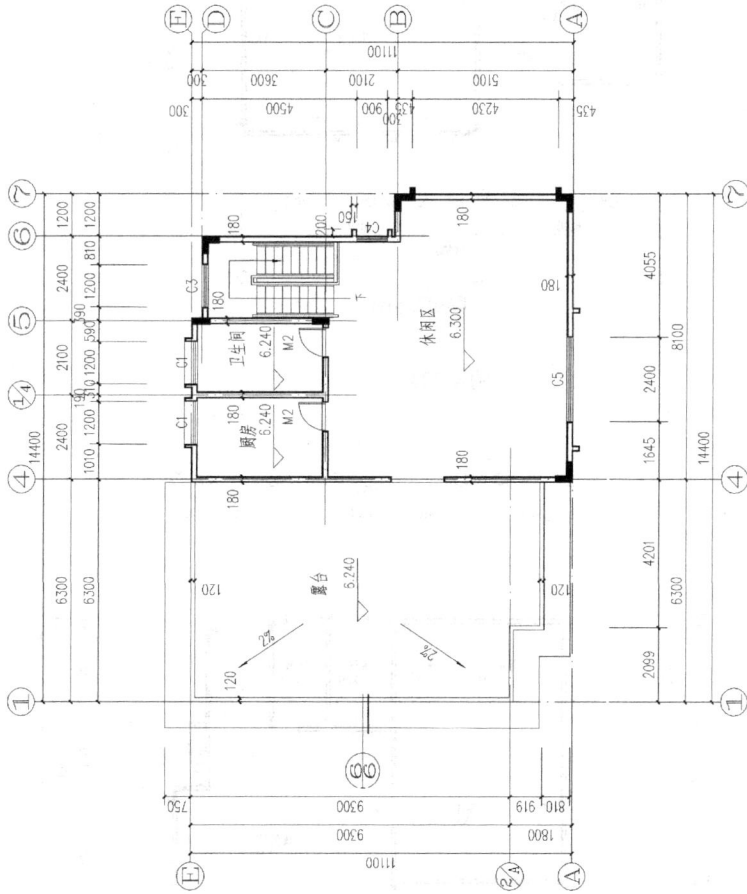

图 4-222

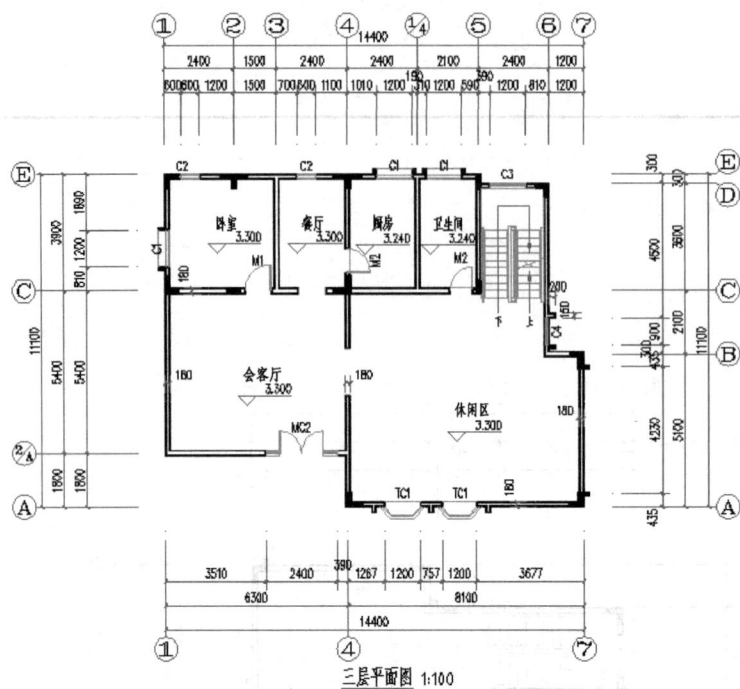

三层平面图 1:100

图 4-223

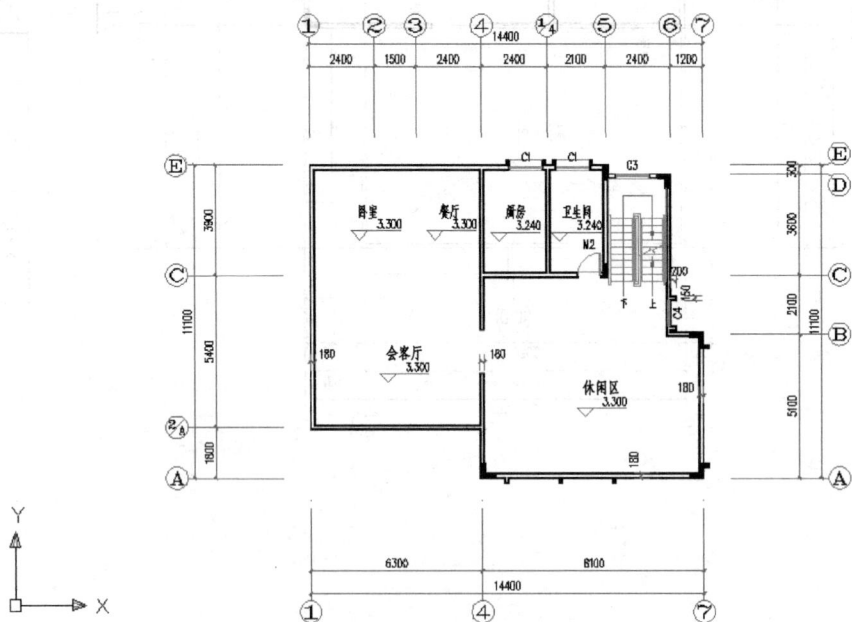

图 4-224

图 4-225

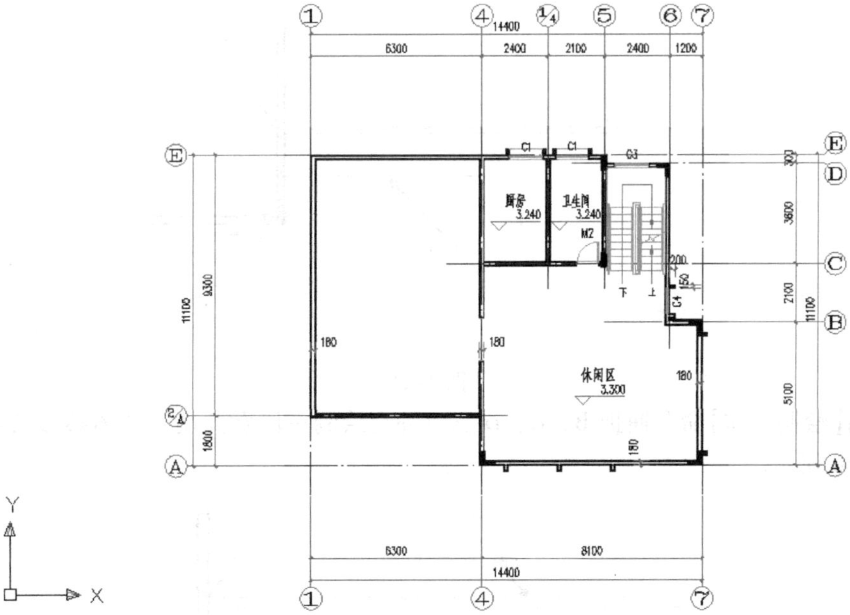

图 4-226

4.3.4 修改及新增墙体

三层平面 4 轴线左侧为露台，露台上的墙体（2/A、E、1 轴线上）改为 1000 高、120 厚的矮墙，即女儿墙，墙外皮与原来墙体对齐。分别双击这些墙体，按图 4-227 所示设置对话框中的参数。

修改完毕后，原来的普通墙体变成了女儿墙，在平面图中以细线表示，如图 4-228 所示。

接下来，捕捉 2/A 与 4 轴线的交点 A 绘制一个 4200×900 的辅助矩形，如图 4-229 所示。

图 4-227

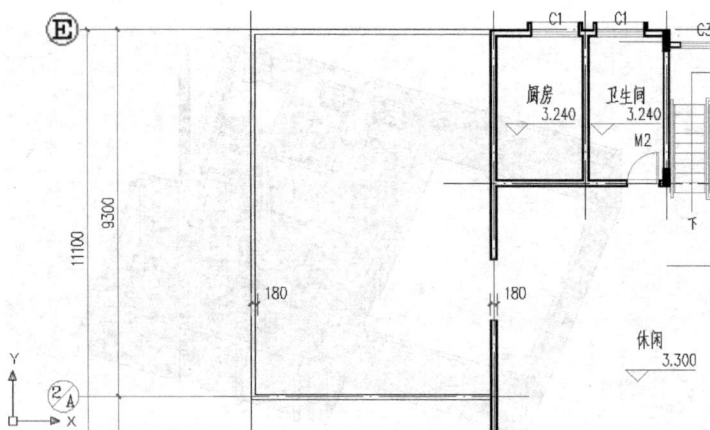

图 4-228

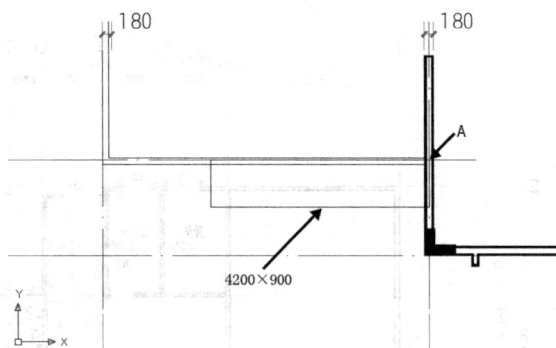

图 4-229

利用【绘制墙体】命令捕捉 B、C、D 三点补充绘制一段女儿墙，墙体参数及绘制结果如图 4-230 所示。

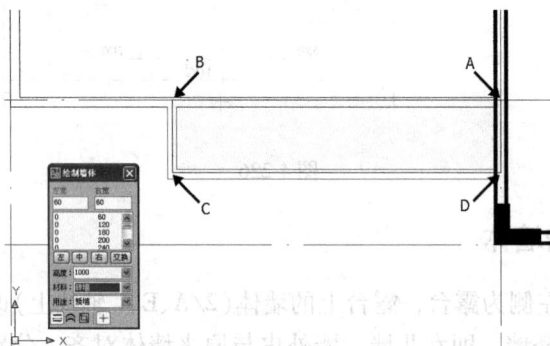

图 4-230

删除 AB 段墙体及辅助矩形，关闭轴线图层，效果如图 4-231 所示。

由于三层层高与二层相同，均为 3000，所以，一般墙柱高度就不用调整了。但外墙面上的竖向线脚高度应降低一些，这里可用【改高度】命令降低 300，以免上端冒出后面要创建的坡屋面。另外，6 轴线的墙体和窗户同样有二层平面相似的问题，后面另存文件后再调整。

4.3.5 创建门窗

前面已经将本层不需要的门窗删除，这里对门窗做一些调整和补充。首先，将 M2 门复制一扇到厨房。然后，在休闲厅到露台的门洞位置添加门口线，因为这里的露台楼面比室内低 60。在门洞的蓝色线上右击鼠标就可以选择执行【门口线】命令，以生成门口线。最终结果如图 4-232 所示。

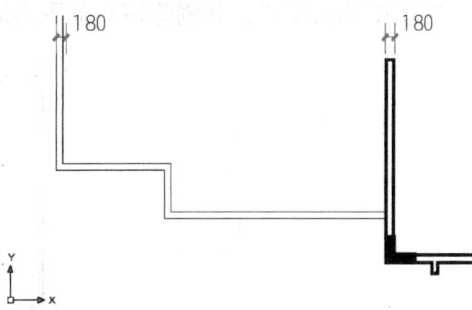

图 4-231

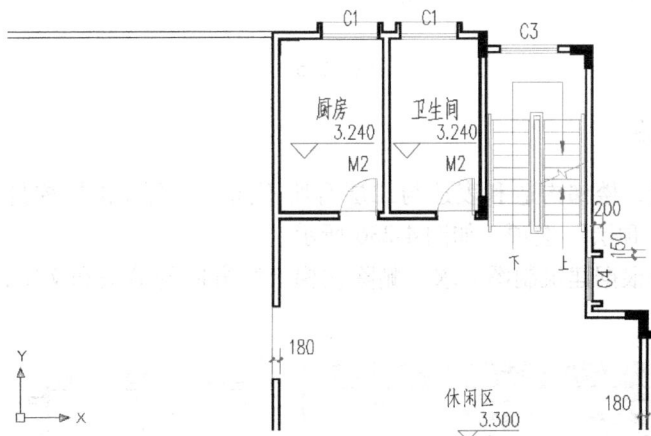

图 4-232

提示与技巧

在复制、插入厨房门过程中，通过放大厨房局部视图，发现其楼板与墙体没有很好接合，如图 4-233 所示的两个位置。这是由于前面删除了此位置上的两根角柱的缘故。所以，这里选中"厨房"名称按〈Del〉键将厨房楼板删除，后面再重新创建。

接下来，创建 A 轴线上的拱形窗。执行【门窗】命令，按图 4-234 所示设置参数并选择立面样式。

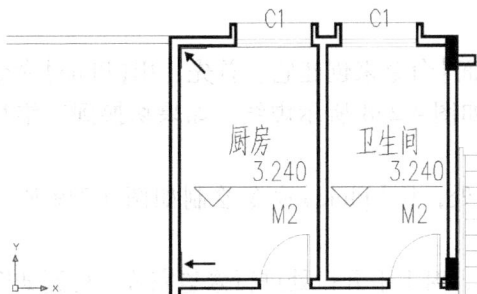

图 4-233

图 4-234

在图中插入窗户，并删除窗口范围内墙面上的竖向线脚，如图 4-235 所示。

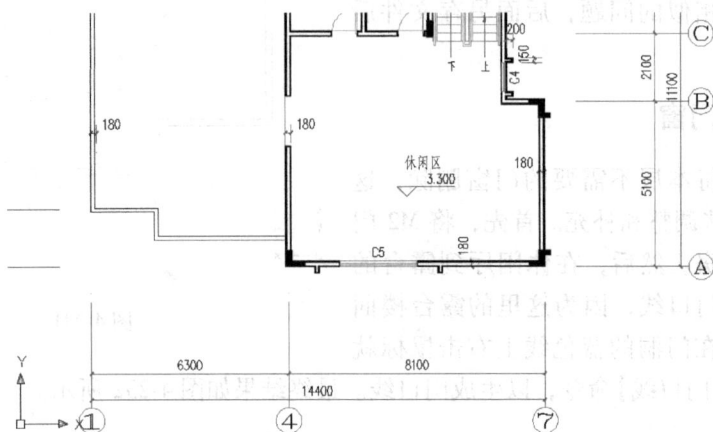

图 4-235

4.3.6　修改楼梯

三层属于顶层，楼梯构造和表达与二层有所不同，需要双击楼梯打开"矩形双跑梯段"对话框选中"顶层"选项，如图 4-236 所示。

另外，还应该根据建筑制图要求，删除楼梯上行方向的箭头和文字，结果如图 4-237 所示。

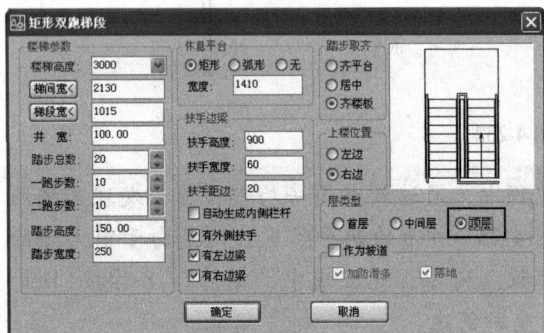

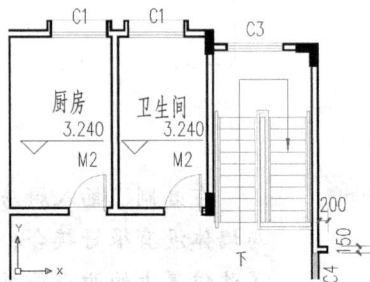

图 4-236

图 4-237

4.3.7　创建露台挑檐

在露台女儿墙外侧有挑檐，下面用【路径曲面】命令来创建它。首先，用【Pline】命令捕捉女儿墙外侧拐角点绘制挑檐平面轮廓线，如图 4-238 所示虚线。如果切换到三维视图，可看到此轮廓线处于楼面标高位置。

接下来，绘制挑檐截面。在图纸一侧空白处，用【Pline】命令绘制如图 4-239 所示图形。

用【Offset】命令向内 80 偏移复制出一条曲线，对上下开口处进行修整完善，得到如图 4-240 所示图形，这就是本例中挑檐的截面。

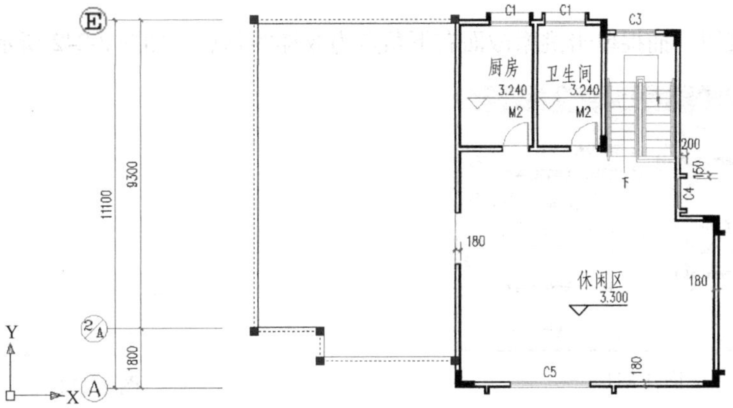

图 4-238

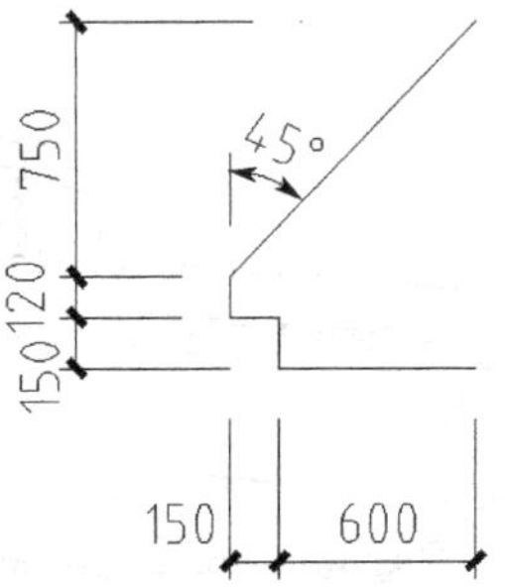

图 4-239

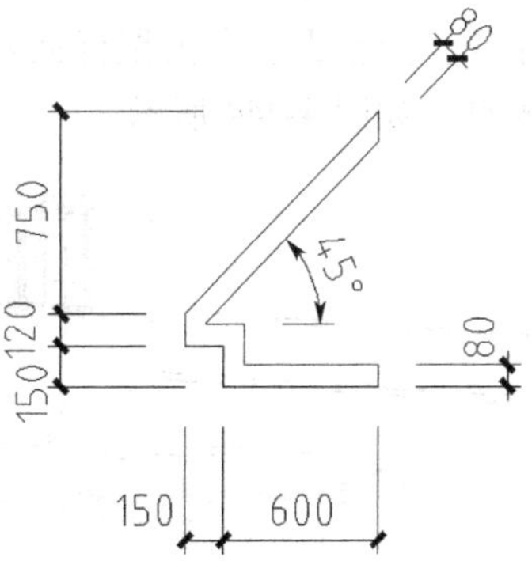

图 4-240

目前，挑檐截面不是由一段完整的多段线构成，需要用【Pedit】命令对其进行合并处理。执行该命令后按命令行提示操作：

PEDIT 选择多段线或[多条(M)]：m   表示要选择多条线

选择对象：   框选挑檐截面

选择对象：   按〈Enter〉键结束选择

输入选项[闭合(C)/打开(O)/合并(J)/宽度(W)/拟合(F)/样条曲线(S)/非曲线化(D)/线型生成(L)/放弃(U)]：j   键入【J】进行合并

合并类型＝延伸

输入模糊距离或[合并类型(J)]＜0＞：   按〈Enter〉键

输入选项[闭合(C)/打开(O)/合并(J)/宽度(W)/拟合(F)/样条曲线(S)/非曲线化(D)/线型生成(L)/放弃(U)]：   按〈Enter〉键

下面用【路径曲面】放样生成挑檐模型。

菜单命令：三维建模→造型对象→路径曲面

键盘命令：【LJQM】

执行该命令后，弹出如图 4-241 所示"路径曲面"对话框，单击"选择路径曲线或可绑定对象"下面的 按钮，点取视图中挑檐平面轮廓线作为放样路径，按〈Enter〉键后回到对话框，单击"截面选择"下面的 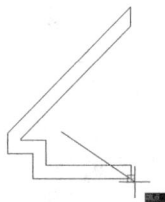 按钮，点取视图中的挑檐截面，完成后回到对话框，单击其中的 按钮，捕捉单击挑檐截面右下角点为放样的基点，如图 2-242 所示。

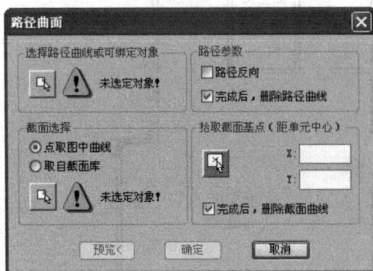

图 4-241

图 4-242

单击 **预览<** 按钮，观察放样结果，切换到三维视图，发现生成的挑檐是向建筑内部的，如图 4-243 所示。

为了纠正此错误，右击鼠标回到对话框，选中"路径反向"选项，再预览得到正确的挑檐模型，如图 4-244 所示。

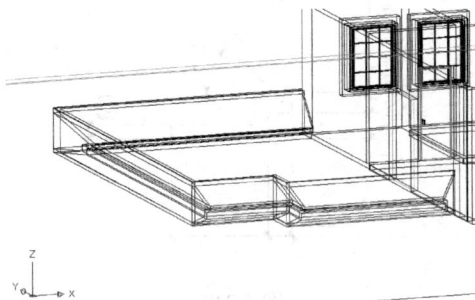

图 4-243

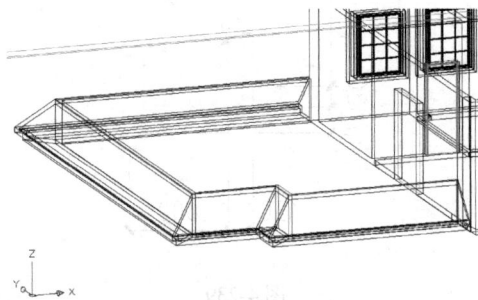

图 4-244

再次右击鼠标回到对话框，单击 **确定** 按钮放样完成，生成挑檐模型。此时挑檐底部处于楼面标高位置，用【移位】命令将挑檐下移 300，结果如图 4-245 所示。

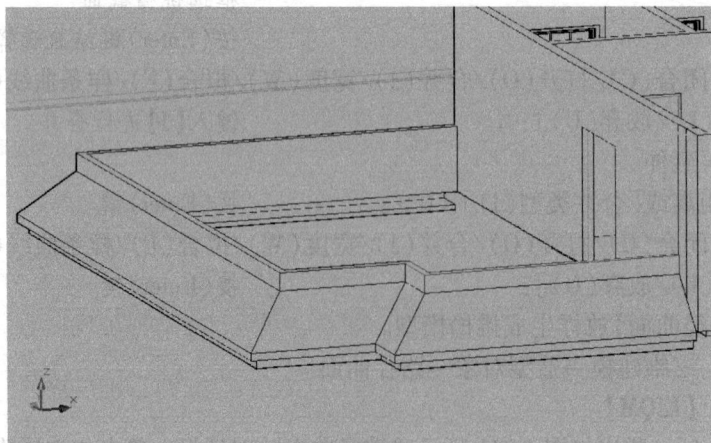

图 4-245

4.3.8　房间标注与楼板生成

在三层平面中，厨房和露台目前没有房间名称及楼板，可利用【搜索房间】命令添加。这里，楼板厚度仍然为 120，在命令行提示选择墙体或门窗时，分别框选露台和厨房周围墙体及门窗，如图 4-246 所示虚线部分。

按〈Enter〉键后，生成默认的房间名称及楼板，如图 4-247 所示。双击修改房间名称，然后，通过单击房间名称选中厨房及露台楼板，用【移位】命令竖移 −60，即向下移动 60。

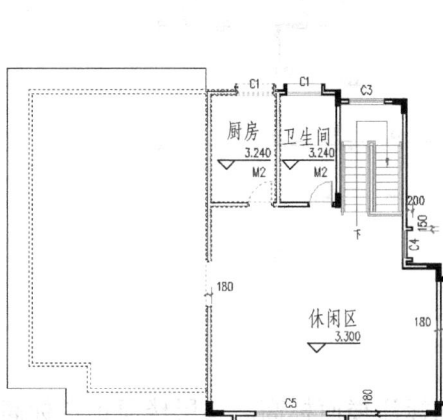

图 4-246

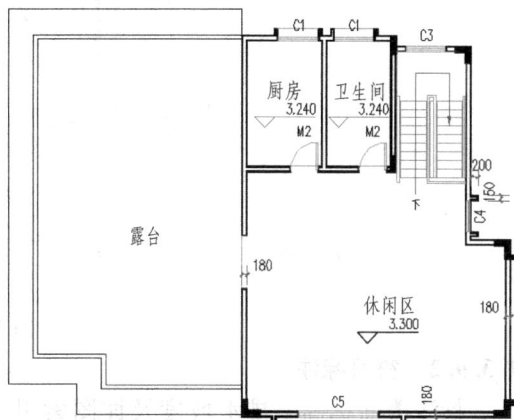

图 4-247

4.3.9　尺寸及符号标注

到这里，三层平面图形绘制完毕，接下来进行必要的标注，首先打开轴线图层。

4.3.9.1　尺寸标注

用【门窗标注】命令标注门窗尺寸，这当中可以使用【增补尺寸】等命令添加一些标注，结果如图 4-248 所示。

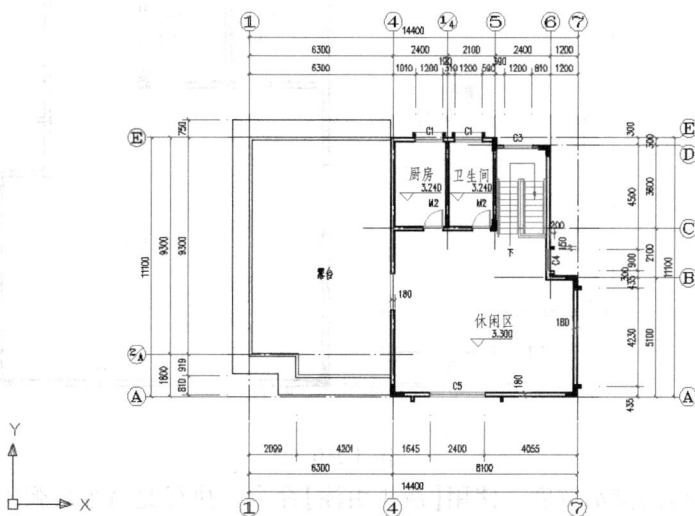

图 4-248

接下来，用【墙厚标注】命令标注墙体厚度，结果如图 4-249 所示。

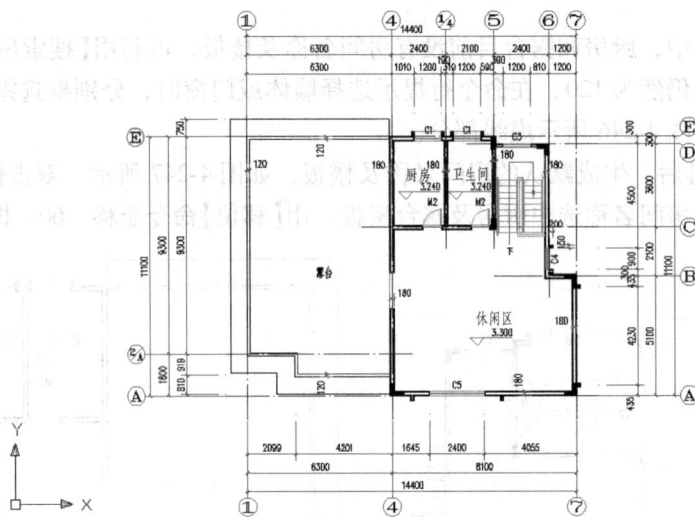

图 4-249

4.3.9.2　符号标注

标注楼面标高、排水坡度及详图索引。首先标注楼面标高。三层楼面正常标高为 6.300，露台、厨房、卫生间要低 60，标高应为 6.240。已标注标高的房间，可双击标高值改为新的值；未标注标高的房间，可通过复制或【标高标注】命令添加。最后，可适当移动标高、文字的位置，使其位于房间中心，结果如图 4-250 所示。移动房间名称，可直接拖动夹点，不要用【Move】命令，那将同时移动楼板，造成模型组合上的错误。

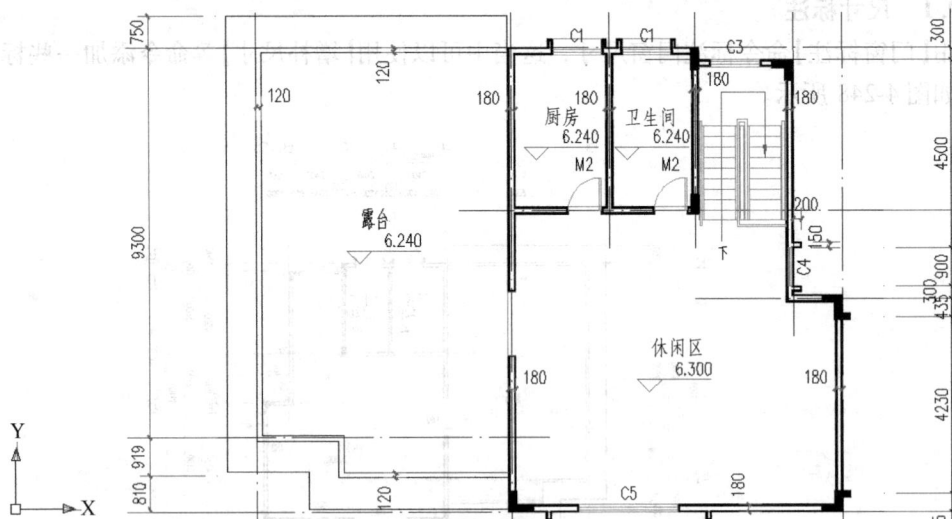

图 4-250

下面标注露台的排水坡度。使用【箭头引注】命令，执行此命令后弹出"输入箭头文字"对话框，输入排水坡度 2%，"对齐方式"选"齐线中"，如图 4-251 所示。

接着，在视图中单击绘制两个箭头，如图 4-252 所示，按〈Enter〉键结束操作。

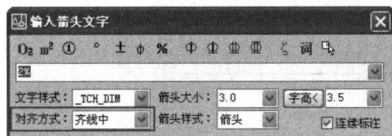

图 4-251

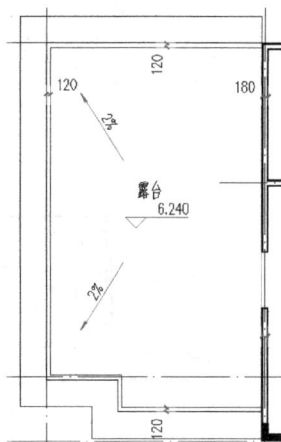

图 4-252

最后，标注详图索引符号。与前面一样，使用【索引符号】命令，在弹出的对话框中选择"剖切索引"方式，如图 4-253 所示。

在视图中挑檐及女儿墙位置绘制剖切索引符号，如图 4-254 所示。

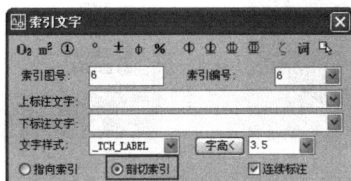

图 4-253

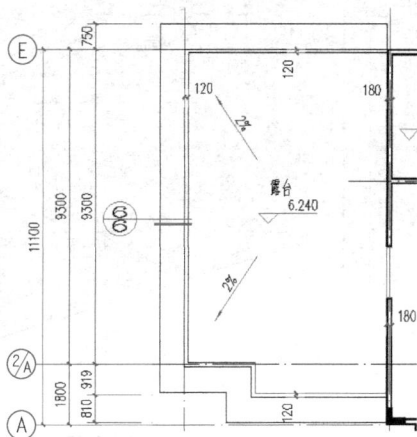

图 4-254

4.3.10　保存文件并添加到工程

到这里，三层平面图绘制完毕，保存文件。但注意，三层与二层存在同样的问题，就是 6 轴线上墙体和窗户模型与底层伸上来的重复。因为底层也在同一位置创建了向上伸到二层和三层的墙体和门窗，而且向上伸出的高度为 5400，除去二层的 3000 高，还伸入三层 2400，这一点可从底层右立面图看出，如图 4-255 所示。

从模型角度考虑，对于三层而言，只要在 6 轴线再添加 600 高的墙体就可以了。于是，将三层平面图另存一份，命名为"三层平面图 b. dwg"，删除 6 轴线上的 C4 窗，分别双击 6 轴线上的墙体和竖向线脚，将其高度改为 600、底标高改为 400，结果如图 4-256 所示，最后再次保存"三层平面图 b. dwg"文件。

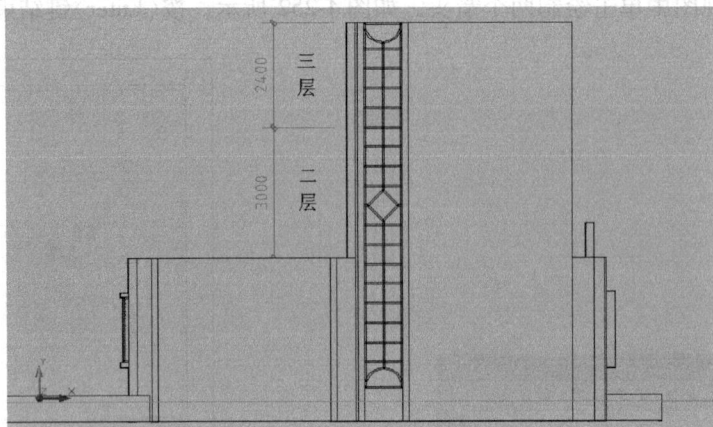

图 4-255

　　"三层平面图 . dwg"文件，专门用于打印输出三层平面图纸。而"三层平面图 b. dwg"将添加到工程中参与全楼三维模型的生成进而获得立、剖面图，添加操作与二层相同，添加后结果如图 4-257 所示。

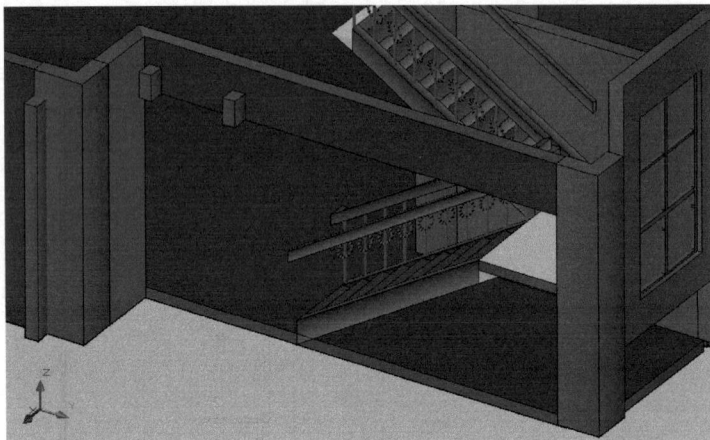

图 4-256

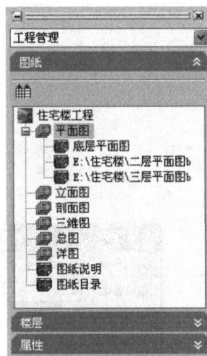

图 4-257

4.4　绘制屋顶平面图

　　屋顶平面图可在三层平面图基础上绘制。不过，按照屋顶平面图的设计要求，三层平面构件，除了墙柱外，其他都没有必要保留。所以，除墙柱以外的对象及标注都可以删除。完成后的屋顶平面图如图 4-258 所示。

4.4.1　三层另存为屋顶平面

　　打开"三层平面图 . dwg"，另存为"屋顶平面图 . dwg"，存放位置仍然是"住宅楼"目录。根据屋顶平面图的情况，双击修改图名及图框(主要是标题栏)中的文字，结果如图 4-259 所示。

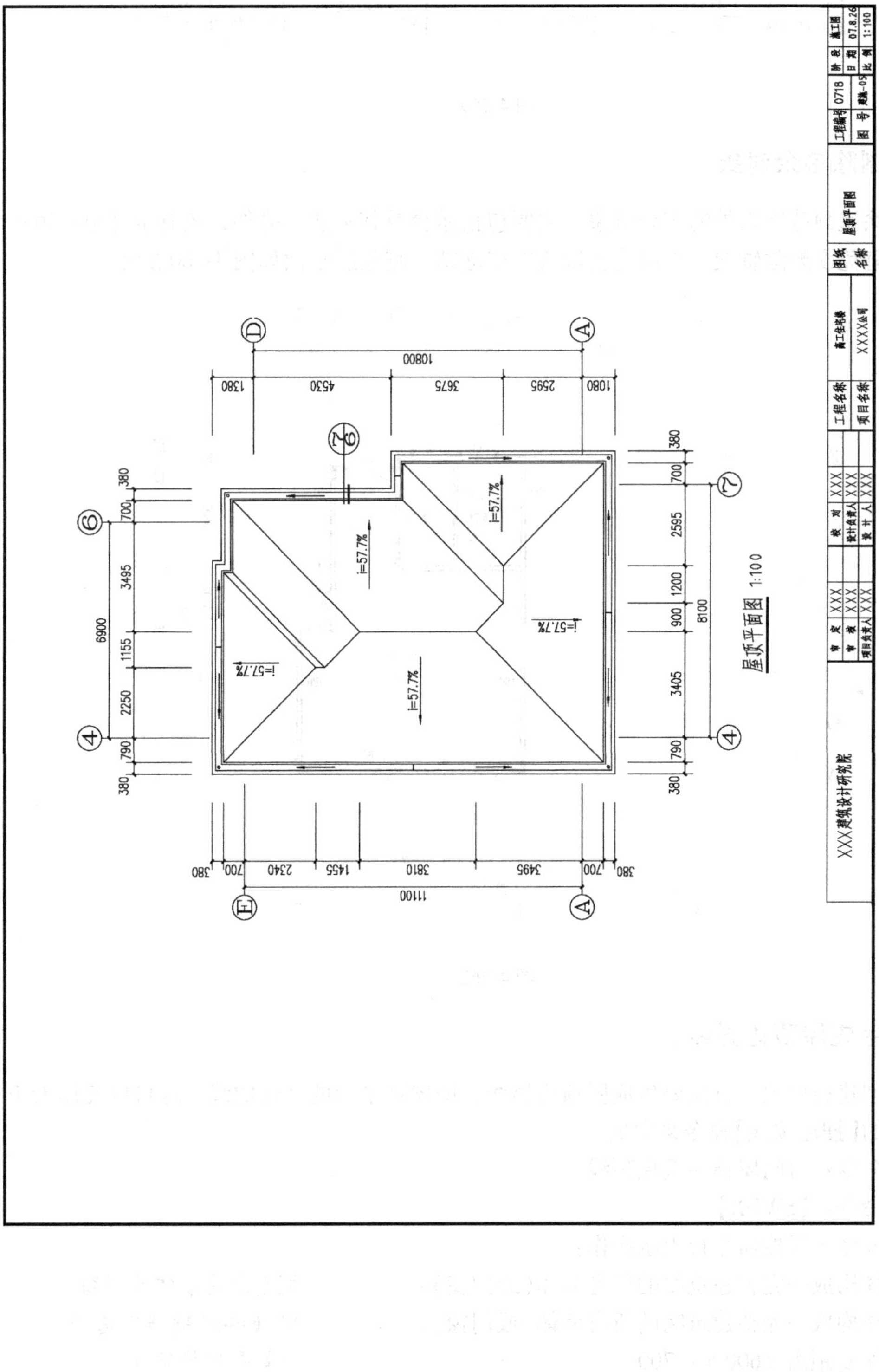

屋顶平面图 1:100

图 4-258

图 4-259

4.4.2 删除多余对象

先删除屋顶范围以外的多余对象，主要包括露台及其标注，另外，还有全部第三道尺寸。为了避免误删除轴线，可以先将轴线图层冻结。删除后平面如图 4-260 所示。

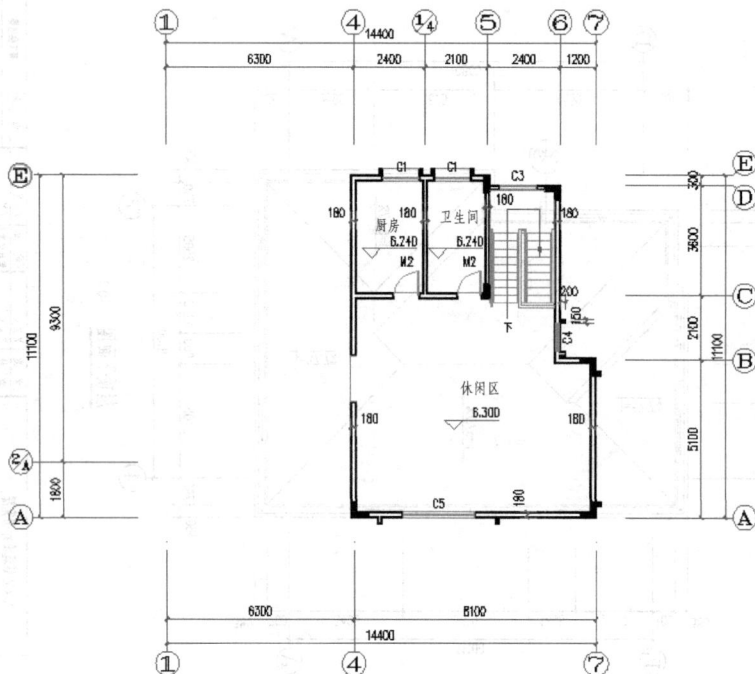

图 4-260

4.4.3 生成屋顶边界线

为了创建坡屋顶，首先要生成屋顶边界线，即屋顶平面的外轮廓线。这可以使用天正建筑提供的【搜屋顶线】命令来完成。

菜单命令：房间屋顶→搜屋顶线

键盘命令：【SWDX】

执行该命令后按命令行提示操作：

请选择构成一完整建筑物的所有墙体(或门窗)： 　框选所有墙体及门窗

请选择构成一完整建筑物的所有墙体(或门窗)： 　按〈Enter〉键结束选择

偏移外皮距离 <600 >：700 　也就是出檐宽度

完成操作后生成屋顶线，如图 4-261 所示。

接下来，只需要保留屋顶线、轴线、轴号及轴线标注，其他的都可以删除，而且，像楼梯栏杆等需要切换到三维视图才能删除，结果如图 4-262 所示。

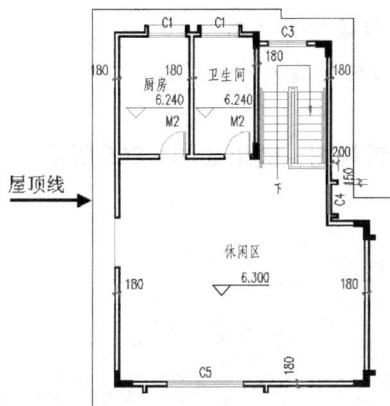

图 4-261

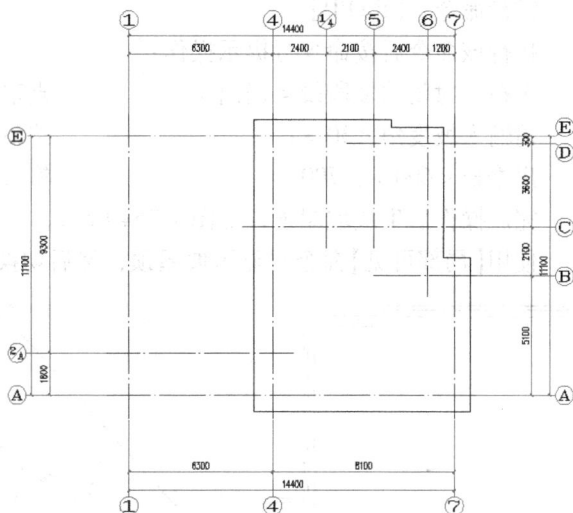

图 4-262

4.4.4 绘制檐沟线

利用屋顶线可以偏移复制得到檐沟线，而且必须在生成坡屋顶之前完成。因为生成坡屋顶之后屋顶线就没有了，那时就不可能再用它复制出其他线条。

执行【Offset】命令由屋顶线分别向外偏移 60、200、120，生成檐沟线，结果如图4-263 所示。

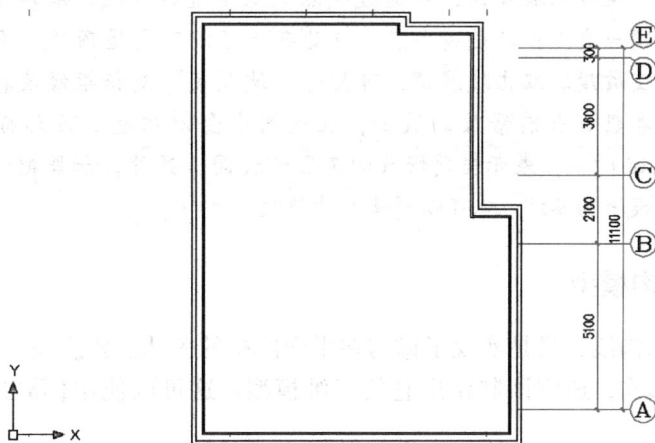

图 4-263

4.4.5 生成坡屋顶

这里，需要生成由多个坡屋面组成的复杂坡屋顶，可以使用天正建筑的【任意坡顶】

命令，它可以相同的初始坡度生成多个坡屋面，之后，可以双击各坡屋面改为不同的坡度。

菜单命令：房间屋顶→任意坡顶

键盘命令：【RYPD】

执行该命令后按命令行提示操作：

选择一封闭的多段线＜退出＞：　　　　点取屋顶线

请输入坡度角＜30＞：　　　　　　　　按〈Enter〉键采用默认值

出檐长＜600＞：700　　　　　　　　　输入搜屋顶线时输入的偏移值

完成操作后生成坡屋顶，如图 4-264 所示。

使用【局部可见】命令只显示坡屋顶，然后切换到三维视图，效果如图 4-265 所示。

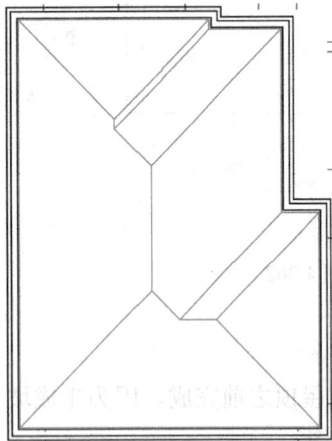

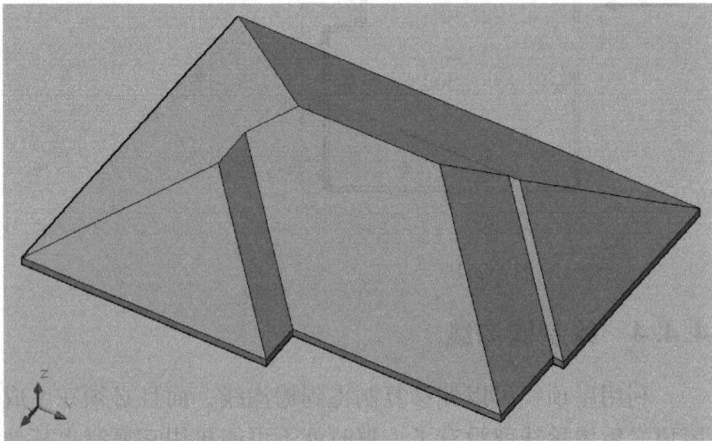

图 4-264　　　　　　　　　　　　　　　　图 4-265

提示与技巧

生成的坡屋顶，可通过夹点或双击进行修改。屋顶夹点有两种，一是顶点夹点；二是边夹点。拖动夹点可以改变屋顶的平面形状，但无法改变坡度。双击坡屋顶，可打开"坡屋顶"对话框修改各个坡面的坡度等参数。当前修改的坡面，在视图中会以红色小方形标示出来，如图 4-266 所示，表示当前修改的是 2 号坡面。另外，如果把坡屋顶端坡的坡角设置为 90°，就可以创建双坡屋顶。

4.4.6　建立檐沟模型

前面绘制的檐沟线，只是实现了檐沟在平面图中的表达。要想在三维效果及生成的立、剖图中看到檐沟，还应该制作出它的三维模型。这可以使用【路径曲面】命令放样生成。

首先，用【Pline】命令在屋顶平面图空白处绘制檐沟截面，其形状、尺寸如图 4-267 所示。图中 A 点将作为放样时的基点。

接下来，使用【路径曲面】命令放样。使用【局部隐藏】命令隐藏坡屋顶，选用屋顶线偏移复制出的第一条封闭线为路径，如图 4-268 所示。

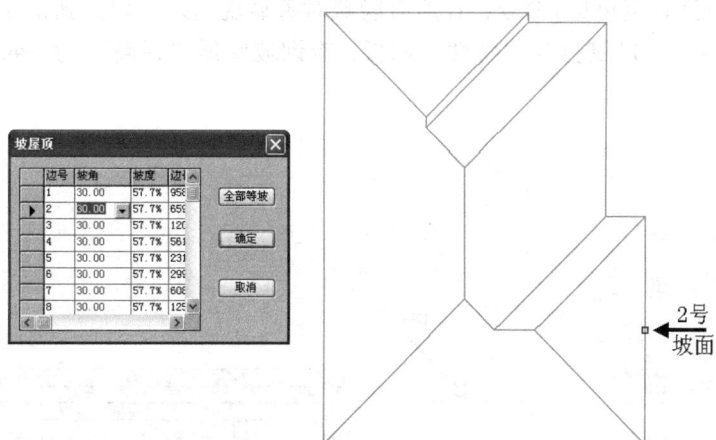

图 4-266

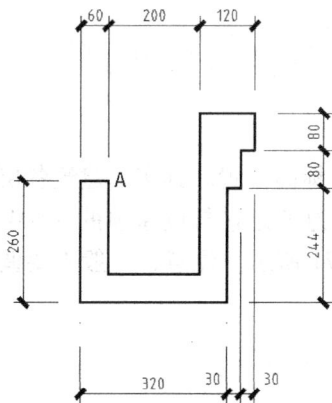

图 4-267

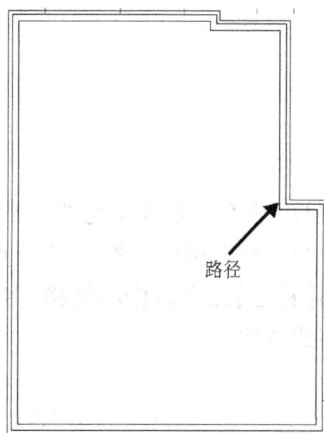

图 4-268

放样后生成檐沟模型，如图 4-269 所示。

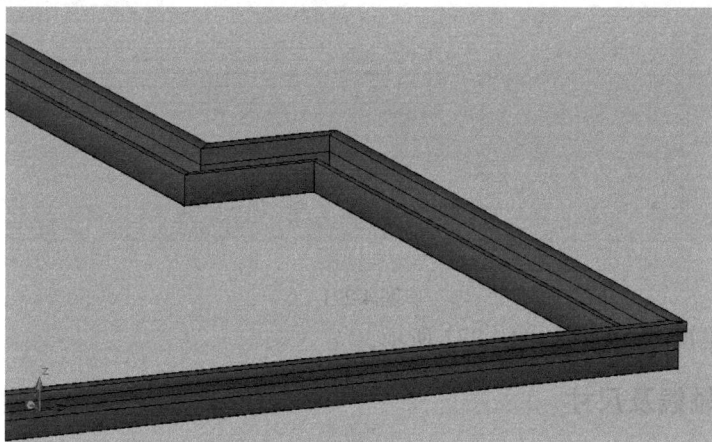

图 4-269

执行【HFKJ】(恢复可见)命令，让所有隐藏对象显现出来。切换到正立面视图，选中坡屋顶，按〈Ctrl〉+〈1〉键打开"特性"面板，查询坡屋顶"标高"为 – 404，如图 4-270 所示。

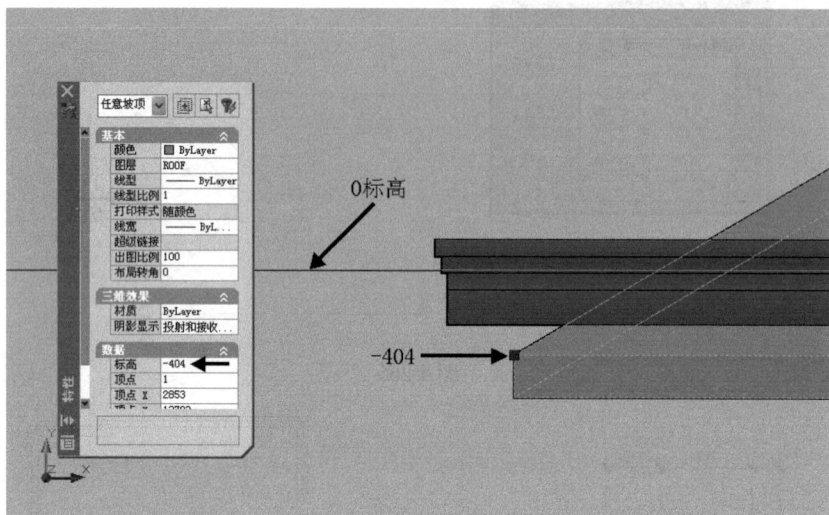

图 4-270

图 4-270 中有一条浅蓝色的水平线，代表屋顶层 0 标高位置。其实，建筑各层都有一条这样的线。在本例中，檐沟的基点也处于此位置，为了让它与坡屋顶的 – 404 标高对齐，应用【移位】命令将檐沟竖移 – 404，结果如图 4-271 所示。注意，一般不要调整坡屋顶的标高或位置。

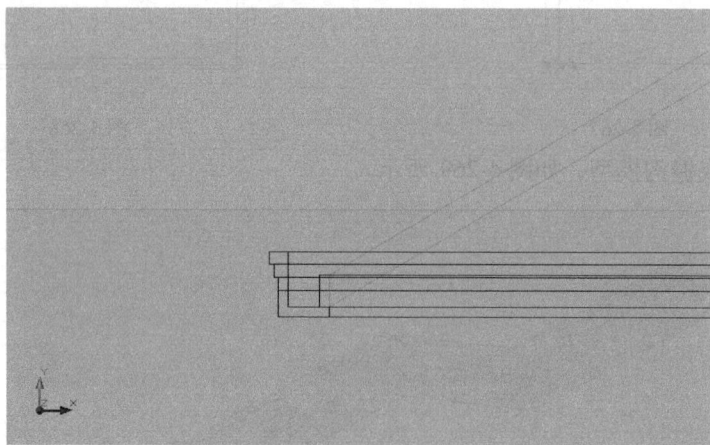

图 4-271

切换到三维视图，效果如图 4-272 所示。

4.4.7 调整轴线及尺寸

首先，删除 1 轴线及其轴号；然后，在任意尺寸线上右击鼠标选择【取消尺寸】命令，单击 1 轴线对应的尺寸界线，将其去掉，结果如图 4-273 所示。

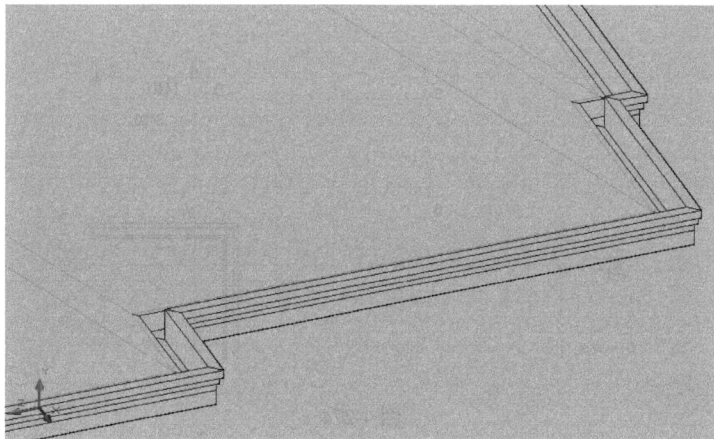

图 4-272

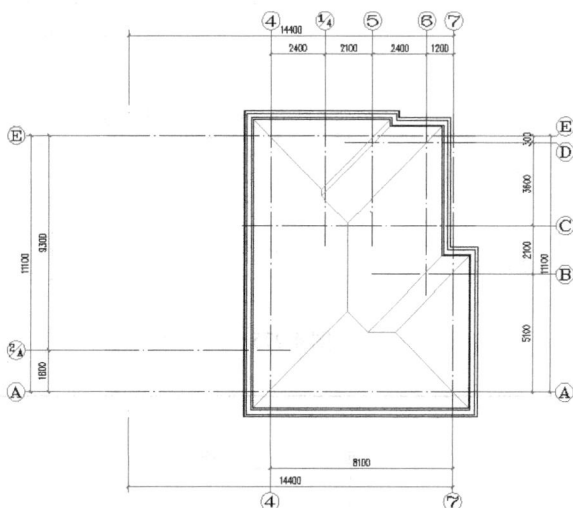

图 4-273

接下来，在任意尺寸线上右击鼠标选择【剪裁延伸】命令，然后按命令行提示及如图 4-274 所示操作：

请给出裁剪延伸的基准点或[参考点(R)] <退出 >：　　单击 4 轴线上的 A 点

要裁剪或延伸的尺寸线 <退出 >：　　　　　　　　在 BCD 范围内任意位置单击

以上操作的结果，就是去掉 BCD 范围内多余的尺寸标注线，同时，自动更新总尺寸。这里，总尺寸由原来的 14400 更新为 8100，如图 4-275 所示。

删除其他多余的尺寸标注线。将平面左侧标注右移。适当移动图名、图框位置，但不要移动图形本身的位置，结果如图 4-276 所示。

4.4.8　尺寸标注

主要是标注坡屋顶各部位与轴线的关系。这里，以标注平面图上方尺寸为例。执行【逐点标注】命令，分别在 4、6 轴线对应的尺寸界线上单击，增加 4 ~ 6 轴之间的轴线尺寸标注，如图 4-277 所示。

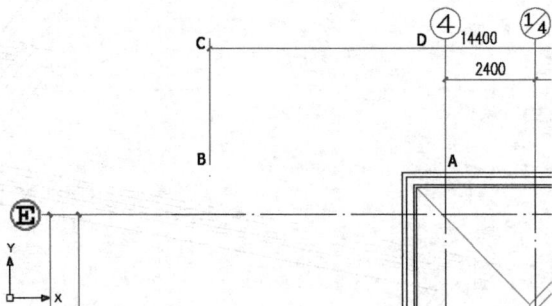

图 4-274

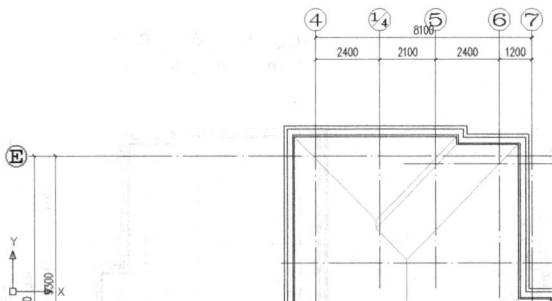

图 4-275

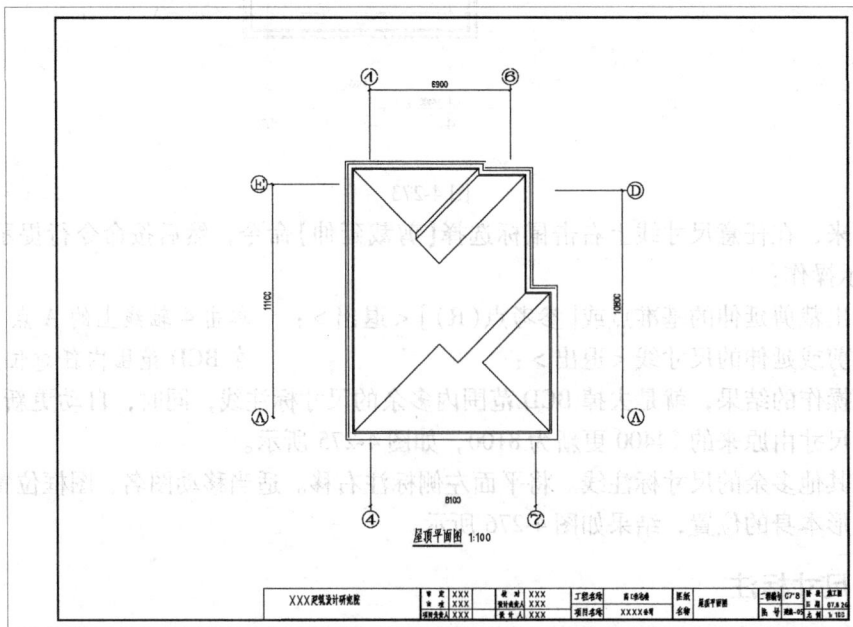

图 4-276

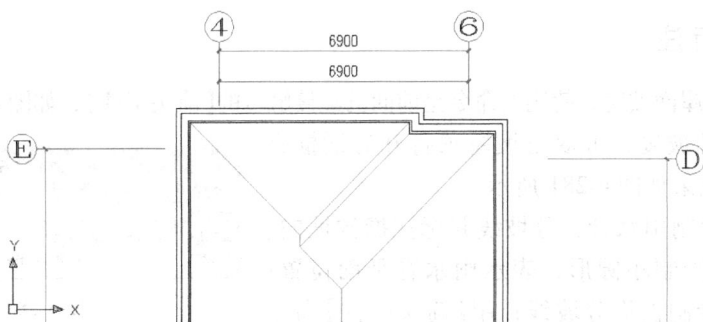

图 4-277

接下来，执行【增补尺寸】命令，在檐口外边缘、屋顶坡脚、屋脊处单击，以标注它们与附近轴线的距离，如图 4-278 所示。

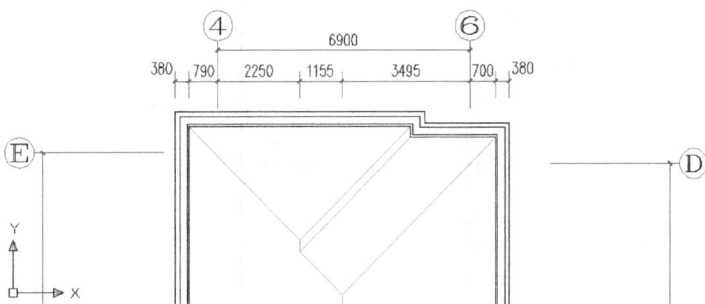

图 4-278

以同样操作，标注另外 3 方的尺寸，结果如图 4-279 所示。

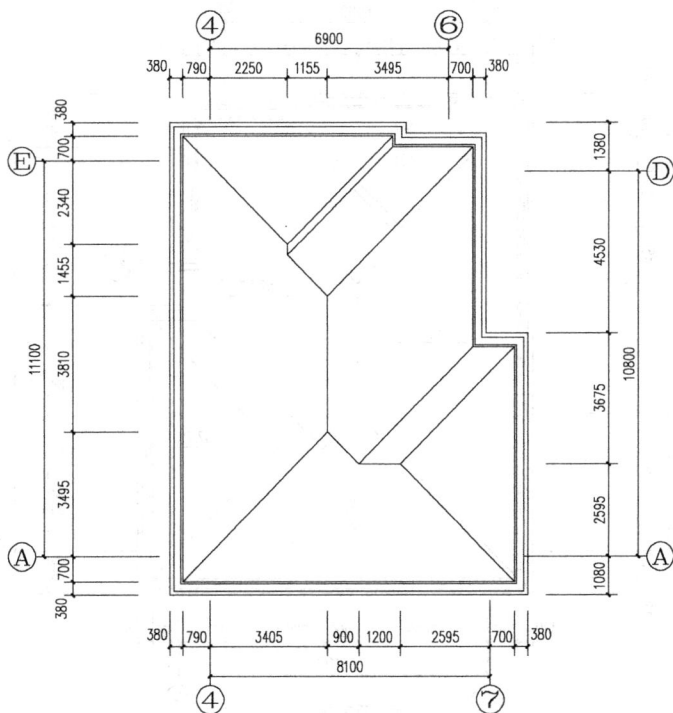

图 4-279

4.4.9 符号标注

首先，标注屋面坡度。使用的命令是前面已经接触过的【箭头引注】，如图 4-280 所示。

至于坡面的坡度，可双击坡屋顶打开对话框查询。坡度标注结果如图 4-281 所示。

接下来，绘制雨水管、分坡线并标注檐沟坡向。用【Circle】命令绘制小圆形，表示雨水管平面位置；用【Line】命令绘制檐沟分坡线；用【箭头引注】命令标注檐沟内水流方向，即檐沟坡向。结果如图 4-282 所示。

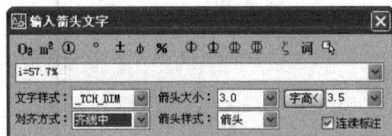

图 4-280

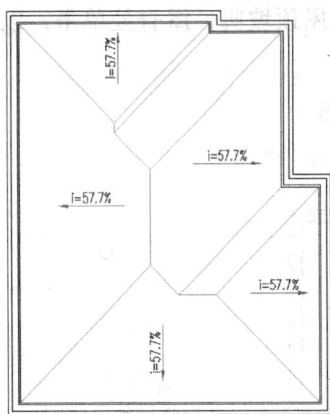

图 4-281

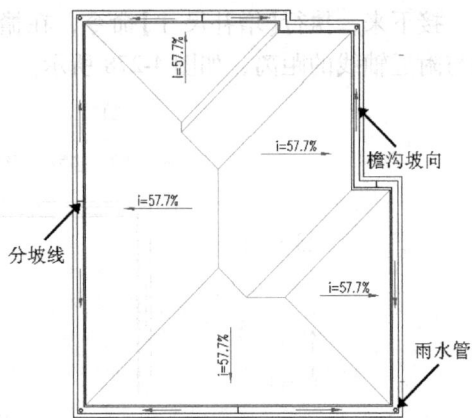

图 4-282

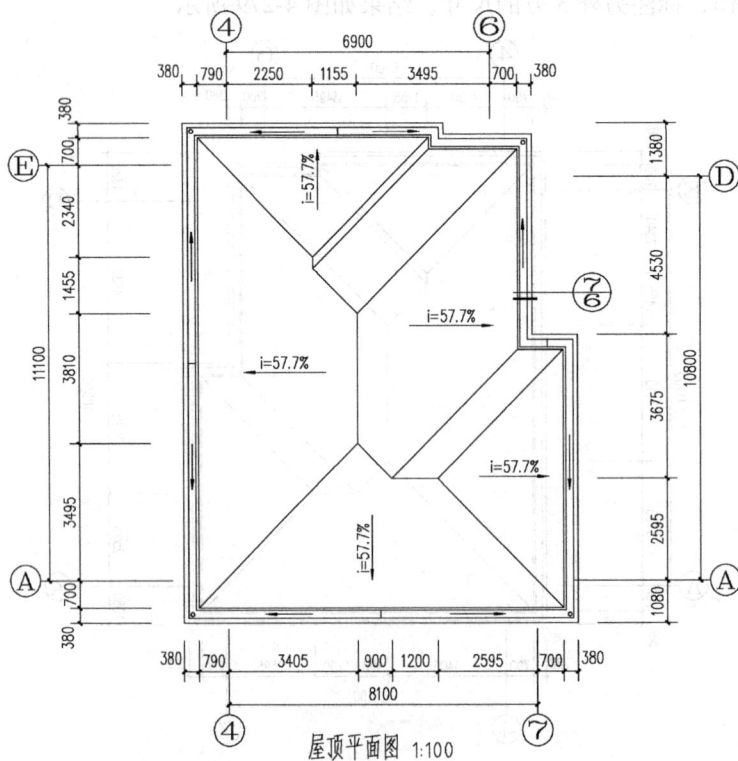

屋顶平面图 1:100

图 4-283

下面标注檐沟详图索引符号。使用【索引符号】命令，以剖切索引形式标注，完成后的屋顶平面图如图 4-283 所示。

4.4.10 添加图纸到工程

到这里，屋顶平面图绘制完毕，保存文件。然后，将此图纸添加工程，具体操作与前面相同，添加后结果如图 4-284 所示。

4.5 本章小结

图 4-284

本章是全书重点，因此，讲解较细，篇幅较长。本章主要介绍了建筑平面图的绘制方法，包括建筑底层、楼层及屋顶平面的绘制方法。由于天正建筑具有二维、三维同步进行的特点，这当中也涉及并介绍了一些三维建模方法，如拉伸、路径排列、路径曲面等。

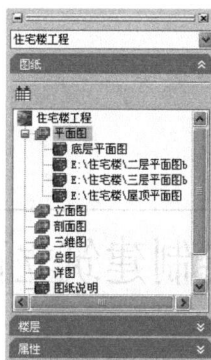

第5章

绘制建筑立面图

本章结合实例介绍建筑立面图的绘制思路、步骤和方法，软件应用以天正建筑为主，主要操作包括建立楼层表、生成立面图、纠正深化立面（包括图形裁剪等）、标注立面、插入图框。

本章主要内容：

◆ 建立楼层表
◆ 生成建筑立面图
◆ 修正与深化立面图
◆ 标注立面
◆ 添加图名及图框

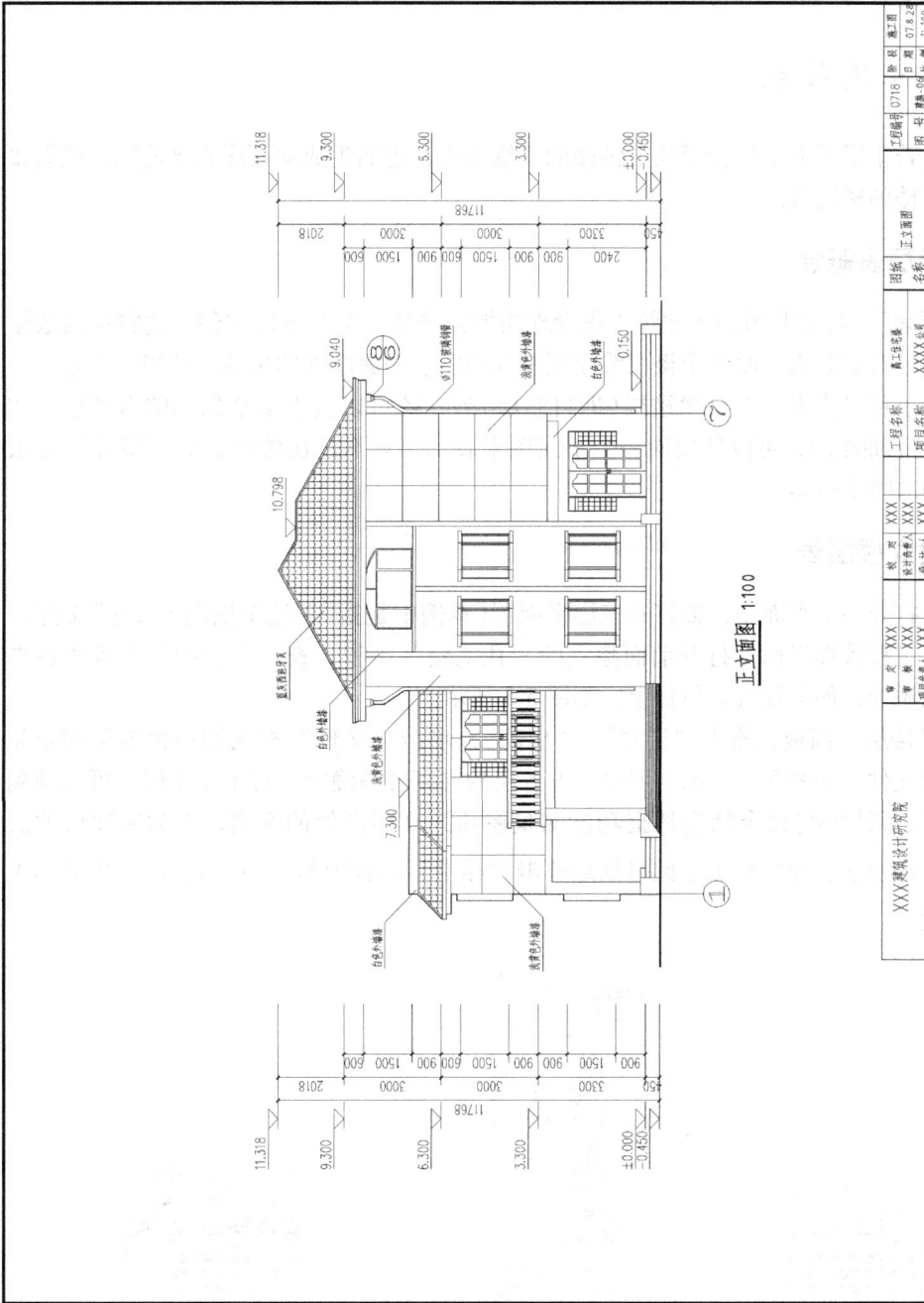

正立面图 1:100

图 5-1

5.1　最终成果预览

本章将绘制建筑的正立面图，完成后效果如图 5-1 所示。

5.2　建立楼层表

要通过若干层平面图组合得到一幢楼的三维模型，进而生成立面图和剖面图，就需要先建立该幢楼的楼层表。

5.2.1　楼层表概念

"楼层表"，就是利用天正建筑工程管理功能创建的一个数据库文件，它将层高数据和自然层编号对应起来，便于全楼三维模型及立面图、剖面图等的生成。这当中注意，一个平面图除了可以代表一个自然楼层（即自然层）外，还可以代表多个相同的自然层。例如，2 ~ 6 层平面相同，可以使用同一个平面图来表示，只不过在楼层表中"层号"处填入 2 ~ 6，如图 5-2 所示。

5.2.2　建立楼层表

首先，打开一个平面图，如打开三层平面图（本例中是指"三层平面图 b. dwg"文件）。然后，进入工程管理界面，打开前面建立的"住宅楼"工程，查看"图纸"面板中各平面图是否已添加，如果没有，应加上，如图 5-3 所示。

进入"楼层"面板，输入"层号"、"层高"，单击"文件"栏内的白色方块指定相应的平面图文件，如图 5-4 所示。屋顶以外各层的层高容易确定。对于屋顶层，可切换到立面图状态，用【Dist】命令结合捕捉功能测量屋顶到 0 标高处的距离，作为屋顶层的层高。这样，楼层表就建立好了。此时如果单击"楼层"面板中的 ▦ 按钮，可以生成本工程门窗总表。

图 5-2　　　　　　　　图 5-3　　　　　　　　图 5-4

不要混淆了当前层高、楼层表中的层高、构件高度三个概念。"天正基本设定"面板中的当前层高，仅仅作为新产生的墙、柱和楼梯的高度。楼层表中的层高，仅仅用于楼层叠加时的 z 向定位。构件高度，当希望一个楼层中的墙柱等构件具有不同高度、以适应梯间门窗、错层、跃层等特殊情况的需要时，可以为它们分别设置不同的构件高度。

提示与技巧

5.3 生成建筑立面图

建立楼层表之后，接下来，如果单击"楼层"面板中的 🏛 （三维组合建筑模型）按钮，就可以生成建筑的三维模型。这里不需要制作三维模型，可以直接单击 🏢 （建筑立面）按钮生成立面，也可以执行"立面"菜单内的【建筑立面】命令。操作如下：

请输入立面方向或［正立面（F）/背立面（B）/
左立面（L）/右立面（R）］＜退出＞：F   F 表示正立面
请选择要出现在立面图上的轴线：   点取 1 轴线
请选择要出现在立面图上的轴线：   点取 7 轴线
请选择要出现在立面图上的轴线：   按〈Enter〉键结束操作

操作到这里会弹出如图 5-5 所示对话框，用于设置相关参数。

完成设置后，单击 生成立面 按钮，输入文件名"正立面图"，过一会儿立面图生成，而且已经自动进行了尺寸标注，如图 5-6 所示。

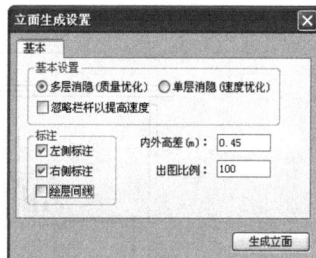

图 5-5

图 5-6

5.4　修正与深化立面图

　　天正建筑的立面和剖面图是通过自行开发的消隐算法对自定义对象进行消隐生成的，同时，也对 AutoCAD 的三维对象起作用，但不能保证都能准确消隐。此外，绘制平面及创建三维模型时可能考虑不周，也会导致立面局部错误。用户不一定要返回修改平面或模型，而是可以直接在立面图上修改。还有，自动生成的立面图一般不够完善，需要手工进行添加和细化。

5.4.1　修正立面图

　　首先，删除多余线。就本例而言，要删除 0 标高线、左侧台阶左边的多余线、左墙窗户多余竖线、右侧凸窗之间多余的水平短线、与外墙面平齐的柱子多余的轮廓线、阳台扶手和封口梁正面多余的线。注意，删除封口梁上的线，要先分解封口梁。删除多余线后立面如图 5-7 所示。

图 5-7

　　接下来，添加露台坡檐顶及女儿墙顶线，并用【Trim】命令修剪立面上多余的线头，结果如图 5-8 所示。

5.4.2　深化立面图

　　利用【Offset】和【Trim】命令，将立面左侧门洞高度降低 300。另外，在阳台下面绘制一条线，表示立面上两柱之间 300 高的梁，如图 5-9 所示。

　　接下来，利用【Stretch】命令将阳台扶手及右侧立面上中间较短的竖向线脚拉长，在线脚上方绘制两条间距 100 的平行线表示窗台，结果如图 5-10 所示。

　　下面深化坡屋顶，主要是绘制屋脊线并以图案填充表示瓦屋面。用【Offset】命令偏移复制现有屋脊线，偏移距离为 50，得到屋脊双线，用【Trim】命令修剪多余线头，

图 5-8

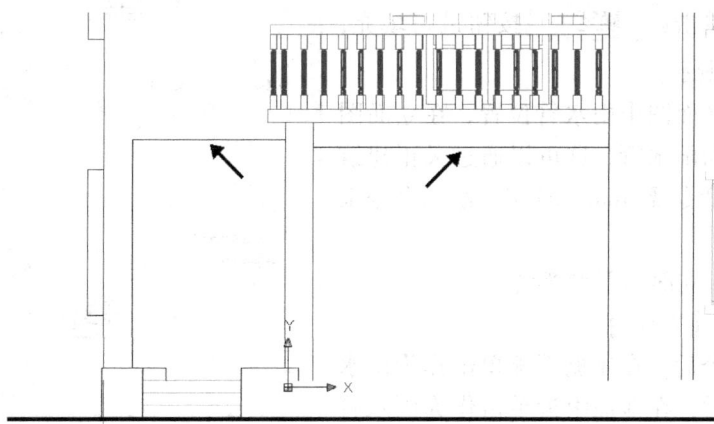

图 5-9

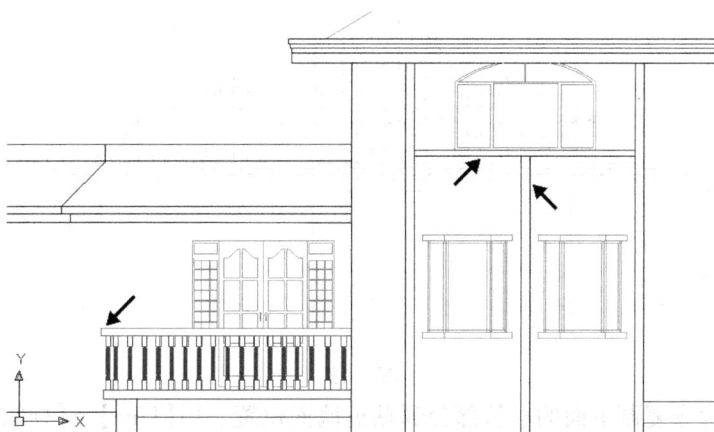

图 5-10

用【Fillet】命令对交线作圆角处理，得到最终的屋脊线，如图 5-11 所示。

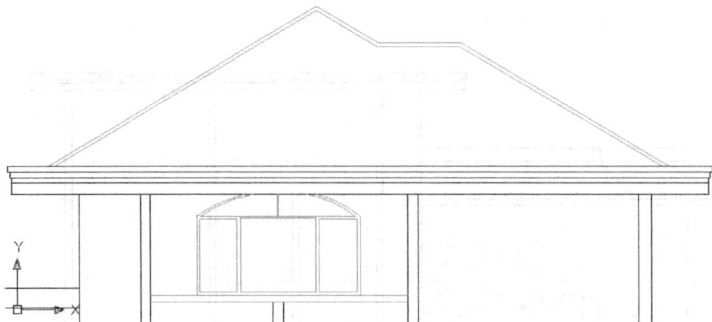

图 5-11

接下来，以图案填充表示瓦屋面。执行【Hatch】命令打开填充对话框，选择"弯瓦图案"，比例设定为 100，如图 5-12 所示。

单击对话框中的 ▦（添加点）按钮，在坡面内单击确定填充范围，然后，按〈Enter〉键返回到对话框，单击 确定 按钮进行填充，效果如图 5-13 所示。

根据屋顶平面图中雨水管位置，在立面图上绘制雨水斗和雨水管，这可以通过天正建筑的【雨水管线】命令及 AutoCAD 基本绘图命令来完成。

菜单命令：立面→雨水管线

键盘命令：【YSGX】

执行此命令后，在屋檐下侧单击作为雨水管的起点，然后，在地面附近单击作为雨水管的终点，接着输入管径，这里输入 110，按〈Enter〉键后一条包含雨水斗在内的雨水管生

图 5-12

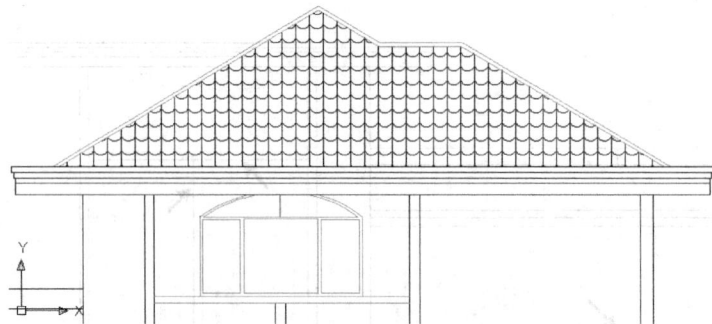

图 5-13

成。用【Copy】命令复制下面的水管部分到贴近墙面位置。用【Line】及【Offset】命令在雨水斗下方绘制两条倾斜的平行线，间距 110，用于连接上下两段水管。用【Fillet】命令完成水

管转角处的清理工作,一条雨水管就绘制完毕。然后,用【Mirror】命令镜像复制出一侧的,结果如图 5-14 所示。

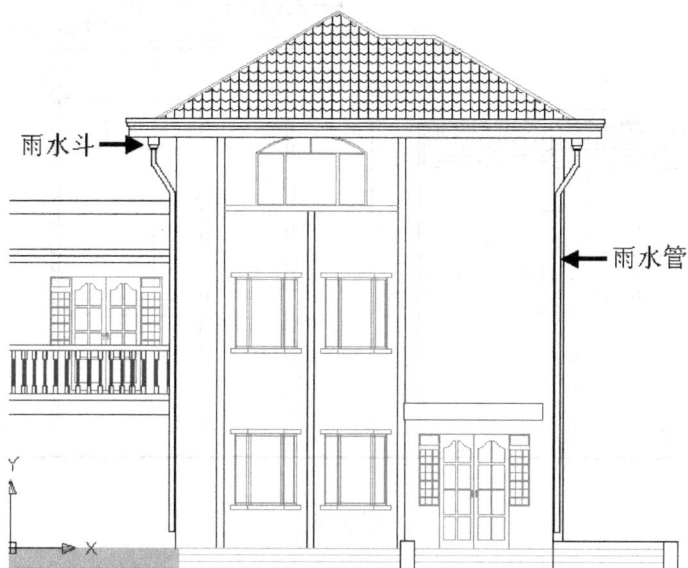

雨水斗

雨水管

图 5-14

接下来,采用处理坡屋顶的方法完善露台坡檐脊线及瓦坡面,结果如图 5-15 所示。

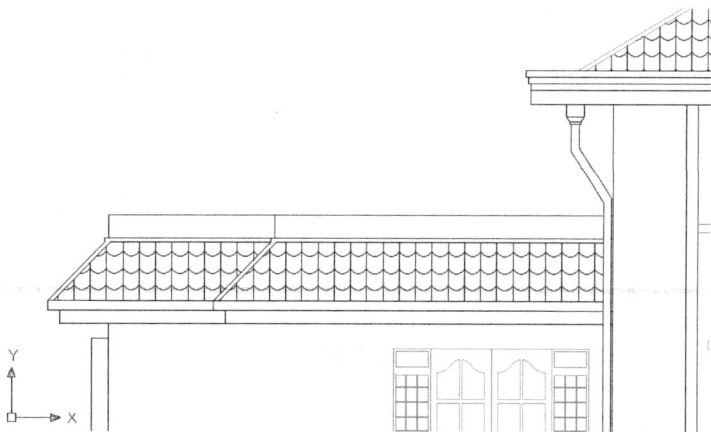

图 5-15

用【Line】结合【Offset】等命令绘制墙面分格线。另外,将表示室外地坪的粗实线向右拉长一些,如图 5-16 所示。

仔细观察入口大门及阳台门,发现没有门框,可用【Line】结合其他编辑命令绘制出门框,最后执行【Matchprop】命令(别名【MA】)将门扇的属性拷贝给新加线条,结果如图5-17所示。

图 5-16

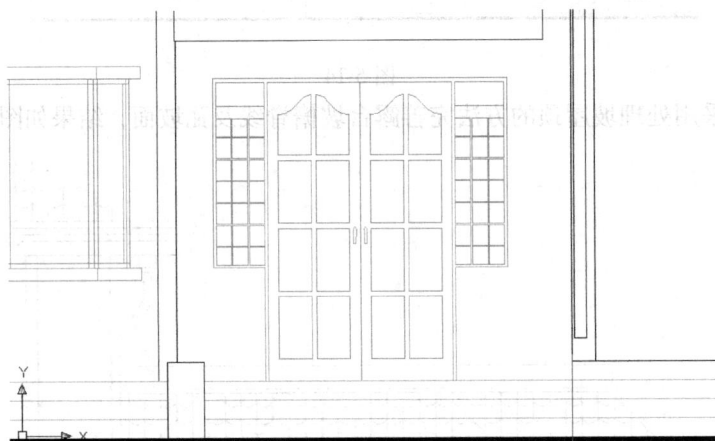

图 5-17

5.5 标注立面

这里，立面图中的主要尺寸已经自动标注，下面再加注一些标高、符号和文字。在天正建筑中，标高归于符号标注类别。

5.5.1 符号标注

首先，进行标高标注。进行立面和剖面标高标注，可先选择菜单"符号标注→静态标注"切换到动态标注模式，这样，标高符号在立面移动时能自行测出所在位置的标高。接下来，执行【标高标注】命令，在需要的部位添加标高标注，如图 5-18 所示。

下面使用【索引符号】命令，对雨水斗进行详图索引标注，如图 5-19 所示。

图 5-18

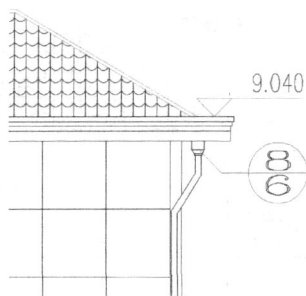

图 5-19

5.5.2 文字标注

这里，主要是进行立面作法的标注。这可以通过【引出标注】命令来完成。

菜单命令：符号标注→引出标注

键盘命令：【YCBZ】

执行以上命令后弹出"引出标注文字"对话框，"箭头样式"选"无"，输入标注文字。在图上单击完成作法标注，如图 5-20 所示。

按建筑立面图的一般制图习惯，外轮廓线应加粗，可使用"立面"菜单内的【立面轮廓】命令来完成。执行该命令后，框选整个立面图，然后输入线宽 20 即可，结果如图 5-21 所示。

提示与技巧

室外地坪线是立面图中最粗的线，这里，选中它后按〈Ctrl〉+〈1〉键打开"特性"面板，可知其线宽为 40。立面外轮廓线的线宽可为室外地坪线的 1/2 左右，所以上面输入 20 是合适的。当然，根据图面效果，也可以适当再加粗一些。

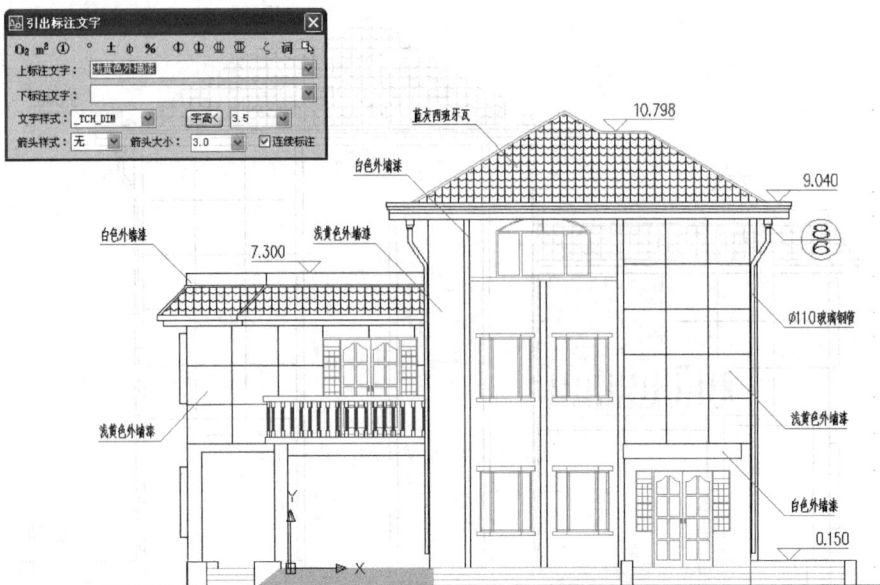

图 5-20

图 5-21

5.6 添加图名及图框

可以采用复制方法添加图名及图框。打开一张已经绘制完毕的图纸，如"屋顶平面图"，删除图形及标注（切记保存该文件！），只保留图名及图框，如图 5-22 所示。

将以上图名及图框复制到正立面图中，并移到适当位置，双击修改图名和图框中的文字，以符合正立面图的需要，结果如图 5-23 所示。

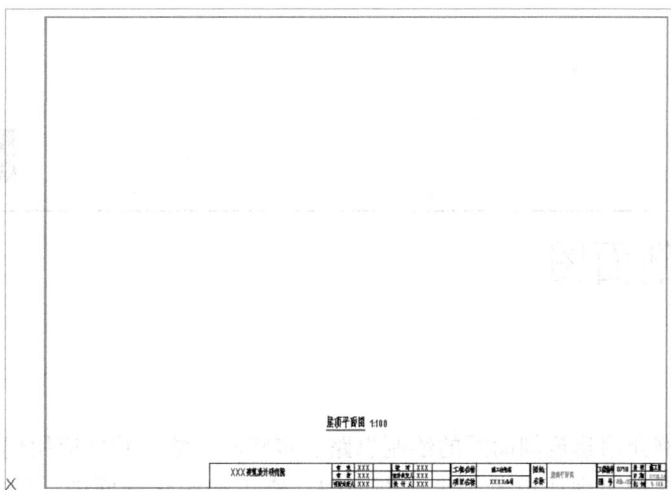

图 5-22

这样，正立面图就绘制完毕，保存文件。为便于图纸管理，参照前面的操作，将其添加到工程的"立面图"类别中，如图 5-24 所示。

图 5-23

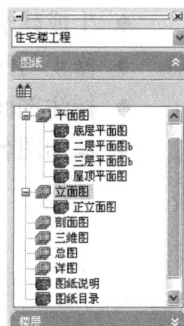

图 5-24

5.7 本章小结

本章介绍了建筑立面图的生成步骤及修正和深化方法，主要操作包括建立楼层表、生成立面图、纠正深化立面、标注立面、插入图框等。

第6章

绘制建筑剖面图

本章结合实例介绍建筑剖面图的绘制思路、步骤和方法，软件应用仍然以天正建筑为主，主要操作包括指定剖切位置、生成剖面图、修正和深化剖面图、添加标注、插入图框、将图纸添加到工程。

本章主要内容：

◆ 检查楼层表
◆ 生成建筑剖面图
◆ 修正与深化剖面图
◆ 标注剖面
◆ 添加图名及图框

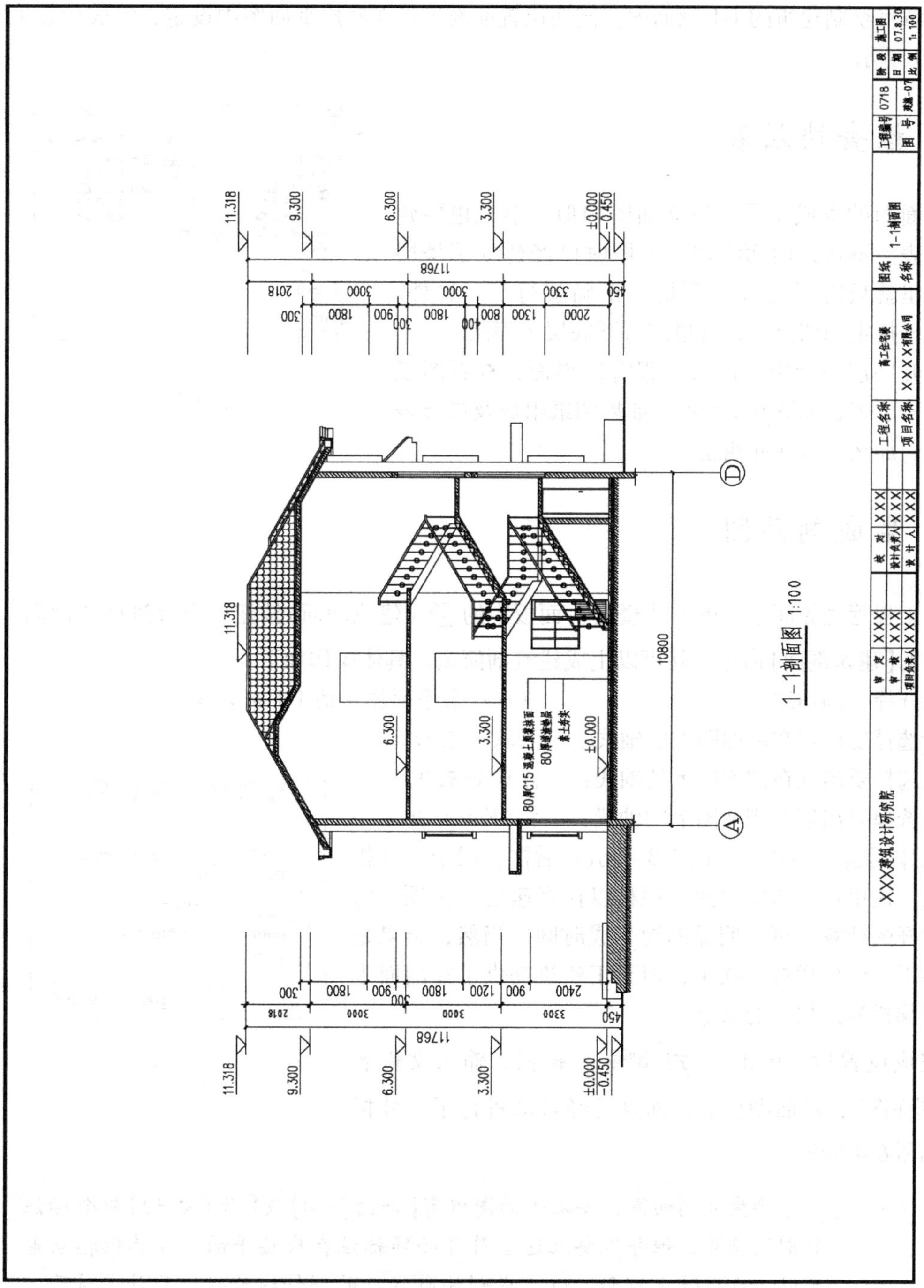

1—1剖面图 1:100

图 6-1

6.1 最终成果预览

本章将绘制建筑的 1-1 剖面图，剖切位置前面已经在底层平面图中设定，完成后效果如图 6-1 所示。

6.2 检查楼层表

剖面图的生成步骤，与立面图相似，事先也要建立楼层表。不过，前面绘制立面图时已经建立了楼层表，这里就只需要检查一下是否正确就行了。另外，为了便于指定剖切位置，这里应打开底层平面图。

打开底层平面图，进入工程管理界面，查看图纸组成及楼层表，如图 6-2 所示。如果图纸组成及楼层表不正确，那么应该在此纠正。

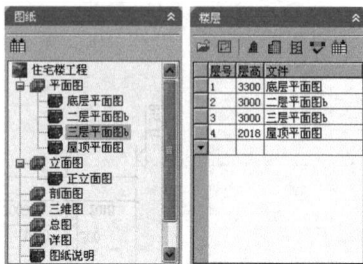

图 6-2

6.3 生成剖面图

在工程管理界面中，单击"楼层"面板中的 （建筑剖面）按钮，或者执行"剖面"菜单中的【建筑剖面】命令，就可以生成建筑剖面图。具体操作如下：

请选择一剖切线： 点取底层平面图中的 1-1 剖切线
请选择要出现在剖面图上的轴线： 点取 A 轴线
请选择要出现在剖面图上的轴线： 点取 D 轴线
请选择要出现在剖面图上的轴线： 按〈Enter〉键

操作到这里会弹出如图 6-3 所示对话框，用于设置相关参数。这里可以选中"忽略栏杆以提高速度"选项，忽略对栏杆的计算，可以明显缩短生成时间。当然，结果是剖面中不会生成栏杆、扶手，但天正建筑提供了在剖面中生成楼梯栏杆及扶手的命令。

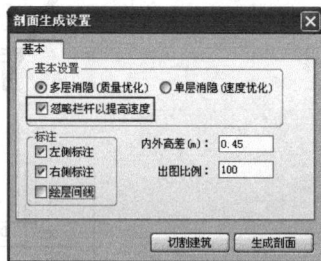

完成设置后，单击 生成剖面 按钮，输入文件名"1-1 剖面图"，剖面图生成，而且已经自动进行了尺寸标注，如图 6-4 所示。

图 6-3

提示与技巧　要生成剖面图，要求平面图中有【剖面剖切】或【断面剖切】命令标注的剖切符号，但并不要求这些符号必须标注在底层平面，在其他楼层也可以，生成什么剖面，以生成剖面时点取的剖切线为准。另外，对于室内设计制图，除了跃层外一般不必绘制多层组合的剖面，所以不必建立楼层表，只要使用【构件剖面】命令即可。

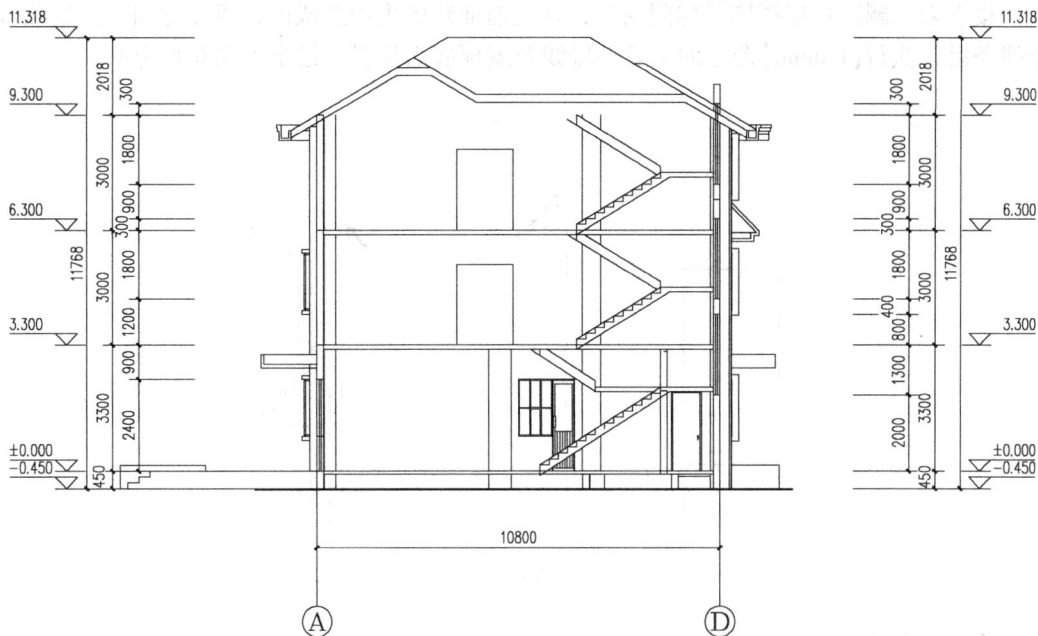

图 6-4

6.4　修正与深化剖面图

与立面图类似，以上自动生成的剖面图，一方面有少量错误，需要修正；另一方面内容也不尽完善，需要深化。

6.4.1　修正剖面图

首先，删除多余线。就本例而言，主要删除右墙窗户多余竖线、表面与墙面平齐的柱子多余的轮廓线，以及删除其他多余短线，结果如图 6-5 所示。

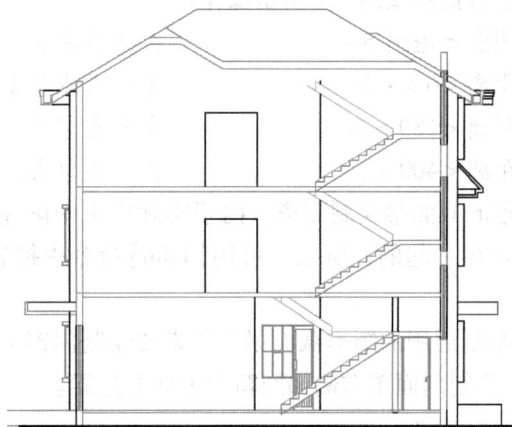

图 6-5

接下来，删除顶层楼梯及梯间窗户，这是前面绘图失误造成的，可在此纠正。删除多余线条后，执行【Extend】命令向上延伸墙线至屋顶底面位置，结果如图 6-6 所示。

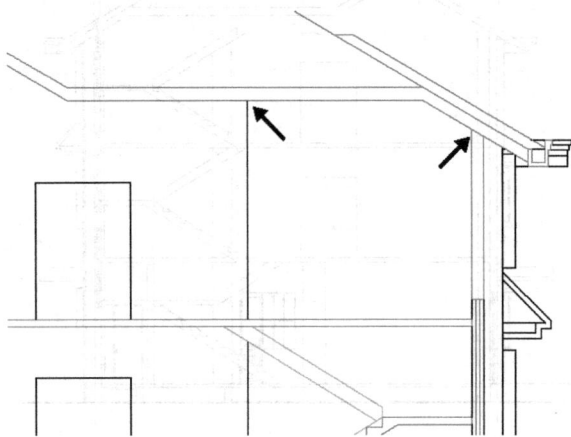

图 6-6

6.4.2　深化剖面图

相对于立面图而言，剖面图中需要进行的深化工作更多，下面分别介绍。

（1）补充楼板与梁剖面

如果在绘制平面图时没有生成楼板模型，那么生成的剖面图中就没有楼板，可以使用"剖面"菜单中的【双线楼板】命令添加；如果前面生成了楼板，如本例，那么剖面图中就会有楼板。至于梁，一般没在平面图中创建模型，所以，剖面图中也就没有梁剖面，可以使用"剖面"菜单中的【加剖断梁】命令添加。这里使用【加剖断梁】命令添加剖面左侧的雨篷梁。

菜单命令：剖面→加剖断梁

键盘命令：【JPDL】

执行此命令后按命令行提示及图 6-7 所示操作：

请输入剖面梁的参照点 < 退出 >：	在 A 点单击
梁左侧到参照点的距离 < 0 >：0	表示 A 点就是梁左侧
梁右侧到参照点的距离 < 180 >：	在 B 点单击，AB 为梁宽
梁底边到参照点的距离 < 400 >：	在 C 点单击，AC 为梁高

完成操作后，一根矩形截面梁绘制完毕。由于实际施工中雨篷与该梁是整体现浇的，也就是说，雨篷与梁是合在一起的，所以，可用【Trim】命令去掉它们之间的界线，结果如图 6-8 所示。

【加剖断梁】命令可绘制通用的矩形截面梁，如果要绘制门窗上面的过梁，可使用【门窗过梁】命令，这里用它绘制剖面图右侧梯间窗户上面的过梁。

菜单命令：剖面→门窗过梁

键盘命令：【MCGL】

执行此命令后按命令行提示操作：

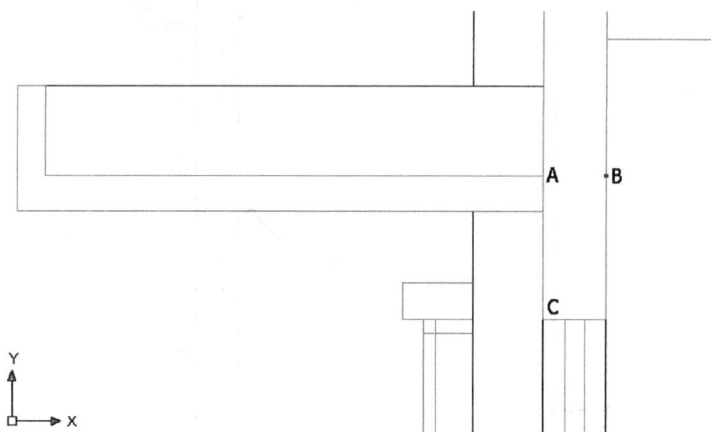

图 6-7

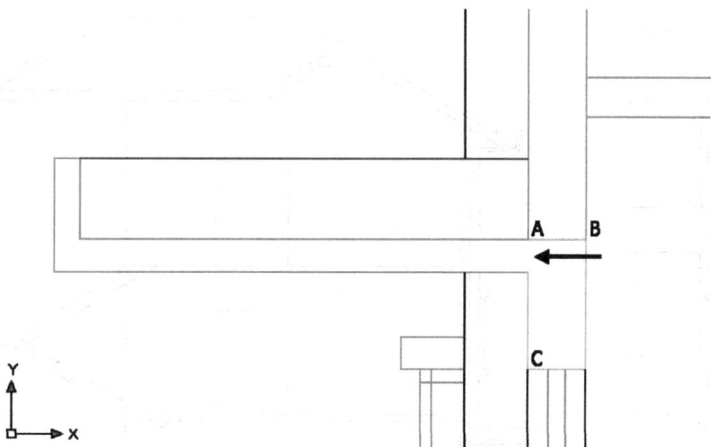

图 6-8

选择需加过梁的剖面门窗：	点取过梁下方的窗户
选择需加过梁的剖面门窗：	按〈Enter〉键结束选择
输入梁高＜120＞：180	输入过梁截面高度180

以上操作完成后，在窗户上方生成过梁断面，如图6-9所示。

继续使用【门窗过梁】命令在上层梯间窗户上方生成相同的过梁。对于楼板及地面，这里虽然不用再另行绘制，但需要修剪伸入楼梯间中的多余部分，并清理与墙体等的交接关系，这些工作可以用【Trim】等命令完成，结果如图6-10所示。图中墙底折断线，可以用天正建筑"符号标注"菜单内的【加折断线】命令绘制，也可直接用【Line】、【Pline】等命令绘制。

（2）屋面细化及图案填充

首先，绘制屋脊线，并修正露台外的坡檐侧面，结果如图6-11所示。

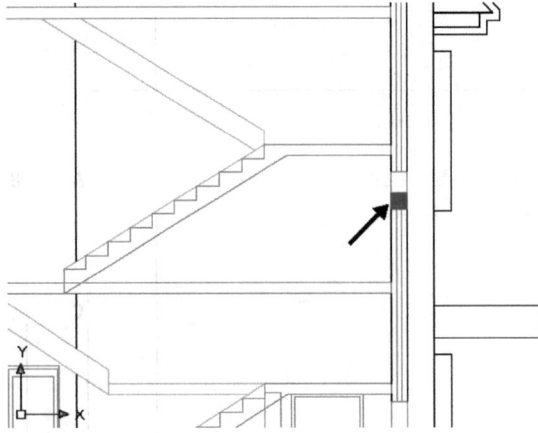

图 6-9

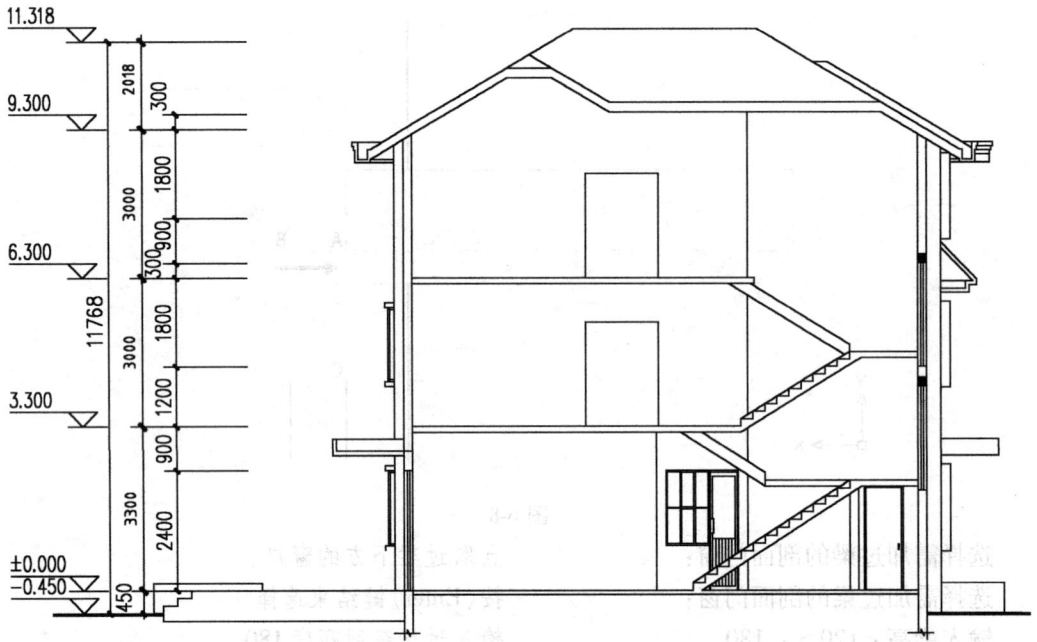

图 6-10

以上操作完成后，在屏幕上方观测到的如图 6-9 所示。

随后使用【门窗原点】命令在打开过的墙中布置门、窗，具体操作及步骤读者可自行参照本书中布置门窗的相关内容自行完成。经过布置门窗之后整个室内发生的变化。

关于剖面门窗的绘制可以参照图 6-10 来实现它的布置和编辑，由于剖面图的绘制比较复杂，它又涉及到【楼梯栏杆】的内容，此时还请读者参照【6-5】一节参考完成。

（2）接着使用该功能。

首先，绘制剖面楼梯的过程中，需要绘制的效果如图 6-11 图所示。

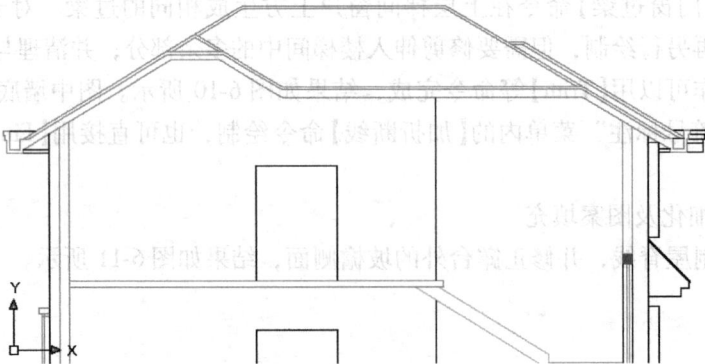

图 6-11

接下来，与立面图一样进行坡屋面图案填充，结果如图 6-12 所示。

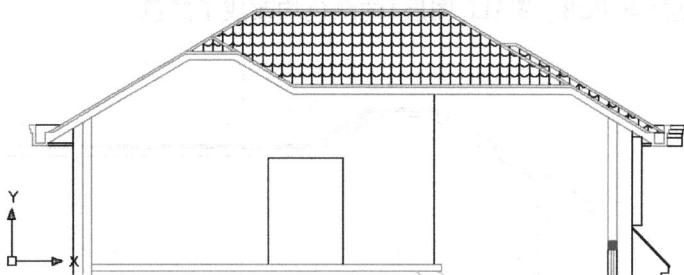

图 6-12

（3）剖面加粗及材料填充

根据建筑制图的要求，被剖切到的对象，其轮廓线应以较粗的实线表示，这可以用天正建筑的【居中加粗】或【向内加粗】命令快速实现。这两个命令可以将 S_STAIR（楼梯）、S_WALLl（墙体）等以 "S_" 开头的图层上的线加粗。所以，假如有手工添加的线条，且希望用这两个命令加粗，那么应将线置于以上这些图层。【居中加粗】和【向内加粗】命令的区别是，前者在原线两侧加粗，而后者在原线内侧加粗。这里，用【向内加粗】命令加粗被剖切到的梁、雨篷、檐沟、楼梯、楼板、地板、室外台阶等。

菜单命令：剖面→向内加粗

键盘命令：【XNJC】

执行该命令后按命令行提示操作：

请选取要变粗的剖面墙线梁板楼梯线（向内侧加粗）<全选>：

选择对象：　　　　　　　　　　　　　　框选整个剖面图

选择对象：按〈Enter〉键，剖切对象被选中，如图 6-13 所示虚线部分

请确认墙线宽（图上尺寸）<0.20>：0.2　　　　输入线宽

请确认墙线宽（图上尺寸）<0.20>：0.2　　　　输入线宽

请确认墙线宽（图上尺寸）<0.20>：0.2　　　　输入线宽

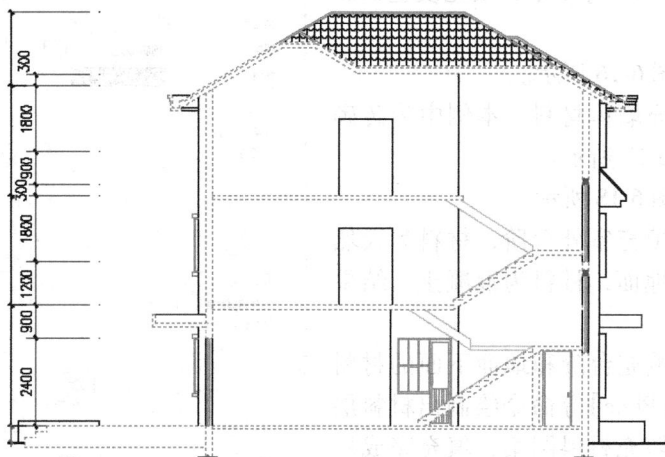

图 6-13

操作完成后，虚线部分线条被加粗到 0.2 宽，如图 6-14 所示。为了突出显示，这里将剖切线所在图层(含 PUB_WALL 图层)的颜色均改成了黑色。

图 6-14

下面对断面的材料进行填充。首先填充钢筋混凝土材料，涉及到的构件有雨篷、檐沟、楼板、楼梯、过梁，填充前先选中并删除过梁截面内的深灰色色块。剖面图中的填充操作可使用 AutoCAD 的【Hatch】命令，也可以使用天正建筑"剖面"菜单内的【剖面填充】命令。这里使用【Hatch】命令，填充设置如图 6-15 所示。

填充结果如图 6-16 所示。

接下来，填充墙体材料，本例中为砖砌体，填充设置为 6-17 所示。

填充结果如图 6-18 所示。

以同样操作填充室外台阶，材料为天然石材；填充底层地面，材料为混凝土。结果如图 6-19 所示。

接下来，再填充台阶和地面下面的材料层，这需要先用【Pline】等命令绘制出材料层的范围，然后再填充材料图案，填充完成后再删除范围线。另外，加粗材料层之间的线，如图 6-20 所示。

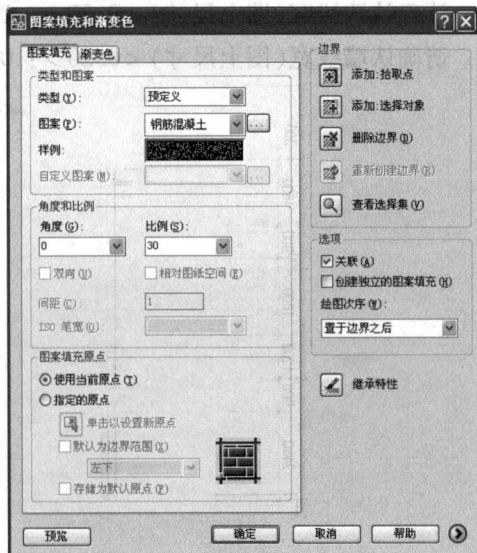

图 6-15

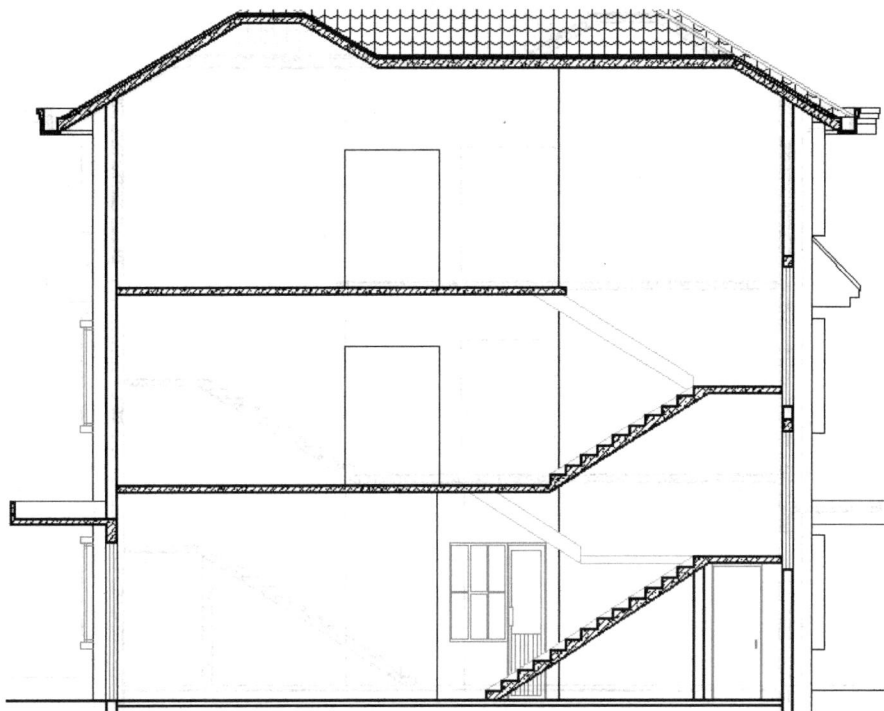

图 6-16

图 6-17

（4）添加楼梯栏杆及扶手

【楼梯栏杆】和【参数栏杆】命令，都可以在剖面图中生成栏杆，但前者只能生成简单的直栏杆，而后者可生成多种甚至用户自制的栏杆。至于【楼梯栏板】命令，则是用于生成实心栏板了。在本例中，将用【参数栏杆】命令生成用户自制的栏杆样式。

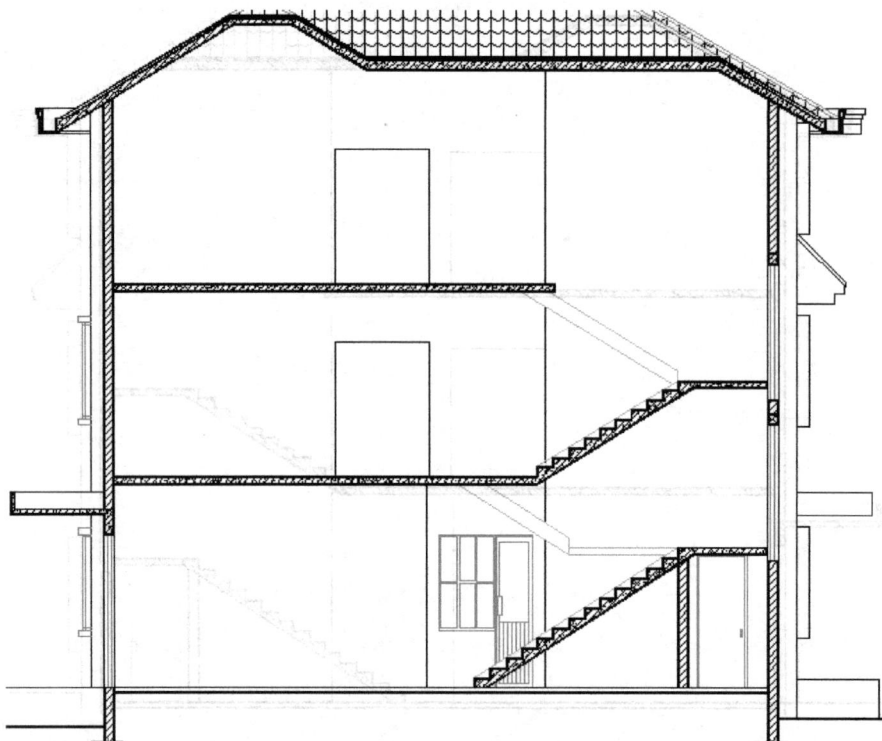

图 6-18

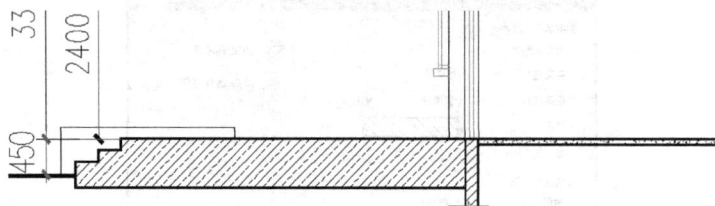

图 6-19

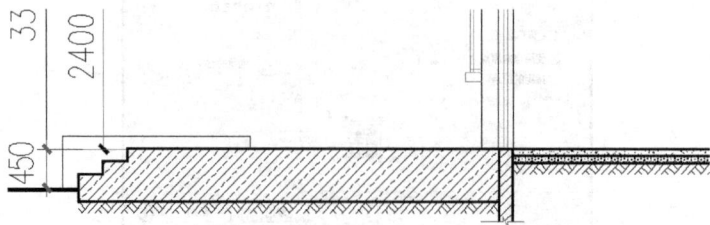

图 6-20

　　首先，在楼梯的任意一个或几个踏步范围内绘制栏杆基本单元，栏杆高度为 900，如图 6-21 所示，图中两条竖向虚线表示踏步范围，并非栏杆基本单元内的线条，故实际不用绘制。扶手线两端可略微伸出边界，以免生成的扶手出现脱节现象。

　　接下来，将栏杆基本单元入库，以便后面使用。执行"剖面"菜单中的【参数栏杆】

命令，打开"剖面楼梯栏杆参数"对话框，如图 6-22 所示。

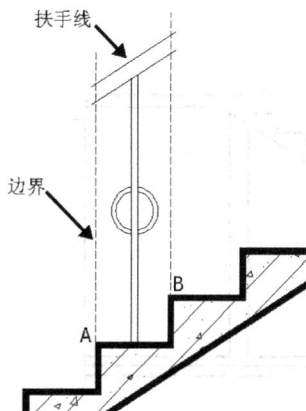

图 6-21

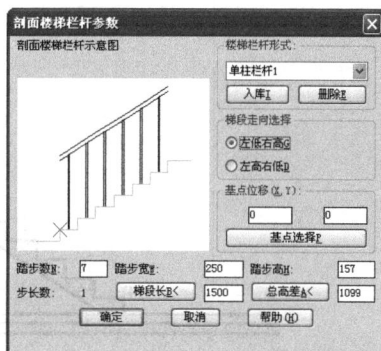

图 6-22

单击 入库I 按钮，按命令行提示操作：

请选取要定义成栏杆图案的图元(LINE,ARC,CIRCLE) <退出>：

选择对象：　　　　　　　　　　框选栏杆基本单元(不含虚线)

选择对象：　　　　　　　　　　按〈Enter〉键结束选择

栏杆图案的起始点 <退出>：　　　单击前面图中 A 点

栏杆图案的结束点 <退出>：　　　单击前面图中 B 点

栏杆图案的名称 <退出>：圆圈栏杆　输入一个易识别的名称

步长数 <1>：　　　　　　　　　按〈Enter〉键使用默认值

"步长数"就是栏杆基本单元所占的踏步数，占一步就使用默认的 1；如果占两步，就应输入 2；占三步，就输入 3；依此类推。完成以上操作后会返回到对话框，选中刚创建的栏杆样式"圆圈栏杆"，单击 基点选择P 按钮切换基点到第一步外侧顶点位置，输入底层第一跑梯段的步数、步宽、步高参数，如图 6-23 所示。打开底层平面图，双击楼梯，可以查询到以上参数的准确值。

接下来，单击 确定 按钮，单击梯段第一步外侧顶点即基点，如图 6-24 所示 P 点，就生成了第一跑楼梯的栏杆。当然，考虑物体的前后遮挡关系，还应对图中部分线条进行修整，这放到后面完成。

再次执行【参数栏杆】命令，生成第二跑楼梯栏杆，参数设置如图 6-25 所示。注意，根据梯段走向，这里应选中"左高右低"选项。

基点 P 的位置及生成的栏杆，如图 6-26 所示。

下面用【扶手接头】命令将两段栏杆的扶手连接起来。

菜单命令：剖面→扶手接头

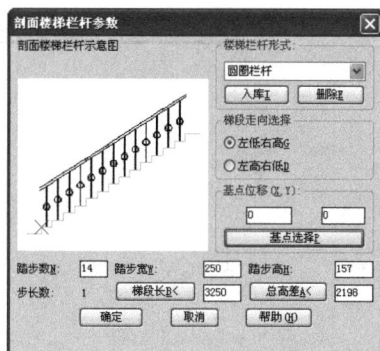

图 6-23

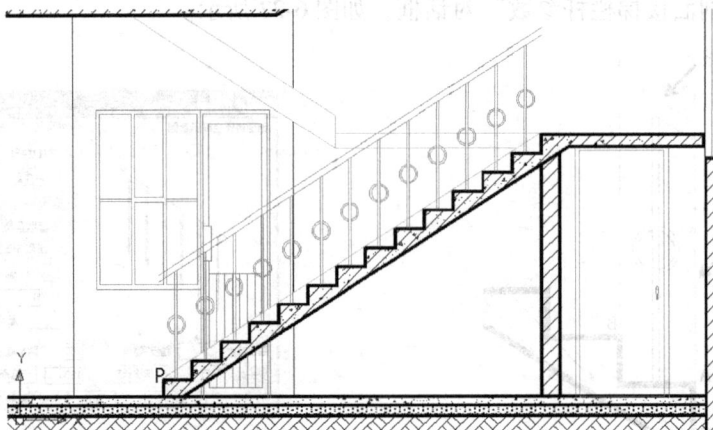

图 6-24

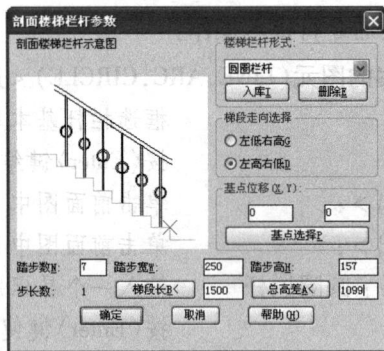

图 6-25

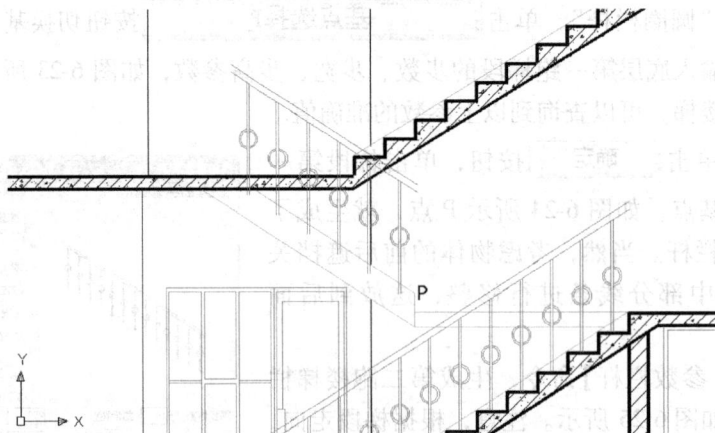

图 6-26

键盘命令：【FSJT】

执行该命令后按提示行操作：

请点取楼梯扶手的第一组接头线(近段) < 退出 >：　　点取被剖切梯段(近段)扶手

再点取第二组接头线（远段）<退出>：　　　　　　点取未被剖切梯段（远段）扶手

扶手接头的伸出长度<150>：　　　　　　　　　按〈Enter〉键采用默认值

操作完成后结果如图 6-27 所示。

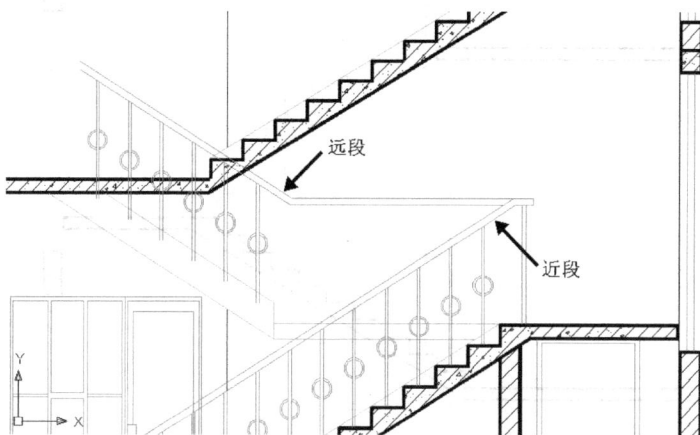

图 6-27

参照以上操作，使用【参数栏杆】和【扶手接头】命令，完成上部楼层梯段栏杆和扶手，如图 6-28 所示。

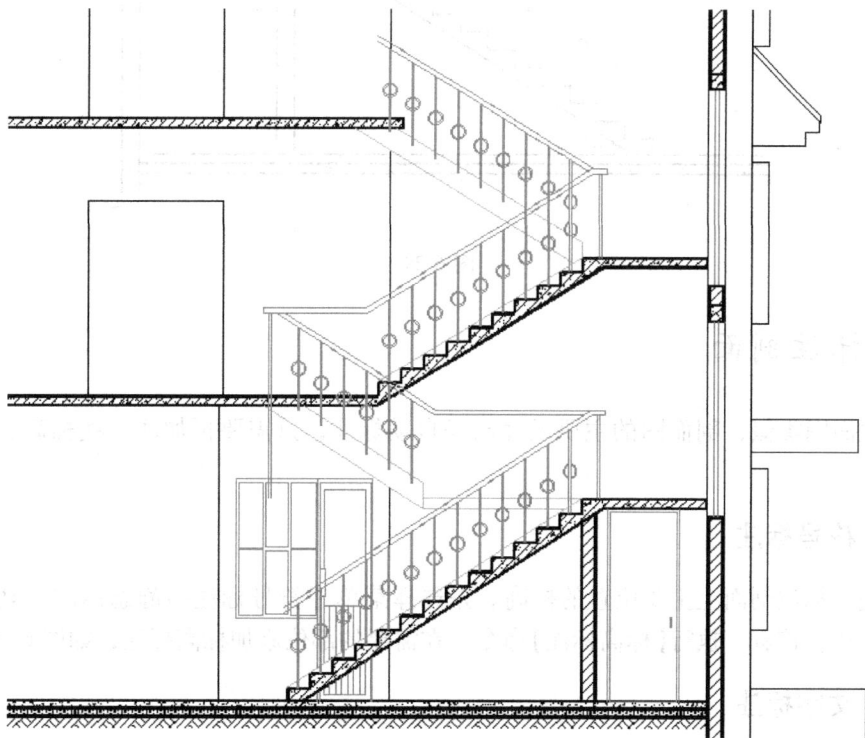

图 6-28

此时，图中栏杆前后遮挡关系存在错误，可用【Trim】命令剪去后面的线条。另外，还需要手工在水平段补充栏杆，这可使用【Array】命令。还有，用【Line】等命令封闭扶手的起始及末端，结果如图 6-29 所示。

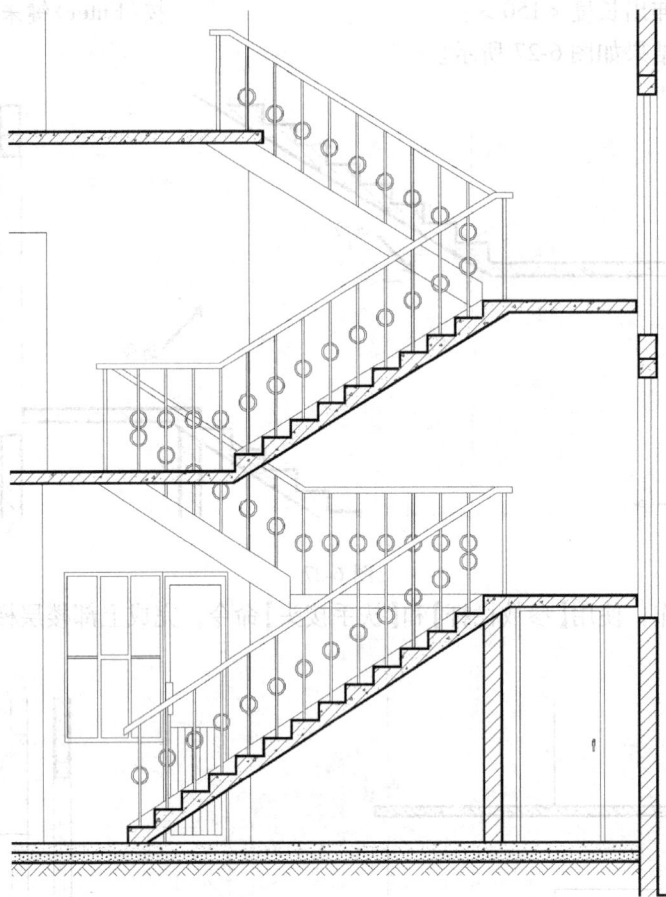

图 6-29

6.5 标注剖面

与立面图类似，剖面图的主要尺寸已经自动标注，只需要再加注一些标高、符号和文字。

6.5.1 符号标注

首先，标注剖面上主要位置的标高。先选择菜单"符号标注→静态标注"切换到动态标注模式。接着，执行【标高标注】命令，在需要的部位添加标高标注，如图 6-30 所示。

6.5.2 文字标注

主要是进行地面等部位作法的标注。这可以通过【作法标注】命令来完成。

菜单命令：符号标注→作法标注

键盘命令：【ZFBZ】

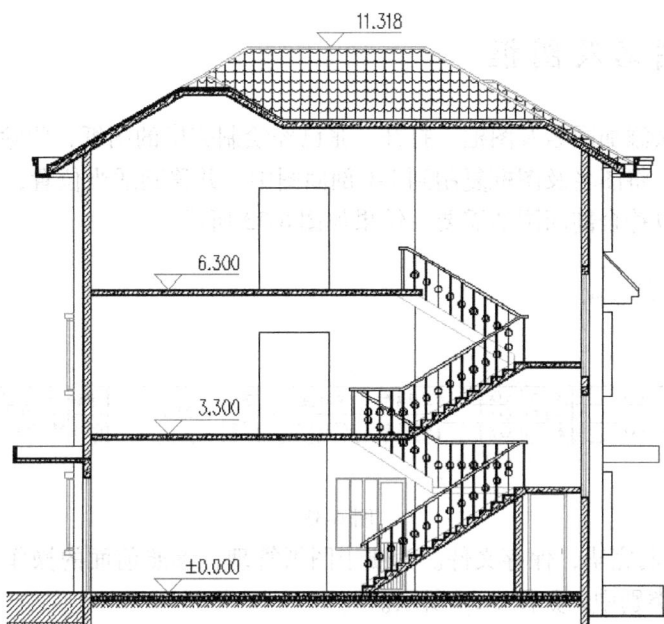

图 6-30

执行以上命令后弹出"作法标注文字"对话框,按作法层次输入各行文字。另外,可选择将文字标注在线端或线上,如图 6-31 所示。

图 6-31

接下来,在图上单击完成作法标注,如图 6-32 所示。

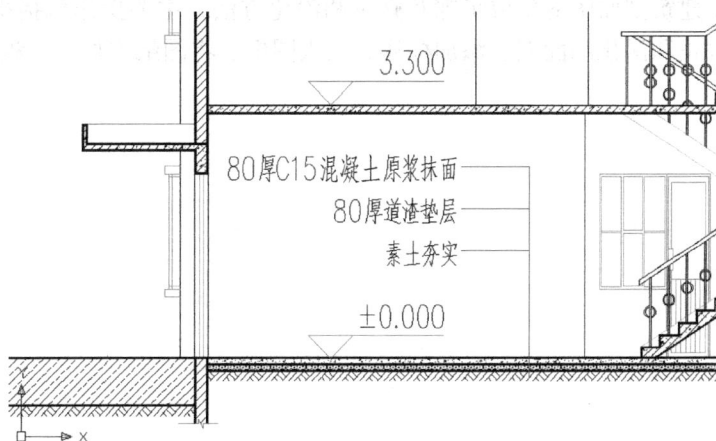

图 6-32

6.6 添加图名及图框

采用复制方法添加图名及图框。打开一张已经绘制完毕的图纸，删除图形及标注，只保留图名及图框。将图名及图框复制到 1-1 剖面图中，并移到适当位置，双击修改图名和图框中的文字，以符合剖面图的需要，结果如图 6-33 所示。

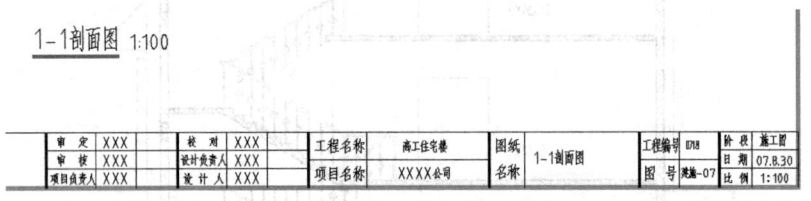

图 6-33

1-1 剖面图绘制完毕，保存文件。为便于图纸管理，参照前面的操作，将其添加到工程的"剖面图"类别中，如图 6-34 所示。

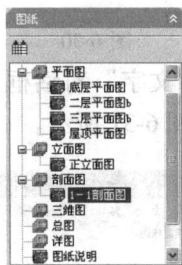

图 6-34

6.7 本章小结

本章介绍了建筑剖面图的生成步骤及修正和深化方法，主要操作包括指定剖切位置、生成剖面图、修正和深化剖面图、添加标注、插入图框、将图纸添加到工程等。

第 7 章

绘制建筑详图及多比例布图

绘制建筑施工图时，有时需要将若干个比例不同的图样放在一张图纸中，最常见的就是详图，这不仅涉及到详图本身的绘制问题，而且涉及到多比例布图的问题。本章结合台阶、花池及坡道详图的绘制，具体介绍建筑详图的绘制及多比例布图方法。这当中将同时用到 AutoCAD 和天正建筑的一些功能。

本章主要内容：

◆ 详图绘制及多比例布图思路

◆ 绘制详图

◆ 多比例布图

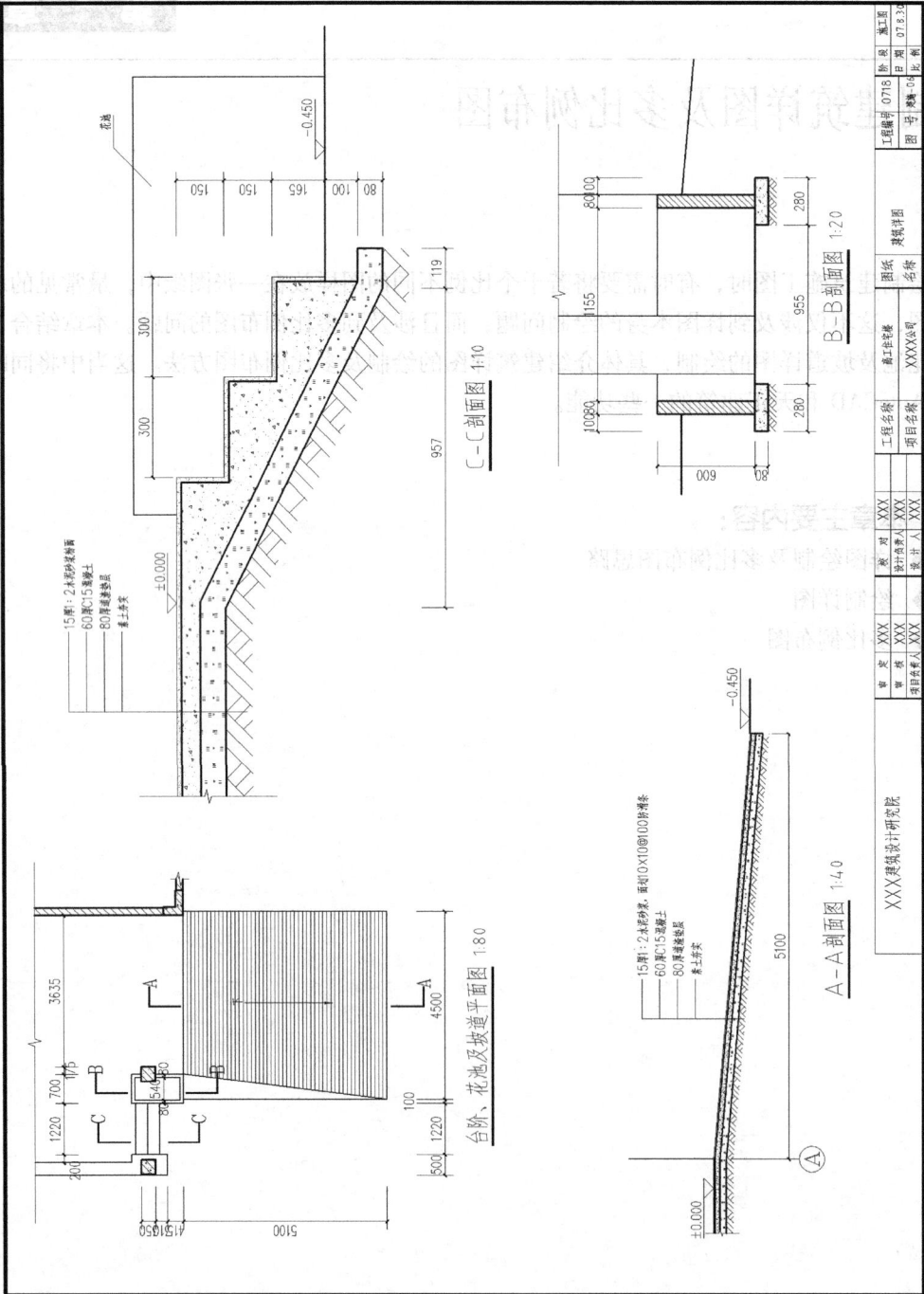

图 7-1

7.1 最终成果预览

本章最终成果如图 7-1 所示。

7.2 详图绘制及多比例布图思路

在正式开始详图绘制及多比例布图之前，首先来了解一下基本思路。

7.2.1 详图绘制思路

首先，选择一个当前比例，即详图的出图比例，然后绘制详图。这当中主要使用 AutoCAD 命令，也可用天正建筑命令进行辅助操作。例如，用天正建筑的【图形切割】或【构件剖面】命令从现有的平、立、剖面图上得到详图的底图，然后，用 AutoCAD 绘图、编辑命令进行完善和深化，再用天正建筑的标注命令进行标注，这样，可以较简便快速地完成一个详图图样的绘制。接着，选择新的当前比例，绘制另一个详图。照此方法，直到完成每一个详图。

7.2.2 多比例布图思路

多比例布图主要通过天正建筑来完成，比单纯使用 AutoCAD 的布局功能更容易理解和掌握。首先，正如上面介绍的，以不同的比例绘制并标注各个详图，然后使用天正建筑的【定义视口】命令，将各详图布置到同一张图纸中，该命令同时会使原本大小不一的文字、标注、符号等变成一样大小。

7.3 绘制详图

下面按前面介绍的思路，开始绘制花池、台阶及坡道详图。

7.3.1 图形切割

花池、台阶及坡道来自于底层平面图，所以，首先在天正建筑中打开底层平面图。接着，执行【图形切割】命令，将花池、台阶和坡道切割出来，作为详图的底图。

菜单命令：工具→其他工具→图形切割

键盘命令：【TXQG】

执行该命令后，在视图中框选花池、台阶和坡道，如图 7-2 所示。

接着，在图框旁边空白处单击，放置切割出的图形，如图 7-3 所示。

按〈Ctrl〉+〈C〉键将切割出的图形复制到

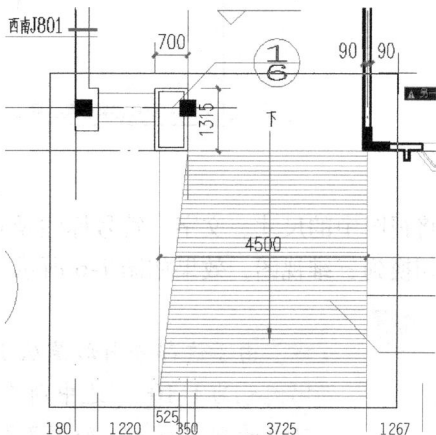

图 7-2

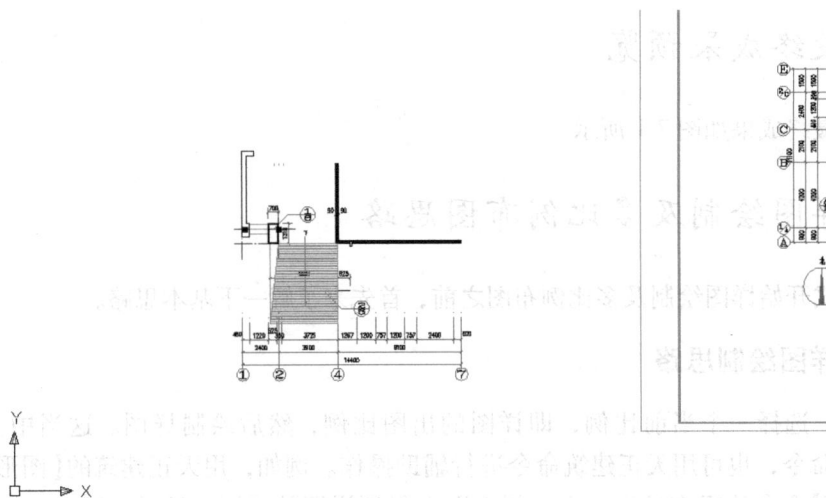

图 7-3

内存。新建一个图形文件，模板选择 ACAD. DWT，命名为 "建筑详图 . dwg"，然后，按
〈Ctrl〉+〈V〉键将复制内容粘贴到新文件中，如图 7-4 所示。

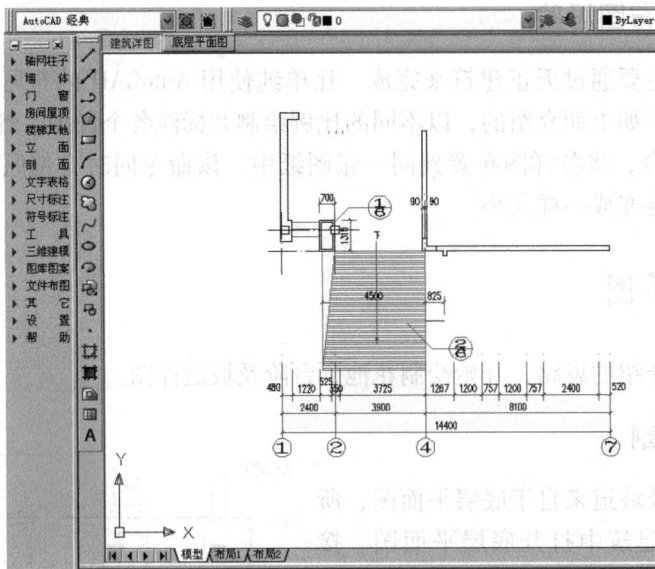

图 7-4

将视图中的尺寸、文字、符号标注及其他不需要的对象删除，结果如图 7-5 所示。
切换到三维视图，效果如图 7-6 所示。

提示与技巧

　　由于这部分图形是从 1∶100 的底层平面图中取得的，所以，其出图
比例也为 1∶100。选中所有对象，按〈Ctrl〉+〈1〉键打开 "特性" 面板，
可以看到这一点，如图 7-7 所示。

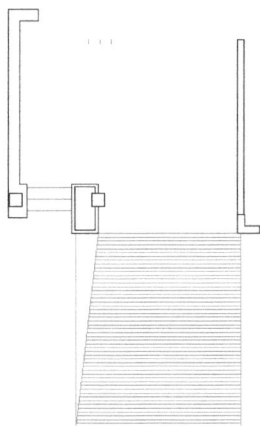

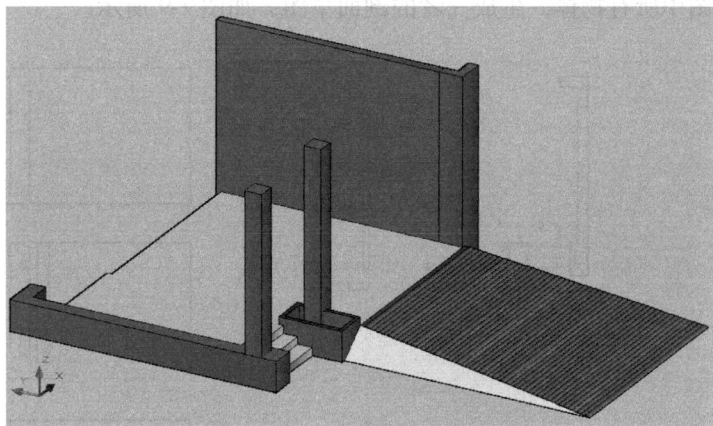

图 7-5   图 7-6

7.3.2　生成详图剖面

切换回平面图。在图上进行剖切符号的标注，以便生成需要的剖切详图。标注前先设置当前比例为 1∶50，然后，执行"符号标注"菜单内的【剖面剖切】命令，分别标注出坡道、花池和台阶的剖切位置，如图 7-8 所示。

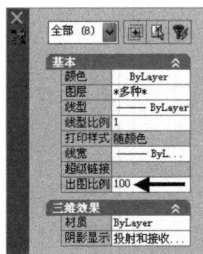

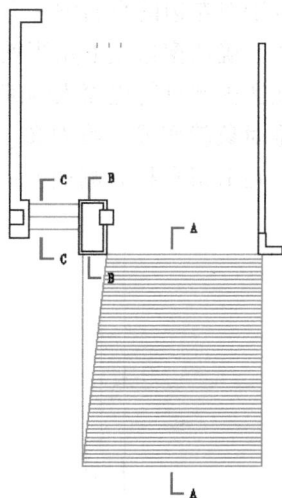

图 7-7   图 7-8

提示与技巧

　　注意，在标注文字、尺寸、符号或填充图案之前，选择一个适当的当前比例，作为该图样的初始比例。例如，这里希望该平面图最终以 1∶50 的比例打印在图纸上，就可以在窗口左下角比例上单击选择 1∶50。当然，这个比例在后面布图时或布图后还可以调整，所以这里称其为"初始比例"。

执行"剖切"菜单内的【构件剖面】命令，分别选择坡道、花池和台阶的剖切线，选框图中所有物体，生成三者的剖面草图，如图 7-9 所示。

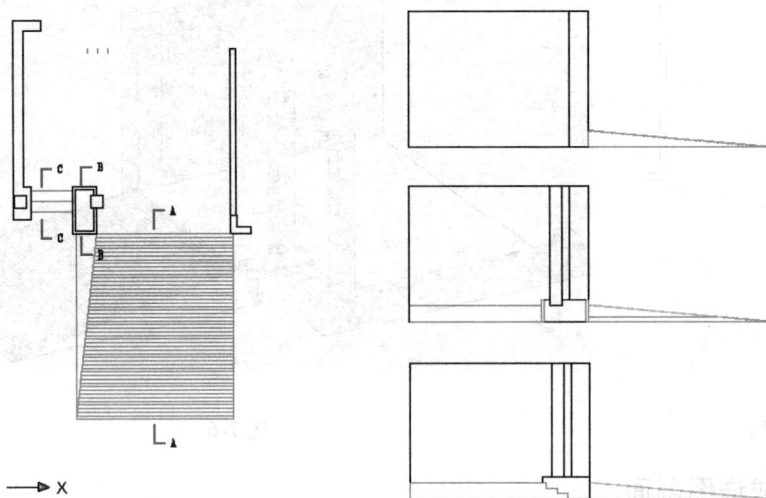

图 7-9

7.3.3 详图完善及深化

下面分别对左边的平面图和右边的 3 个剖面图进行完善和深化。首先，完善和深化左边的平面图。确认窗口左下角当前比例为 1：50。由于所需的各剖面详图已经生成，而且需要对平面图内部进行更深入的编辑，所以，可用【Explode】命令将平面图中各对象分解，这样，三维对象就变成二维对象。接着，用【Trim】命令剪去上面多余部分，并绘制折断线。另外，在 L 形角柱右侧加上一小段墙体及折断线，如图 7-10 所示。

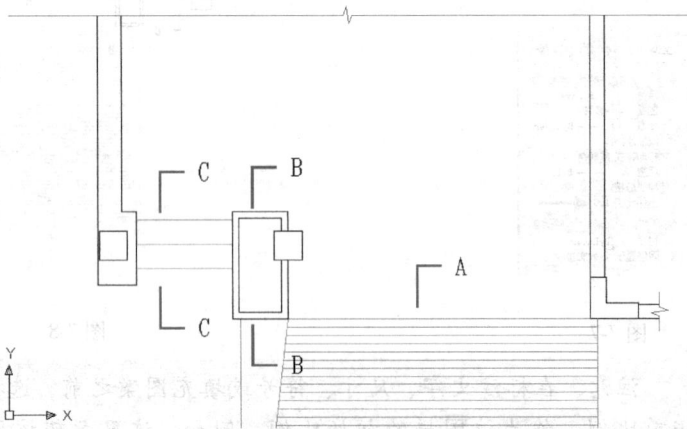

图 7-10

在完善、深化平面图及右边的 3 个剖面详图时，会选择不同的当前比例，但在绘图时始终按1:1 实际尺寸绘制，而不用考虑当前比例是多少。实际上，在模型空间中，当前比例影响的主要是注释性对象(指标注的文字、尺寸和符号等图形以外的对象)的大小，而不影响图形本身的大小。所以，如果在不同的当前比例下绘制同一个图，图形本身会是一样大的，只是标注的文字、尺寸、符号大小不同。但是，将图布置到图纸空间后，标注对象的大小会变得统一，而图形大小会发生变化，这一切都由天正建筑自动完成，用户基本上不必考虑比例换算关系。

前面绘制平、立、剖面图时，是以视图中对象的线宽来控制打印线宽，这对于单比例布图来说没有什么问题，但对于多比例布图来说，就很不方便。较好的方式是，用颜色来控制打印线宽，所以，从现在开始，要注意线条颜色与打印线宽的对应关系。某种颜色的线条以何种宽度打印，取决于打印样式表选用及设置。天正建筑提供了 Tarch7. ctb 打印样式表，它规定：浅灰色(颜色9)打印为粗线，黄色(颜色2)和洋红色(颜色6)打印为中粗线，颜色1~9 中的其他色(红、绿、青、蓝、黑等)均打印为细线。当然，用户也可以修改或者自行建立新的打印样式表。这里，打算使用天正建筑的 Tarch7. ctb 控制打印结果，所以，键入【LA】打开"图层特性管理器"对话框，通过右击鼠标创建 3 个新图层，分别命名为"粗"、"中"和"细"，最重要的是，对应颜色分别设置为浅灰色(颜色9)、黄色(颜色2)或洋红色(颜色6)、其他色(如绿色)，如图 7-11 所示。

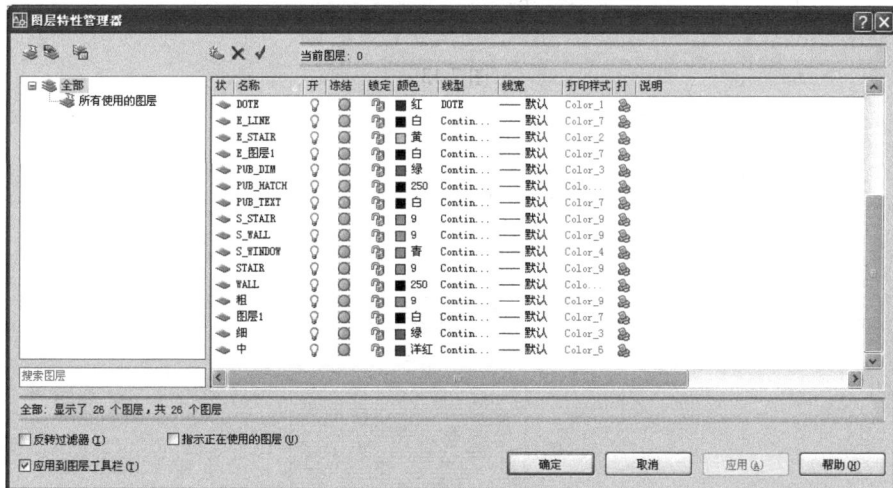

图 7-11

选中打算以粗线打印的线条，即柱子和墙体轮廓线，如图 7-12 所示。

在工具栏图层列表中选择"粗"图层，被选中线条被移到"粗"图层中，变成浅灰色，如图 7-13 所示。

以同样操作，将打算以中粗线打印的线条移到"中"图层；将打算以细线打印的线条移到"细"图层。如果其颜色不与粗线图层(颜色9)或中粗线图层(颜色2 或 6)相同，也可以不管它，结果如图 7-14 所示。

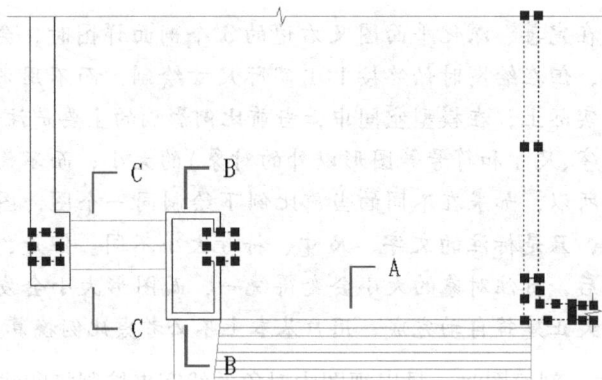

图 7-12

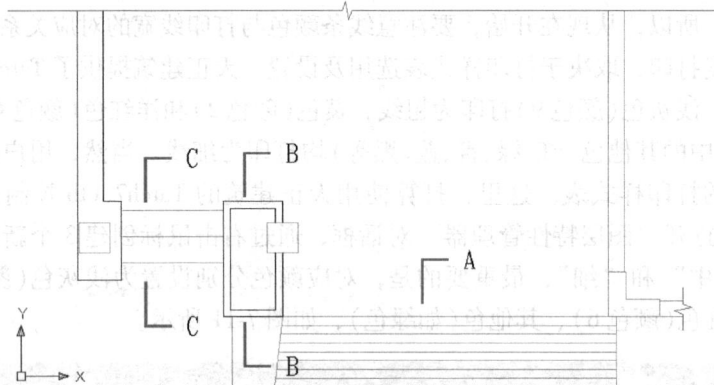

图 7-13

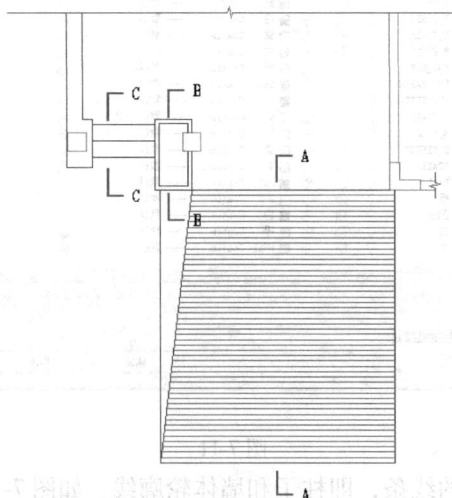

图 7-14

　　接下来，继续对平面图进行完善，这当中注意将线条安排在正确的图层，关于这方面的操作，不再赘述。下面填充柱、墙截面材料，结果如图 7-15 所示。填充图案以选用天正建筑提供的(在"其他预定义"面板内)为宜，这样，填充比例一般设定得与图形一致即可，如这里填充比例就设定为 1∶50。

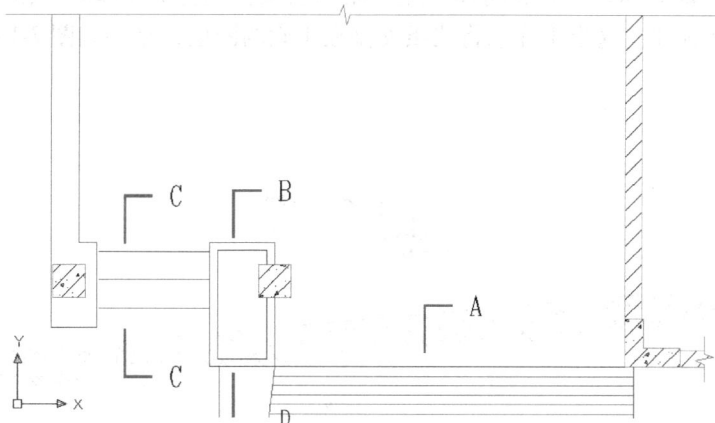

图 7-15

接下来，添加必要的文字、尺寸及符号标注，进行这些操作时尽量使用天正建筑命令。注意，标注图名时比例选择 1：50，如图 7-16 所示。

标注结果如图 7-17 所示。

下面对 A-A 剖面图进行完善和深化。它的初

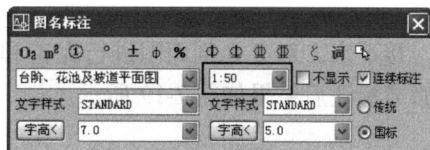

图 7-16

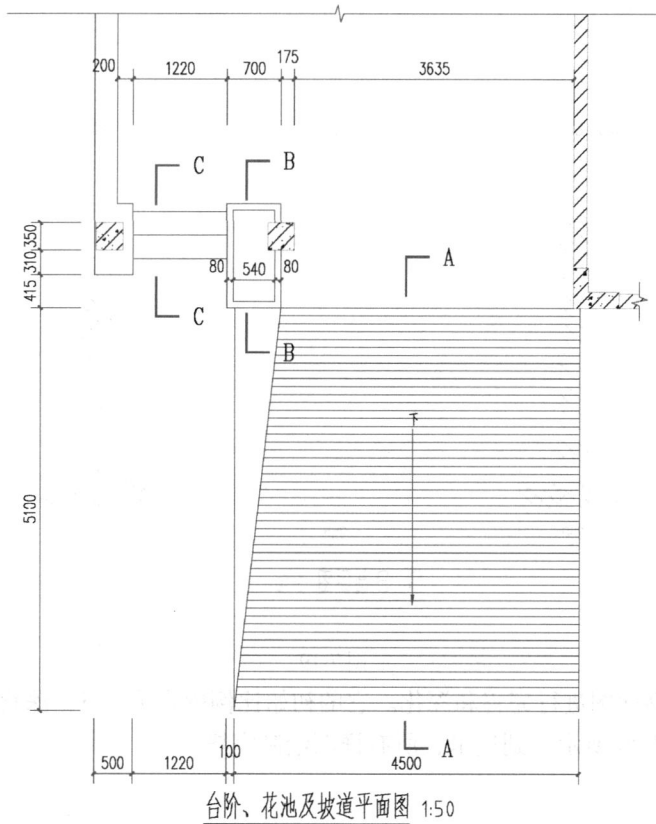

台阶、花池及坡道平面图 1:50

图 7-17

始比例确定为 1∶20，所以，首先将窗口左下角当前比例选择为 1∶20。然后，对图形进行深化、添加必要标注。这当中注意将线条安排在正确的图层，结果如图 7-18 所示。

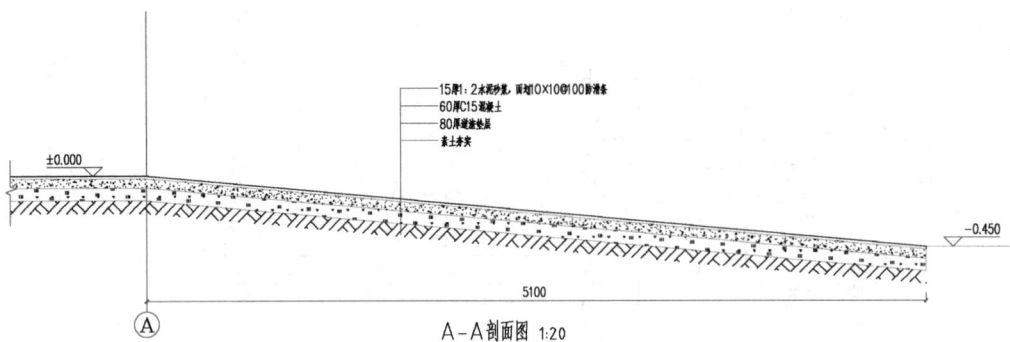

图 7-18

接下来，对 B-B 剖面图进行完善和深化。它的初始比例确定为 1∶10，深化图形、添加必要标注后结果如图 7-19 所示。

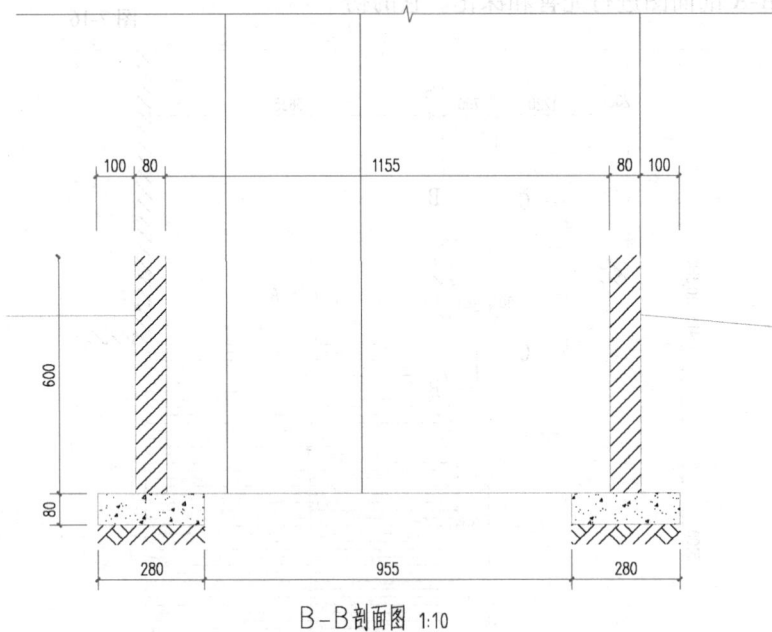

图 7-19

下面对 C-C 剖面图进行完善和深化。它的初始比例确定为 1∶5，深化图形、添加必要标注后结果如图 7-20 所示。到这里，所有详图绘制完毕。

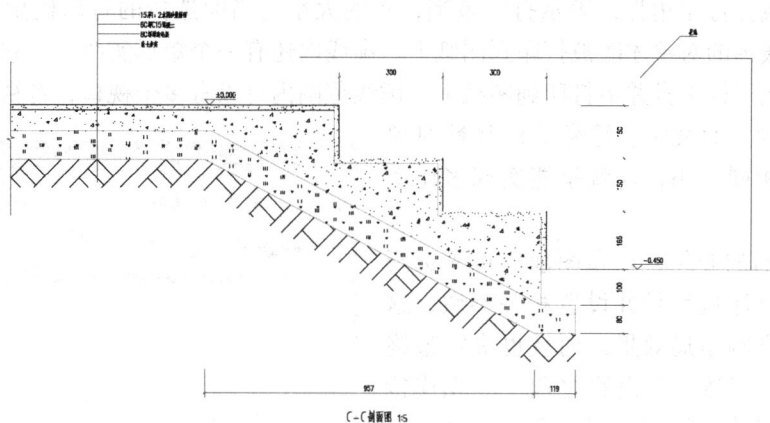

图 7-20

7.4　多比例布图

多比例布图需要在 AutoCAD 布局（图纸空间）中完成，而布局结果直接受到打印机型号及参数设置影响，所以，在进行多比例布图之前，应先进行打印机参数设置。在一台计算机上，此操作只需要进行一次。

7.4.1　打印机参数设置

从 AutoCAD R12 起，AutoCAD 就提供了模型和图纸两种空间。前面，绘图就是在模型空间进行的。这里，为了进行多比例布图，需要进入图纸空间，为此，可单击"布局1"或"布局2"。如图 7-21 所示，就是单击"布局1"进入图纸空间后的情况。

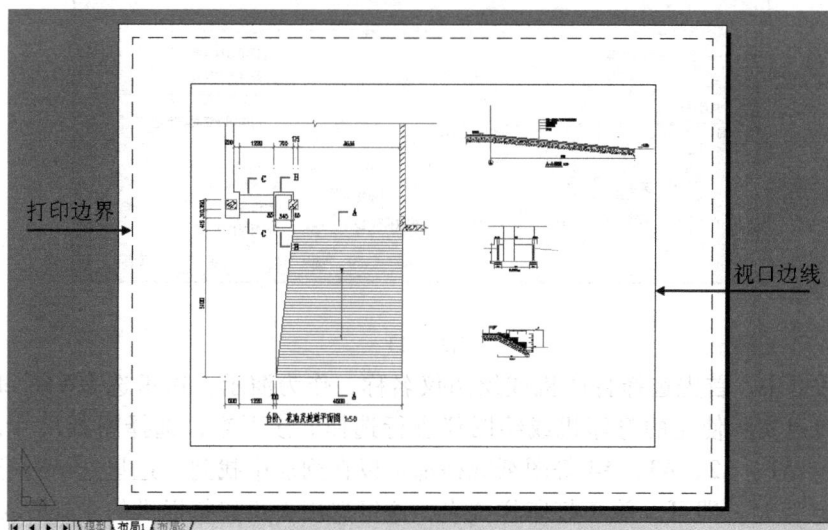

图 7-21

图中虚线为打印边界，表示打印范围，它的大小与当前选择的打印机型号及设置有关，只有虚线内的对象才能被打印到图纸上。虚线内还有一个矩形实线框，它表示视口的边界，这个实线框本身并不打印到图纸上。虚线范围内可以有多个视口，各视口内的图形比例可以不同，而文字、符号等注释性对象却可以保持相同大小，这就是能实现多比例布图的关键。

根据上面的介绍，在布图前应首先选择自己所用的打印机型号并设置相关参数，这些设置不仅影响布局效果，而且也决定最终的打印效果。当然，在设置之前，应先连接好打印机并安装好打印机驱动程序。设置打印机的操作方法是：在"布局1"上右击鼠标，从弹出菜单上选择"页面设置管理器"，打开"页面设置管理器"对话框，如图 7-22 所示。

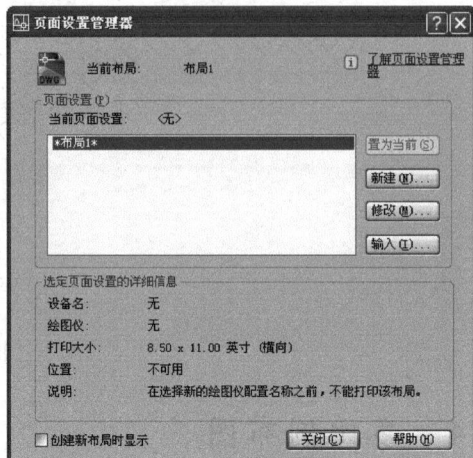

单击 修改(M)... 按钮，打开"页面设置"对话框，如图 7-23 所示。

图 7-22

图 7-23

在对话框中，首先选择打印机或绘图仪名称，作为演示，这里选 DWF6 ePlot. pc3，读者根据自己实际使用的打印机或绘图仪进行选择。接下来，选择图纸尺寸，建筑上所用的 A0、A1、A2、A3、A4 等图纸规格都可以在列表中找到，这里选 A3。至于打印比例，选定为 1:1 即可。关于打印样式表，这里选用天正建筑提供的 Tarch7. ctb，如图 7-24 所示。

图 7-24

打印样式表，主要控制 AutoCAD 中图形与实际打印图纸的对应关系。例如，某种颜色打印到纸上是什么颜色；某种颜色的线打印到纸上有多宽、线型是哪种。在以上对话框中单击 [图标] (编辑)按钮，可以查看、编辑当前打印样式表的具体设置。对于 Tarch7.ctb 而言，设置如图 7-25 所示，1~9 号颜色均打印为黑色。9 号颜色(浅灰)打印为粗线，线宽 0.4mm；2 号颜色(黄色)和 6 号颜色(洋红)打印为中粗线，线宽 0.25mm；1~9 号颜色中的其他颜色(如红、绿、青、蓝等)均打印为细线，线宽 0.18mm。10~255 号颜色的打印效果，按对象自身的设定。以上设置可以根据需要调整，如这里，就将粗线线宽改为 1.0mm，中粗线改为 0.5mm，细线不变，仍为 0.18mm，完成后依次单击 保存并关闭 、 确定 、 关闭(C) 按钮。

提示与技巧

7.4.2 定义视口

用天正建筑的【定义视口】命令进行多比例布图操作。另外，还将学习在布局中改变视口比例。

首先，选中布局 1 中现有视口，按〈Del〉键删除，视口中的所有对象也随之删除，结果如图 7-26 所示。

接下来，执行【定义视口】命令。

菜单命令：文件布图→定义视口

键盘命令：【DYSK】

执行该命令后，自动切换到模型空间，按命令行提示操作：

输入待布置的图形的第一个角点〈退出〉：　　在平面图左下角单击

输入另一个角点〈退出〉：　　　　　　　　　在平面图右上角单击

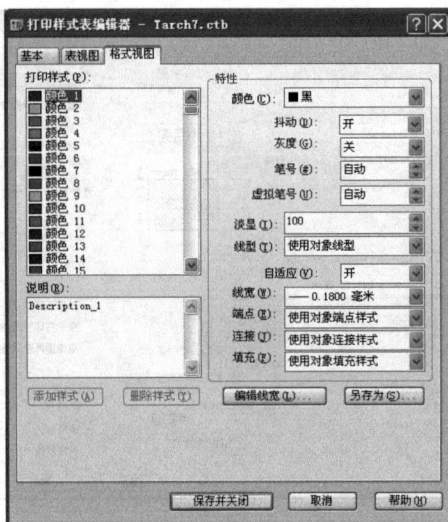

图 7-25

图 7-26

图形的输出比例 1: ⟨50⟩ :   按〈Enter〉键采用 1: 50 的比例

完成以上操作后会自动回到图纸空间，单击确定视口（即平面图）在图纸上的位置，如图 7-27 所示。

以同样操作，将另外 3 个详图布置到图纸空间中，这样，就有 4 个视口了，如图 7-28 所示。

放大视图，比较 4 个视口中的标注内容，如数字，可以看到，它们是一样大的，如图 7-29 所示。

现在的问题是，图样超过了图纸的打印范围，这将导致虚线外的图形无法打印出来。这是布图中常遇到的情况。解决方法有两种，一种是重新设置页面，选择更大的图纸规格；另一种是缩小图样，以便目前的图纸能容纳下它们。

本例中，其他图纸均选用了 A3 图幅，为了统一图幅，这里最好也选 A3，也就是说，

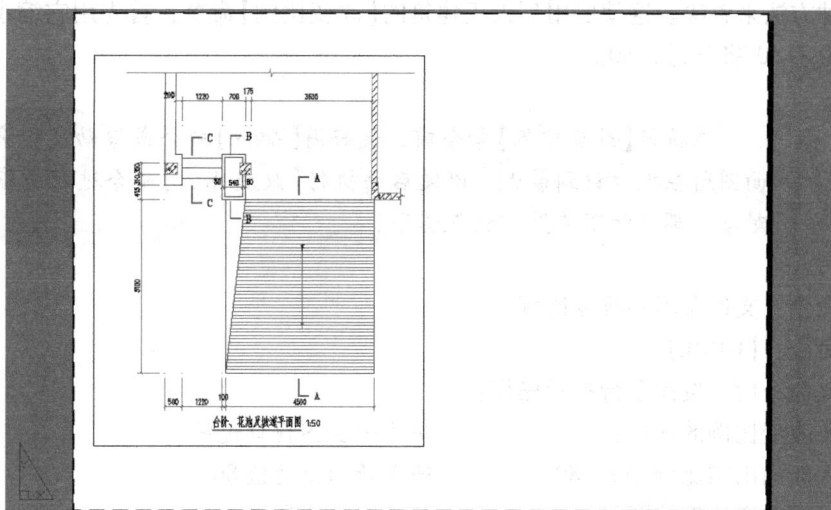

图 7-27

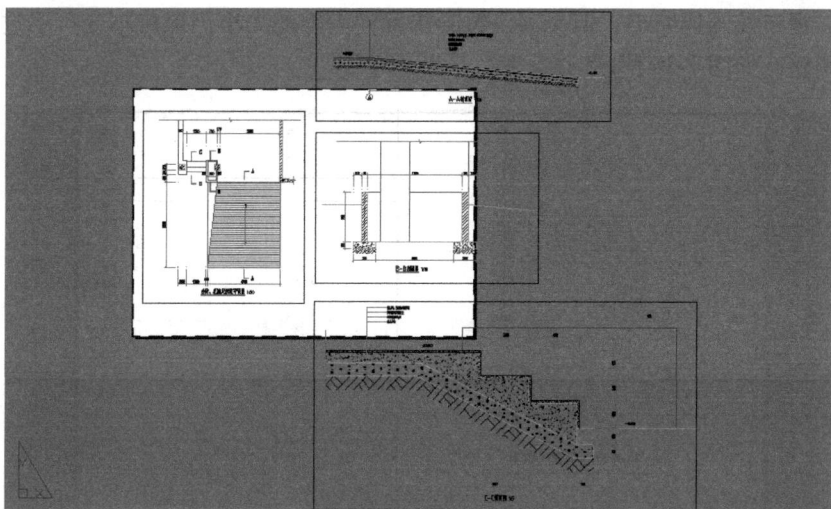

图 7-28

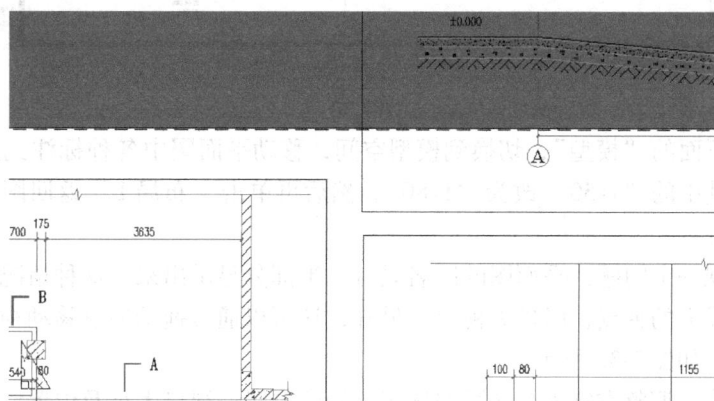

图 7-29

要用第二种方法来解决。这就要用到天正建筑的【改变比例】命令，首先用它缩小平面图，将其比例由 1∶50 缩小到 1∶80。

在执行【改变比例】命令前，最好用【Zoom】命令或滚动鼠标滚轮将平面图所在视口放到最大，以便后面执行【改变比例】命令过程中框选所有对象，那时就不要再缩放视图了。

提示与技巧

菜单命令：文件布图→改变比例

键盘命令：【GBBL】

执行该命令后，按命令行提示操作：

选择要改变比例的视口：　　　　　　单击平面图视口边线

请输入新的出图比例〈50〉：80　　　输入新的比例值 80

请选择要改变比例的图元：　　　　　框选视口中所有对象

请选择要改变比例的图元：　　　　　按〈Enter〉键结束选择

结果，视口及图样缩小，但文字、符号等标注内容的大小仍保持不变，不过，它们的位置需要调整，如图 7-30 所示。

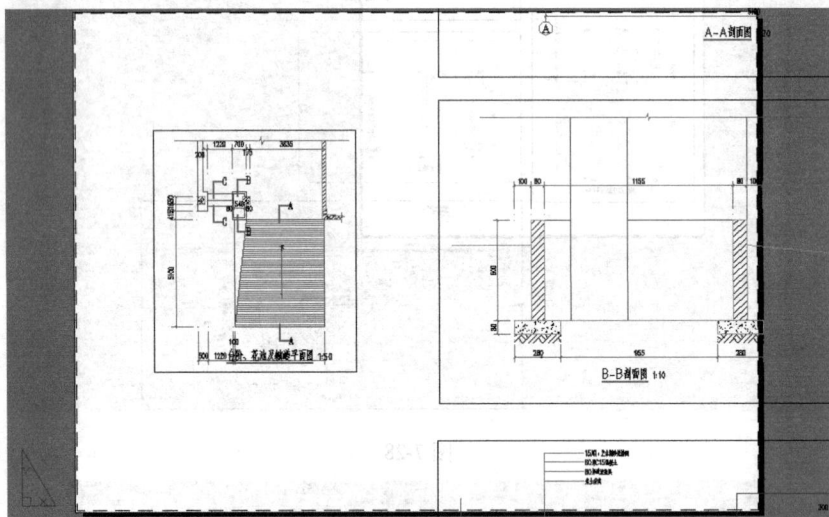

图 7-30

单击窗口下面的"模型"，切换到模型空间，移动平面图中各种标注到适当位置，并双击图名，将其中的"1∶50"改为"1∶80"，然后再单击"布局1"返回图纸空间，结果如图 7-31 所示。

现在又出现一个问题，平面图的图名只有上半部分显示出来。这种情况下，可以单击并拖动视口边线上的夹点，以扩大视口。另外，还可以通过拖动夹点移动视口，实际是移动图样的位置，如图 7-32 所示。

以同样操作，调整右侧 3 个详图的比例、标注位置、视口大小及位置，结果如图 7-33 所示。

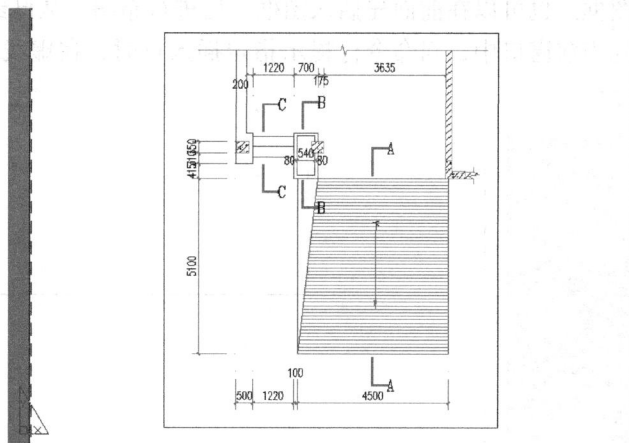

图 7-31

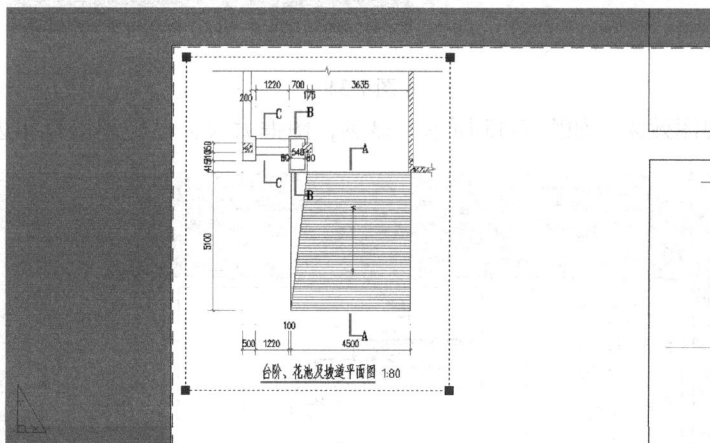

图 7-32

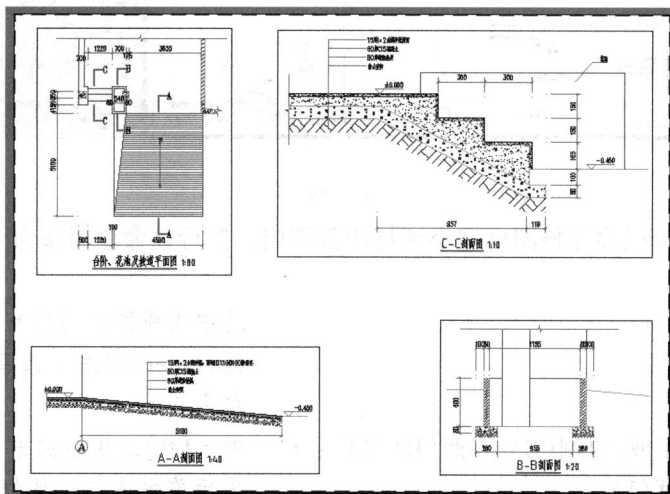

图 7-33

接下来，插入图框。也可以在前面先插入图框，后进行布图。从已经绘制好的一张图中复制图框并粘贴到当前窗口中，当命令行提示指定插入点时，在虚线左下角内侧单击，如图 7-34 所示的 A 点。

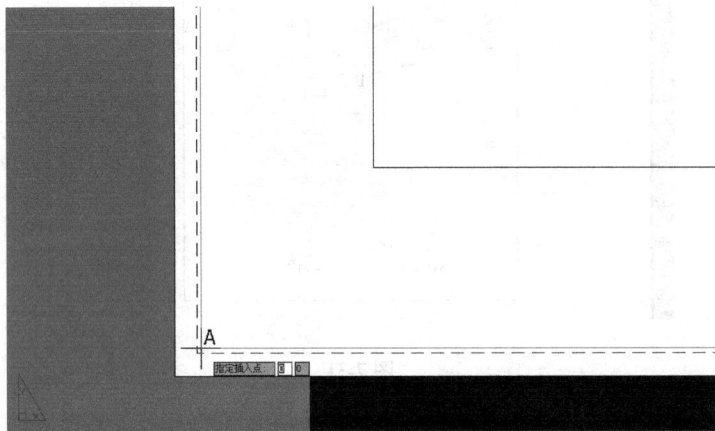

图 7-34

观察整个视图效果，如图 7-35 所示。显然，图框太大，已经超出打印边界（虚线）了。

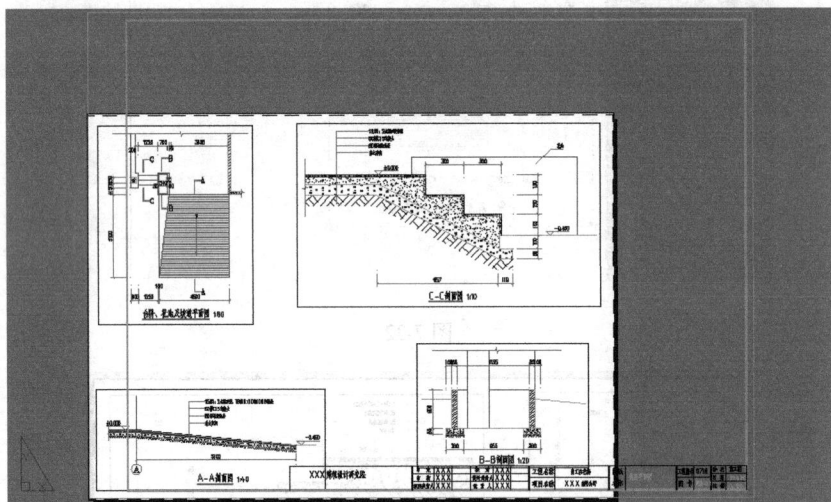

图 7-35

下面利用【Scale】命令将图框缩小到打印范围内。执行该命令后按命令行提示进行如下操作：

选择对象：	选中构成图框的所有元素
选择对象：	按〈Enter〉键结束选择
指定基点：	单击 A 点
指定比例因子或［复制（C）/参照（R）］〈1〉：r	键入【R】选用参照方式
指定参照长度〈1〉：	先后单击 A 点、图框最右下角点
指定新的长度或［点（P）］〈1〉：	先后单击 A 点、虚线右下角内侧点

值必须为正且非零。

指定新的长度或[点(P)]〈1〉：　　　　　　　　　　　　　按〈Enter〉键结束

完成以上操作后，图框水平长度缩小到打印范围（即虚线）内，如图 7-36 所示。

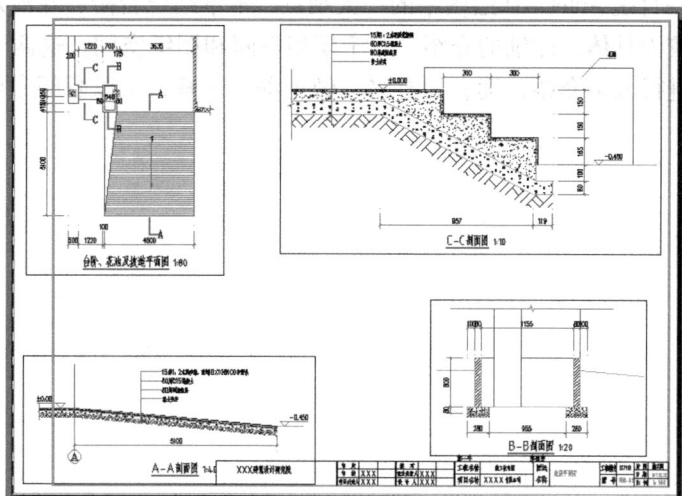

图 7-36

查看图框竖直高度是否也在打印范围内，如果没有，那就再沿高度方向执行一次【Scale】命令，直到图框完全缩小到打印范围内。接下来，根据实际修改图框中的文字。最后，再少量调整各视口位置，使它们都位于图框内，且尽量在横竖方向相互对齐，结果如图 7-37 所示。

到这里，建筑详图绘制完毕，保存文件。为便于图纸管理，参照前面的操作，将其添加到工程的"详图"类别中，如图 7-38 所示。所有图纸添加完毕后，单击"图纸"面板中的 ▦ 按钮可以生成图纸目录。

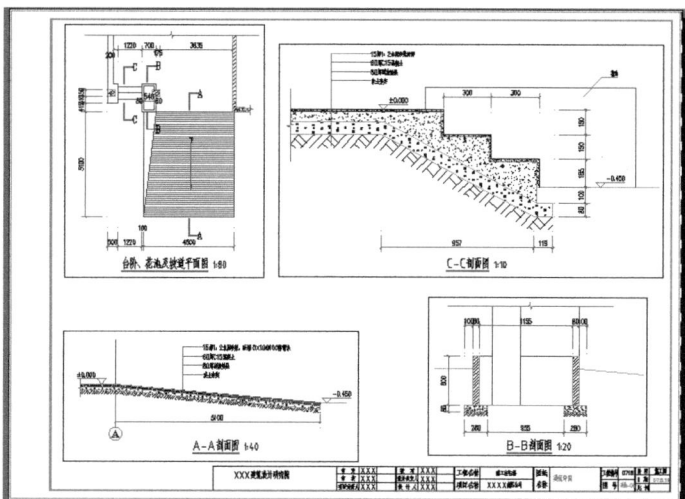

图 7-37

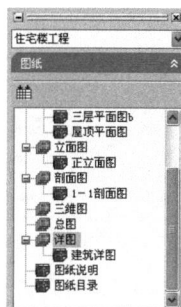

图 7-38

7.5　本章小结

多比例布图一直是 AutoCAD 绘图中的一大难点，本章结合台阶、花池及坡道详图的绘制，对此进行了较为具体、详细的介绍。对于模型空间和图纸空间，这两个较为抽象的概念，本章并没有进行太多介绍，读者如有兴趣做更深入了解，可以翻阅专门介绍 AutoCAD 的书。